U0458004

监狱法学论丛

JIANYU FAXUE LUNCONG

中国监狱工作协会监狱法学专业委员会◎编

中国政法大学出版社

2022·北京

2020 年监狱法学理论研究综述

2020 年度，中国监狱工作协会监狱法学专业委员会以"治理体系和治理能力现代化与监狱法治建设研究"为主题，结合新型冠状病毒肺炎疫情防控形势，从当前监狱法治建设与治理体系和治理能力现代化的差距不足及完善路径研究、新型冠状病毒肺炎疫情防控对监狱治理体系和治理能力的挑战及应对研究、监狱人民警察执法保障机制研究、罪犯合法权益保障问题研究等方面在全国范围内开展征文活动，共收到全国 27 个省（自治区、直辖市）、新疆生产建设兵团监狱系统、燕城监狱以及高校征文共 91 篇。经各委员单位、专家委员线上评审以及最终书面评审，专家委员会选取其中部分优秀研究成果，形成如下研究综述。

一、当前监狱法治建设与治理体系和治理能力现代化的差距不足及完善路径

党的十九届四中全会通过的《中共中央关于坚持和完善中国特色社会主义制度、推进国家治理体系和治理能力现代化若干重大问题的决定》提出了坚持和完善中国特色社会主义法治体系，提高党依法治国、依法执政能力的明确要求。监狱法治建设作为依法治国的重要组成部分，在推进国家治理体系和治理能力现代化中具有不可替代的作用。目前监狱法治建设与国家治理体系和治理能力现代化建设要求还存在明显差距。

1. 立法层面：监狱法立法规范层级较低、立法规模较小、立法较为滞后，特别是 2011 年以来，随着国家相继对《中华人民共和国刑法》（以下简称《刑法》）、《中华人民共和国刑事诉讼法》（以下简称《刑事诉讼法》）、《中华人民共和国监狱法》（以下简称《监狱法》）等法律法规的修订，监狱

立法工作进入了法律规定和政策调整的密集期，法律制度配套衔接滞后等问题日益凸显，监狱相关法律法规有待进一步完善。

2. 执法司法层面：依法办事的思维理念还有欠缺，出现问题时再设法找"法律依据"的现象时有发生。"办事依法、遇事找法、解决问题用法、化解矛盾靠法"的法治思维和法治理念有待进一步强化。

3. 法律保障层面：监狱作为国家的刑罚执行机关，其执法权应当与罪犯的权利保持平衡状态，但事实上由于监狱执法组织长期依附于行政组织存在，依法治理理念和行刑观念相对滞后，法治保障能力有待进一步提升。

4. 法治引领层面：一直以来由于对监狱执法工作缺少长期系统规划，在执法管理理念上始终沿袭传统的管理模式：实行准军事化或行政命令式的单一管理体系，现代管理手段的运用较少，导致出现"坐井观天"、因循守旧，与社会的沟通协调严重不足等问题。

5. 法律监督层面：法律监督立法不完善，权力机关、行政机关和监察机关对监狱的执法监督无法形成有效互补，监督整体作用发挥不充分；监督主体的监督意识不强，上级对下级监督滞后，同级监督力度不足，群众监督主体的权利意识不强，监督效率不高；法治监督合力效果不明显，不同监督主体之间权限责任不清晰，不同监督方式之间协调配合不够，现有监督程序科学性不足。

十八届四中全会全面推进依法治国的战略布局和十九届四中全会坚持和完善中国特色社会主义制度、推进国家治理体系和治理能力现代化的新要求极大丰富和发展了中国特色社会主义法治理论，对推进社会主义法治体系和法治国家建设具有重要指导意义，也为监狱法治建设注入了新的强大动力、指明了正确方向并提供了根本遵循。监狱法治建设必须从国家治理体系和治理能力现代化的实际出发，牢牢把握问题导向，紧扣"法治"要求，不断提高监狱法治现代化水平。

1. 提升监狱工作立法的权威性和公信力。以宪法为核心，开门立法，广泛听取、充分吸收各方面意见建议，加强法律制定与法律实施的互动衔接，切实解决人民群众反映最为强烈的执法公开公平公正等问题；认真总结分析现行法律法规规章制度与当下监狱法治工作新要求不相适应的问题，与时俱进地把新思想、新办法充实到法律法规当中，使其更加完善、更加具有时代性。不破不立，全面清理不再适合监狱法治需要的"绊脚石"。对于一些不合时宜、已经不能解释或不能更好地解释当前违法违规行为的法律法规，特别是对监狱执法造成羁绊、对群众利益造成桎梏的法规条例、规章制度，要下决心废除，充分发挥法治的稳定性、精准性、导向性和现代性，防止"任性"执法、"随意"执法和权力滥用。

2. 严格公正文明执法。以问题为导向，查找引发执法问题的原因、特点和规律，完善执法制度，提高执法精准化水平；构建系统完备、科学规范、运行有效的监狱执法管理工作制度体系，完善权力内控制度建设，形成依照法定权限、程序履行职责、行使权力的规范化法律执行业态，让权力在阳光下规范运行，确保每一个执法环节、每一起案件办理都能体现公平正义；积极推进监狱综合业务平台建设，将管理、教育、劳动三大改造手段与信息化建设有效融合，向科技要执行力，积极推动监狱工作向法程序化、规范化和现代化转变，提高监狱执法的技术含量和科技水平。

3. 提高监狱人民警察执法能力。始终坚持政治建警不动摇，紧紧抓住影响和制约警察队伍建设的重点、难点问题，突出队伍理想信念和价值观教育，在思想上行动上增强"四个意识"，坚定"四个自信"，树牢"两个维护"，不折不扣地把党的监狱工作方针、政策、路线和决策部署落到实处；着力培养以依据意识、权限意识、程序意识、证据意识为内核的法律思维，提高监狱人民警察运用法治思维和法治方式深化改革、推动发展、化解矛盾、维护稳定的能力；深化执法权力运行机制改革，不断完善执法权力运行机制，实现岗位责任具体化、工作落实清单化、责任主体明确化、检查工作精准化、责任追究规范化，切实把严格规范公正文明的执法要求贯穿执法活动全过程。

4. 强化监狱执法的法治监督。健全党的监督体系，建立司法部、省（自治区、直辖市）巡视与地方巡察的上下联动机制，实现监督范围全覆盖，以党委全面监督、纪委专门监督、基础组织日常监督、工作机构职能监督和全体党员民主监督的党内监督网络格局为抓手，同时以党内监督带动党对外监督以及其他监督方式的发展，最终推进监狱法治监督不断完善和发展。健全国家监督体系，充分发挥人大、新闻媒体、监察委员会的监督功能，建立不定期巡回检察制度、非正常死亡等事故专门检察制度，完善信息沟通与反馈机制，将新媒体监督融入传统媒体监督，完善监狱执法监督员机制，不断深化狱务公开工作，进一步完善公开机制，创新公开方式，畅通公开渠道，依托现代信息手段确保各项公开措施得到落实，实现以公开促公正。

二、新型冠状病毒肺炎疫情防控对监狱治理体系和治理能力的挑战及应对措施

中共中央政治局常委会在 2020 年 2 月 3 日召开的专门会议上指出，要针对新型冠状病毒肺炎疫情应对中暴露出来的短板和不足，健全国家应急管理体系、提高处理急难险重任务的能力。监狱作为关押和改造罪犯的场所，本身是各种矛盾的汇聚地，潜藏着大量突发事件的诱因，来自监狱以外的自然灾害和其他安全风险交织叠加，使监狱安全面临更大考验。加强监狱治理体系和治理能力现代化建设，成为新时代监狱工作的重要内容。

1. 完善紧急状态下的监狱行刑工作。一是在相关立法中明确赋予紧急状态下监狱机关的紧急行政权。紧急行政权是应对紧急状态的一种特别权力，监狱的刑罚执行权在本质上是一种行政权，即刑事裁判的执行权，在紧急状态下会涉及采取某些非常规的措施，如临时限制或者取消罪犯的会见亲属权，这些措施当属于紧急行政权的范畴，但现在面临法律依据不足的问题，有待立法的确认和规范。二是针对监狱可能面临的突发事件与紧急状态，考虑设置一些特别的罪犯处遇措施。在自然灾害等来临时，加大刑事奖励和行政奖励的力度，以调动罪犯的积极性，积极配合和参与抗灾应急工作。特别是在紧急状态下可以适当考虑根据紧急状态的具体情形及监狱管理工作之需要，赋予监狱管理机关在暂予监外执行的决定上更大的机动权，放宽《刑事诉讼法》规定的适用条件。三是加强紧急状态下责任追究与容错机制建设。一方面，监狱的工作性质决定了任何时候都必须坚持从严治警、严格管理的原则和要求，在突发事件和紧急状态下更要严明纪律、严格责任，纪律涣散、敷衍塞责则会贻误危险防控的战机，带来不可挽回的严重后果。但另一方面，在紧急状态下，身处一线的监狱工作者面临诸多未知因素和不确定性，如果其尽到了应尽职责，没有故意和重大过失，不应轻启刑事制裁手段，建立合理的容错纠错机制是十分必要的。

2. 完善监狱突发疫情应急处遇机制。一是完善应急处遇规范体系，及时更新《突发公共卫生事件应急条例》《中华人民共和国传染病防治法实施办

法》（以下简称《传染病防治法实施办法》），增设监狱、看守所等特殊封闭场所环境下的突发疫情应对条款。突破现有规范对于"突发事件分级和应急响应标准"设置的局限性规定，在现有的分级标准考量范围之外，加入突发疫情的考量指标，即在全国性突发疫情期间，根据当地的疫情防控等级、本监狱及场所周边疑似病例、确诊病例情况进行分级响应考察指标的量化设计。二是完善疫情应急处遇分级响应机制，根据《国家突发公共事件总体应急预案》以及《突发公共卫生事件分级内涵的释义（试行）》的规定，需要出现死亡病例才能纳入三级及以上应急响应范畴。鉴于监狱疫情防控的特殊性与复杂性，应当在国务院应急预案的基础上大幅度降低要求，构建起监狱系统内部个性化的分级机制，并相应地构建不同级别的监狱疫情分级机制下应急响应的具体措施。三是完善疫情应急处遇联动网络。将监狱列入当地的联防联控体系，对接当地政法委、卫健委、疾控中心，从而保障疫情期间医用防疫物资及时到位，以及疫情出现后的消杀工作能够顺利进行。与当地医疗机构建立联动机制，保证监狱出现疫情时医疗救护人员迅速就位，保障病患及时得到隔离安置。对于刑满释放人员，应当考虑执行场所与隔离场所的衔接，在刑期届满之前，协调当地卫健委、疾控中心安置相应处所，将罪犯从监狱移交到隔离点进行隔离观察，从而实现刑释人员安全重返社会。

3. 完善疫情防控执法工作机制。一是设立应对突发公共卫生事件的综合性常设机构，提升快速应对能力。可以建立突发公共卫生事件应急处置法律顾问办公室，为制定疫情防控政策措施和处理特殊案件提供法律意见。二是加强疫情防控有关的重点领域执法力度，完善举报快速响应机制，及时发现疫情传染征兆。三是加强日常应急演练，进一步增强突发公共卫生事件应急预案的可操作性，建立应对突发公共卫生事件的应急演练制度，制定应急演练实施方案、演练计划，对疫情防控各环节进行全方位模拟演练，确保演练效果。

4. 加强疫情防控执法保障。一是建立应对突发公共卫生事件执法专项经费制度，确保执法所需装备充足，采取有效措施，增强监狱警察的自我防护能力。二是建立针对应对突发公共卫生事件的执法警察的关爱制度，切实关心关爱一线警察，落实爱护警察的有效措施，强化安全防护，既要保持抗击疫情的旺盛战斗力，又要坚决防止发生因防护不到位导致的感染病毒和伤亡事件，对工作中表现突出的执法警察，要给予表彰和奖励。三是坚持和加强党的领导，切实发挥党员领导干部示范引领作用、基层党组织战斗堡垒作用、党员先锋模范作用，大力宣传基层一线的感人事迹，及时发布权威信息，引导警察增强信心、坚定信心。四是根据智能技术带来的管理机制变革，调整疫情期间内部管理与办公模式，避免因在线办理不及时可能导致的工作效率低下的问题。完善智能技术支撑下的管理保障缓解机制，也有助于推动疫情期间监狱管理工作正常化，保障监狱的安全稳定。

三、监狱人民警察执法保障机制建设的必要性和实践对策

（一）建立监狱人民警察执法保障机制的必要性

1. 树立监狱执法权威的需要。监狱是国家的刑罚执行机关，其性质决定其就应该是威严公正的化身，是国家权威的象征。然而，随着国家法治进程的发展，罪犯过度维权、抗拒改造、谩骂警察、侮辱警察、袭击警察等现象时有发生，需要通过保障监狱警察执法权威来维护监狱的权威和地位。

2. 依法履行职责的需要。《监狱法》第5条规定："监狱的人民警察依法管理监狱、执行刑罚、对罪犯进行教育改造等活动，受法律保护。"上述规定过于原则、笼统，且无具体的"职业保障"规定，不利于监狱人民警察在执法履职过程中排除后顾之忧、全力以赴完成职责任务。为了增强监狱人民警察在工作中的主体地位，促使其在执法工作中"想管，敢管"，以实现权责平衡，就必须改善现状，加强对监狱人民警察执法权的保障。

3. 依法维护社会公平的需要。作为监狱工作主体的监狱人民警察和公安、法官、检察官一样，为国家的长治久安和法治建设做出了应有的贡献。同时，监狱人民警察也是执法者，面临着特殊职业的挑战和压力，承担着法律风险。国家在法律层面上，针对公安、法官、检察官建立起较完善的执法司法保障机制，而监狱人民警察也理应得到同等待遇，以体现党和国家对监狱人民警察的关心爱护以及社会公平公正。

4. 保障监狱人民警察合法权益的需要。监狱人民警察长年累月地工作在执行刑罚、改造罪犯的一线，每天都要与罪犯打交道，工作强度较大，休息难以保障，因此其人身安全、休息权、身心健康权、家庭保护权、政治和经济待遇权（包括得到培训和晋升）等权利也应切实得到保障。

（二）监狱人民警察执法保障的实践对策

1. 健全监狱人民警察执法保障法律法规体系。规范监狱人民警察执法边界，明确执法权力与合法权益的保障性规定。完善司法救济制度，当监狱人民警察因行使执法权力而受到涉及重大人身权、财产权等权益的相关处理时，如开除公职、降低或免去职务、扣发停发工资福利待遇等，建议将其纳入司法审查范围，从司法保障的角度使监狱人民警察获得充分救济。建立受理监狱人民警察申诉机构，在司法行政系统内部建立司法部和省两级专门受理监狱人民警察申诉的部门，由司法部监狱警察申诉办公室领导监督各省级监狱警察申诉办事机构。建立监狱人民警察权益保障机构，在监狱系统内部设立"监狱警察权益维权委员会"，负责制定维权的措施和标准、讨论关于改善执法环境、保障监狱警察执法权益的有关事项、专门查处监狱部门内或服刑人员对监狱警察执行职务进行阻碍的案件、为警察提供法律援助等，切实维护警察权益。

2. 建立监狱警察执法容错机制。一是构建监狱系统权威容错制度，以《监狱法》修改为契机，从立法层面加强警察依法执法保障，促进警察依法履职。二是构建监狱与相关部门联合容错机制，形成国家行政管理部门、专政机关在维护政权稳定、维护国家形象方面的利益一致性和目标同向性，定期组织召开监狱与相关部门的执法管理联席会，及时通报相关情况，开展执法管理联席工作的交叉检查，为容错奠定坚实的信息和制度基础。三是规范容错内部通报制度，对于担当作为方面已经明确的失误，既要在一定范围内通报，防止重蹈覆辙，又要注意一定的范围层次，还要强调相关的纪律规矩，防止出现片面的理解认知，造成不必要的恐慌怨言。把容错事件归类于内部管理和工作秘密，对于出现外传泄露的要追究相关人员责任。同时，要注意通报的及时性、客观性、准确性、法理性、政策性和组织定性，逐渐探索形成较为固定的格式范例。四是建立容错纠错的法律救济机制，以事实为依据，根据查明的事实客观公正评价，充分听证，允许当事人进行陈述、申辩。充分利用监狱公职律师熟悉监狱法律事务的优势，引入监狱公职律师法律援助机制，为当事人委派公职律师提供法律帮助，充分保障当事人合法权益。

3. 加强监狱对外宣传及舆论引导。一是建立新闻发言人制度，定期举行新闻发布活动，通报监狱工作情况、监狱人民警察队伍建设情况、有关监狱管理规定与情况等。对于监狱突发性事件，可以随时予以发布，做到及时澄清不实信息，消除负面影响，树立起公众心中监狱人民警察的正面形象。二是建立舆论引导专门工作部门，引航监狱警察队伍建设宣传，引领监狱报刊、新闻报道、出版以及发行相关影视作品等工作。针对狱内突发事件，对造成重大影响或可能造成重大影响的案件，及时妥善处理并通过媒体进行通报，稳定舆情，获取支持，有效避免和及时消除不良影响。三是创新监狱舆论引导方式，充分利用微信公众号、微博、抖音等渠道，将对外宣传及舆论引导的主阵地建立在网络上。创新性地打造"网红监狱"，通过走进群众、与民同乐的方式，增强对外宣传力度，提高舆论引导能力，让公众了解监狱，逐渐纠正以往对监狱人民警察不客观、不公正的评价，营造社会大众对监狱信任、支持的氛围，增强监狱人民警察的自尊心、自豪感和职业认同感，切实改善监狱人民警察执法保障现状，不断促进监狱治理能力现代化水平的提升。

四、罪犯合法权益保障

（一）保障罪犯合法权益的主要误区

1. 重权益保障轻惩戒考量。随着罪犯维权意识的增强，保障罪犯合法权益成了罪犯逃避惩罚的"挡箭牌"，客观上造成了重视罪犯合法权益而忽略或者减轻了对罪犯实施惩戒的局面。

2. 过度医疗。为了充分保障罪犯的生命健康权，在面对罪犯患病需要救治的时候，监狱往往采取"应收尽收"和"能保尽保"的做法，不计成本地抢救病危罪犯的情况时有发生。监狱成了另类的"疗养院"，监狱为了保障罪犯的合法权益而对罪犯过度医疗的问题值得反思。

3. 警权罪犯合法权益失衡。随着罪犯合法权益保障力度的加大，越来越多的罪犯开始学会运用法律武器来维护自身的合法权益，客观造成了基层监狱警察为了保障罪犯合法权益而妥协执法的问题，违背了保障罪犯合法权益的初衷。

（二）老年罪犯合法权益保障措施

随着《中华人民共和国刑法修正案（八）》［以下简称《刑法修正案（八）》］的实施，监狱内老病残犯数量越来越多，监狱面临的管理成本高、效率低的困境日益突出，新形势下科学、高效和有针对性地监管改造老年罪犯，对于确保监狱安全稳定及保障老年罪犯合法权益有着十分重大的意义。

1. 完善相关法律法规。一是尽快制定全国统一的法律或者法规，明确全国统一的老年人刑事责任年龄及上限、制定老年罪犯监管改造特殊规定等。二是适当放宽老病残犯假释条件，特别是生活不能完全自理、疾病缠身的老病残罪犯可以对原有假释规定作适当调整，更大幅度放宽假释条件，实施保外就医、监外执行、社区矫正等，能够降低监狱的安全隐患、减少监狱的运行成本，实现人性化执法与管理，充分兑现宽严相济的刑事司法政策，也能更有效地保障老年罪犯合法权益。三是增加罪犯亲属赡养义务，在《监狱法》中增加关于罪犯亲属赡养义务条款，明确规定对于老年罪犯的赡养义务及罪犯亲属不履行该义务需要承担的法律责任，使老年罪犯能够真正实现"老有所依、老有所养"，树立信心、积极改造。

2. 完善老年罪犯监管制度。一是建立专门的老年罪犯监区（分监区），根据老年罪犯的年龄、身体、心理状况等特点，摸索适应老年罪犯管理教育的方式、方法。二是开展针对性、特色改造教育，在对老年罪犯进行认罪悔罪教育的同时，注重开展有针对性、适应老年人需求的特色改造教育。

（三）未成年罪犯合法权益保障对策

1. 关于未成年罪犯的管理。未成年罪犯的管理应该独具特色，不能套用成年罪犯的管理模式，目前《监狱法》对未成年罪犯的管理没有作出完善的规定，相关部门应当针对未成年罪犯特殊群体明确相关监管制度。

2. 关于未成年罪犯的教育改造。未成年罪犯的教育改造应该体现未成年罪犯的特点，教育应该具有针对性、实效性和可操作性。

3. 关于未成年罪犯的劳动。未成年罪犯的劳动属于习艺性质，与成年罪犯的劳动改造有一定的区别。要通过立法明确未成年罪犯劳动的性质和要求。

4. 关于未成年罪犯的生活卫生。未成年罪犯处在发育的关键阶段，做好未成年罪犯的生活卫生工作十分重要，要通过立法予以明确。

5. 关于未成年罪犯的刑罚执行。准确执行刑罚对彰显司法文明、调动未成年罪犯改造积极性以及构建有中国特色的少年司法制度具有十分重要的意义。

6. 关于未成年罪犯刑满释放后的安置就业和回归保护。做好未成年罪犯刑满释放后的安置就业和回归保护，对于巩固改造成果、预防和减少其重新犯罪具有重要的意义。要通过立法确定释放后安置就业和回归保护的具体要求。

（四）实现罪犯合法权益保障与监狱惩戒功能相统一的路径

1. 建立完善以惩戒为中心的监狱管理体系，进一步强化监狱执行刑罚功能，严厉打击罪犯违规抗改和不服管理的行为，监狱的其他工作包括教育改造、劳动、生活卫生等都必须围绕着有效惩戒罪犯这个核心来开展，把惩戒罪犯融入其他工作当中去。

2. 明确和细化罪犯合法权益的类别和保障限度，保障罪犯合法权益必须以罪犯认罪伏法和履行自身义务为前提，进一步研究甄选罪犯合法权益的具体类型，明确和细化罪犯人身安全权、生命健康权等标准和限度。

3. 树立正确的评价考核监狱工作的舆论导向。进一步明确监狱的法定职能，坚持以客观公正的原则考核评价监狱工作，坚持以人民为中心，以维护国家法律权威、促进社会公平正义为主要目标，加大监狱在严格公正执法方面的宣传力度，引导社会公众正确评价监狱工作。

4. 严格依法规范执法，树立警察执法权威。警察严格依法、规范执法，进一步细化执法标准，系统梳理和明确警察处置各类罪犯违规行为的情形和细则，推广"教科书式"的执法培训模式，让更多的警察在处理罪犯违规时能够做到有理有节、依法依规、程序清晰、处置有度。

目 录
CONTETNS

■ 监狱突发公共卫生事件应对

■ 民警执法保障

■ 罪犯权益保障

监狱治理体系和治理能力现代化建设

当前监狱法治建设科学性欠缺分析及完善路径探讨

慕庆平　刘文臣

摘　要： 监狱法治建设还存在发展不平衡不充分的方面，尤其是科学性欠缺，表现为指标体系不足、内容丰富性不足、创新性不足、定力不足、统筹协调不足等问题。其原因在于缺乏理性思维、欠缺法治思维和能力、缺少深入的调查研究等，需要通过加强顶层设计、提高法治建设内容科学性、开展特色新型智库建设、强化基层基础建设、以具体目标达标创建为抓手，解决科学性欠缺的问题，推进监狱法治建设向纵深开展。

关键词： 监狱法治建设　科学性　法治思维和能力

党的十九届四中全会展示了"中国之治"的成就，描绘了"中国之治"愿景，彰显了"中国之治"优势，部署了"中国之治"任务。"中国之治"离不开法治。监狱系统应当以习近平新时代中国特色社会主义思想为指导，强弱项、补短板，推进监狱法治建设，全面提升监狱工作法治化水平，为监狱的安全稳定及经济社会改革发展提供有力法治保障。目前监狱法治建设还存在发展不平衡不充分的方面，尤其是科学性与治理体系和治理能力现代化还存在一定的差距。

一、当前监狱法治建设科学性欠缺的表现

科学性是监狱法治建设的根基和生命力，决定着监狱法治建设能否行稳致远。目前监狱法治建设的科学性在很多方面还有所不足。

1. 指标体系不足。明确的指标体系是法治建设的基础，也是监狱法治建设的客观判断标准。可以说，建立起指标体系是监狱法治建设科学性最直观的体现，能从定量的角度去分析、分解监狱法治建设，使得抽象的社会科学

范畴的法治建设可衡量、易操作，并能有力推动监狱法治建设的开展，在新的起点上提升监狱法治建设的层次和水平。但这一过程的任务是很艰巨的，需要经过试点测试、全面测试、专家论证、调查验证等多个环节步骤。从目前来看，这方面工作还有很大差距，比如缺乏明确的、涵盖内容全面的、科学性的目标和指标体系，已有的目标体系往往存在层次低、不全面、不具体、不完善、不充分等问题。

2. 内容丰富性不足。法治监狱建设的前提和基础是良善的立法——建设完善的法律体系。目前我国的监狱工作已基本形成了以监狱法为核心，相关规章、规范性文件相配套的制度体系，但与法治监狱建设的高标准要求还有差距，内容还有待进一步丰富。比如，贯彻"宽严相济"刑事政策的相关制度比较单一，狱政管理制度不尽完善，监禁刑和社区矫正间衔接过渡、单独关押、劳动报酬等制度探索不足等。监狱法治建设内容不丰富还表现在对监狱执法保障的不足，比如对警察的执法保障规定不足，不能对警察的权力提供明确的界限和保障，导致监狱警察在刑罚执行中怕被追责、怕因管理罪犯越界而被追责或承担刑事责任，管理罪犯畏手畏脚，使得监狱惩罚性弱化。

3. 创新性不足。法治建设的基调是严肃的，但不排斥灵活性，应该严谨而不僵化，严格规范的同时要保持应有的创新性，这样才能保证监狱法治建设的活力。目前监狱法治建设中的创新性还存在不足，比如在贯彻落实国家总体安全观中，往往局限于传统安全下的常态治理，忽略了非传统安全下的非常态治理，导致在出现突发事件时，往往陷入被动应付、应对失当的窘境。再比如，监狱信息化建设能为执法管理规范化提供强有力的技术支撑，能不断提升监狱治理能力的现代化水平，助推监狱法治建设上新台阶，但目前监狱法治建设在提升信息化水平方面，尤其是信息化建设与监狱法治建设深度融合方面还有很大提升空间。

4. 定力不足。监狱法治建设应是一个持续的、一贯的过程，一张蓝图绘到底。但目前的监狱法治建设根基存在不牢固的方面，自身定力差、科学定位不足、从业者不自信、缺乏责任担当、易受社会舆论影响等。比如，新中国监狱发展出了自己的特色、成就巨大，但近些年出现了摇摆不定的倾向，明确的、固定的目标和价值取向开始模糊的问题。

5. 统筹协调不足。监狱法治建设应该是完善的自治、法治、德治融合的基层治理，但目前监狱法治建设统筹协调方面还存在某些短板，比如在警察队伍建设方面，警察职业素养的培养存在不足，新型冠状病毒肺炎疫情在某省监狱内暴发，引起了系统内和社会的极大震动，究其原因，很重要的一点就是没有如实报告与疫区归来人员密切接触的事实，导致疫情在监狱内传播，造成了恶劣的影响。再比如，监狱警察在社会责任担当方面存在缺位现象，不能肩负起应承担的普法和对社会提供警示教育等社会责任，而且丧失了向社会展示自身良好形象的机会，使得社会、民众对监狱不了解。

二、监狱法治建设科学性欠缺的深层次原因分析

监狱法治建设中存在的科学性不足的问题，表面是发展不平衡不充分的结果，剥茧抽丝分析，其实有深层次的原因。

1. 理性思维缺乏。科学性最主要的内涵是理性思维和科学素养的建立，有科学知识并不代表有理性思维和科学素养，理性思维是建立在质疑和反思的基础上的思维模式和方法。监狱法治建设科学性缺乏的主要原因在于警察思想中理性思维的缺乏，这也与社会大环境相关。比如面对突如其来的疫情，监狱应该敏锐地意识到病毒传入监狱的危险性，科学的防控决策应该是按照传染病防控原则，分析传入监狱的环节和途径，果断切断传播路径，但由于极个别监狱决策层理性思维和科学素养的缺乏，对规律和常识的认知偏差，没能抓住关键环节科学决断，酿成疫情传入监狱的惨痛教训。

2. 法治思维和能力欠缺。由于监狱固有的封闭性监狱改革创新和发展一直是比较滞后的，监狱警察用法治思维和法治方式推动工作的能力还比较欠缺，传统的改造方式和手段依然占据主流，基层监狱警察还是主要依靠经验管理。比如在监狱警察执法中，有的警察存在错误认知，比如"体罚就是惩罚"，导致出现执法偏差。再比如，宪法中规定"国家保障人权"，包括监狱服刑罪犯的人权，有的警察对于保障罪犯人权不理解，多数是因为对于国家保障人权入宪的认识不足。

3. 缺乏深入实际的调研。没有调查就没有发言权。深入地开展调查研究，才能掌握第一手资料，摸清实情真意，制定的制度、措施才能符合客观实际；

反之，调查研究不深入，就会导致主观认识脱离客观实际，从而造成决策失误。调查研究要有针对性和目的性，是为了解决问题而调查，而不是为调查而调查。但是，在现实工作中，部分调研形式虚浮、内容失真，或者只进行模糊的定性调研、缺乏定量的调研，这样的调研成果对推进监狱法治建设意义不大。

三、提高监狱法治建设科学性的完善路径探讨

（一）加强顶层设计

1. 完善法律法规。构建全面完善的监狱法规体系，使监狱执法的各个环节都有法可依、有章可循。要在相关法律的框架下，整体修改完善《中华人民共和国监狱法》（以下简称《监狱法》），注重其科学性、系统性和可操作性，尤为重要的是，像罪犯教育、医疗卫生、技能培训、安置帮教、法律援助等内容，也要在《中华人民共和国义务教育法》（以下简称《义务教育法》）等相应法律法规中有所体现，明确关于罪犯内容的条款，明确社会各方面的责任。相关工作内容应该列入地方规划，各级人大要监督检查执行落实情况，提高对相关责任部门的约束力。

2. 完善制度体系。监狱制度作为一项重要的政治制度，只有根植于国情、政情、社情，才有生命力和活力。要着力构建好包括制度设计、制度执行、制度监督的完善体系，涵盖监狱安全防范、管理、惩教、执法、保障、队伍建设等内容的制度体系，在有形的高墙电网监控内筑牢无形的"制度高墙"，强化对监狱执法外部行为规范引导和内部治理的引导，用制度巩固改革成果，靠制度确保工作规范运行。监狱法治建设制度体系的完善既要做"加法"，也要做"减法"，科学推进制度的废改立，及时精简不合时宜的制度，助力监狱法治建设"减负"前行。

3. 积极融入社会治理格局。监狱系统要站在全局的高度、时代的广度，积极主动地将监狱工作融入社会治理一体化体系，推进监狱治理体系和治理能力现代化水平。要突出融入法治政府、法治社会的建设，建设平安监狱，提高罪犯改造质量，回应社会和公众对社会安全稳定的需要。按照公开为常态、不公开为例外原则，增强主动公开、主动接受监督意识，实行狱务公开常态化和制度化，围绕罪犯及其近亲属、社会公众关注度较高的、监狱执法

领域的重点和热点问题，进一步深化公开内容，创新公开方式方法，建立完善工作制度，依托现代信息手段，确保各项公开措施得到落实，切实推动执法内容、方式、制度、服务公开，规范监狱减刑、假释、暂予监外执行，实行减刑假释案件网上公开，进一步提高监狱执法透明度，接受社会的监督，推动刑罚执行不断进步，以公开促公正，提高监狱执法公信力，回应人民对公平正义的期待。同时，应发挥自身的优势，走进社会进行普法宣传，向社会和公众开展警示教育等，承担应负的社会责任。

（二）提高监狱法治建设内容的科学性

从画地为牢到高墙电网、从落后到文明进步、从空洞说教到科学矫正、从粗放管理到依法治监规范化，可以说监狱事业的发展就是科学化水平不断提高的过程。提高监狱法治建设科学性的主要任务是倡导科学的理念，研究和把握规律，用科学的理论、思维和方法指导和实施监狱法治建设，合理配置监狱的人力、物力、财力等各种资源，提高监狱法治建设的科技含量，使监狱法治建设工作更加符合科学的性质或状态，进而达到提高效率的目的。

1. 制定明确具体的指标体系。监狱法治建设应该服从于依法治国战略，紧密结合监狱工作特点和实际，确定涵盖监狱法治建设全部内容、更明确具体的监狱法治建设指标体系，分解监狱法治建设内容，来指导相关工作的开展，将依法治监的顶层设计落实到基层监狱治理实践当中。

（1）高点定位。监狱法治建设要按照建设高水平平安中国、法治中国的总体要求，按照加强和创新社会治理、提高罪犯改造质量、维护社会安全稳定、提高刑罚执行公信力和促进社会公平正义的要求，实现监狱工作创新发展新目标，加强顶层设计、加快系统建设、强化保障体系、提升应用效能。

（2）突出重点。要突出围绕中心工作、突出维护监狱安全稳定、突出问题导向，把握监狱法治建设的重点，制定明确的监狱法治建设指标体系；指标体系目标指向要明显，要在把握监狱法治建设客观规律的基础上，通过建立严谨、周密、合理的指标体系，引领监狱法治建设有序推进。比如针对现实中存在的监狱惩罚职能弱化的现象，需要在法治框架下、法治轨道上强化监狱的惩罚功能，为发挥监狱惩罚职能，提供保障和提供指引，从而增加服刑罪犯对法律的敬畏感。再比如，在疫情防控常态化形势下，要科学研判常态化疫情防控形势带来的新情况、新变化、新要求，实事求是，积极稳妥设计指标标准。

（3）遵循规律。监狱工作科学化水平的提高，实质是对监狱有关问题，尤其是管理改造罪犯工作规律的认识把握和遵循运用水平的提高。这就要求在制定指标体系时，通过潜心研究和深入探索，在深化对规律认识的基础上，努力形成更加符合规律的理念、模式和方法，不断提高监狱法治建设的科学化水平，推动监狱工作发展。遵循规律也包括遵循常识，即实事求是、理性地分清基本概念和关系。

2. 推动深度融合信息化建设发展。现代科技突飞猛进、发展日新月异，大数据、云计算、物联网、人工智能等新技术，在监狱工作中有广泛的应用前景，能为监狱信息化建设提供新的动力、新的支撑，今后监狱工作科学化重点是按照司法部提出加强智能化建设的部署，深化"数字法治、智慧司法"建设，推进监狱工作与信息化的深度融合，打造集示范创建、法治监督、法治考核、法治指数评估"四位一体"的网上平台，实现监狱法治建设信息互联互通、数据资源共享、结果集成应用，推动法治建设任务落实。以信息化为引领，创新开发、集成优化监狱整体办公系统，逐步建立监狱整体办公、监狱安全防范和应急指挥、监管及执法管理、刑罚执行办案平台，决策支持、教育改造、生活保障及医疗卫生、生产管理与劳动改造、监狱建设与保障、狱务公开、警察管理、媒体网络舆论监测处置等应用系统，通过监狱资源数字化、传输网络化、管理智能化，实现监狱信息共享、整合利用，优化配置监狱人、财、物、信息等资源，推动工作决策科学化、管理现代化、效能最大化，有效提高工作层次和水平，为推进全面依法治国、推进国家治理体系和治理能力现代化提供可靠的智能化支撑。

3. 全面加强执法规范化建设。监狱法治建设既要保障监狱的规范执法，也要保障罪犯的合法权益。更重要的是对执法司法进行规范：坚持有法必依、执法必严、违法必究，严格规范公正文明执法，规范执法自由裁量权，深化司法体制配套改革，全面落实司法责任制，体现公平正义，把监狱工作纳入法治化轨道。要通过构建完备的执法制度体系、规范的执法办案体系、系统的执法管理体系、务实的执法培训体系、有力的执法保障体系，实现执法队伍专业化、执法行为标准化、执法管理系统化、执法流程信息化，严肃执法态度、严格执法程序、规范执法行为，全面加强监狱执法规范化建设。在刑罚执行方面，严格执行涉及监狱工作的法律法规和上级文件精神，落实减刑、假释、保外就医等案件逐级评议审核、提请报批、公开公示等程序制度，深化狱务公开和执法监督，建立健全体系化的规章制度和执法标准，严格执法程序，将各个执法岗位、执法环节的执法行为纳入制度和规范之中。要切实提高监狱内部管理的正规化和规范化，狱政管理、狱内侦查、教育改造、劳动改造、文化改造和生活卫生管理等涉及罪犯服刑改造和日常生活的方方面面，需要完善管理制度，明确管理职责，落实管理责任，细化工作标准，规范工作流程，确保各项管理工作有章可循、有据可依、规范有序、落实到位，把监狱执法工作纳入法治化、规范化、程序化、精细化轨道。同时，应通过构建警察执法权益保障法律法规体系、强化警察队伍严格公正文明执法理念培养素质能力、完善警察规范执法流程和手段、建立警察执法容错纠错和免责机制等措施，逐步建立和不断完善监狱人民警察执法权益保障机制。

（三）大力开展特色新型智库建设

1. 深入开展调研。上层领导要率先垂范，切实转变领导作风，尤其是要大兴实事求是的调查研究之风气，以轻车简从、不发通知、不打招呼、不听汇报、不用陪同接待、直奔基层、直插现场（"四不两直"）的方式，放下架子、扑下身子，到困难、矛盾多的地方去，听真话、察实情，了解真实情况，以问题为导向，通过扎实的调查研究弄清问题性质、找准问题症结，掌握问题所在，为正确决策提供有益的参考。少搞不切实际的创新，少提空洞无物的口号，少出不接地气的昏招，补短板、堵漏洞、强弱项，制定出台接地气、有底气的政策，进而有针对性地解决问题。

2. 加强理论研究。目前，破解监狱改革发展稳定难题和应对现实工作难题的复杂性艰巨性前所未有，迫切需要健全新型特色监狱理论研究支撑体系，大力加强智库建设，开展前瞻性、针对性、储备性政策和理论研究，提出专业化、建设性、切实管用的建议，以科学咨询支撑科学决策，以科学决策引领科学发展。要从党和国家事业发展全局的战略高度，以习近平新时代中国特色社会主义理论和治国理政新战略新理念性思维，以服务党和政府决策为宗旨，以政策研究咨询和监狱理论研究为主攻方向，以完善组织形式和管理方式为重点，以改革创新为动力，坚持党的领导、把握正确导向，坚持围绕大局、服务中心工作，坚持科学精神，鼓励大胆探索，坚持改革创新，规范有序发展，突出优势和特色，努力建设特色新型智库体系，更好地服务监狱事业发展。要加强前瞻性谋划和规律性思考，为监狱法治建设提供智力支持和引领，创造良好氛围，开展理论研究和实务探索，规律和经验的总结，探索建立新时代监狱法治建设新途径，提升监狱治理现代化水平，推动监狱法治建设沿着正确的轨道开展。

3. 突出法治文化建设。要培育监狱法治文化，通过文化特有的力量，建立良好的法治价值取向，形成崇尚法治、信仰法治的良好氛围，促进监狱法治建设行稳致远。监狱法治文化建设的核心是树牢依法治监理念，规范民警执法行为，厘清罪犯权利边界，防范涉访涉诉风险，稳妥处置涉狱法律纠纷，营造"办事依法、遇事找法、解决问题用法、化解矛盾靠法"的良好法治环境和法治氛围。

（四）强化基层基础建设

1. 健全监狱安全治理体系。维护监狱安全稳定是监狱法治建设的基础。要健全监狱安全治理体系，坚持"平战融合"理念，既要实现监狱传统安全下的常态治理，也要进行监狱非传统安全下的非常态治理的探索；要健全协作协调机制，把反恐防暴、应急处突、疾病防控、安全生产、消防安全等纳入地方公共安全应急管理体系，落实监狱安全地方属地管理、监狱主体责任，完善狱地共同维稳机制；要进一步加强管理，对于安全监管和监狱管理工作中暴露的问题，深入调研，从制度层面予以改进，采取强有力的措施加以解决，消灭监管事故于萌芽状态，事故发生后要及时处置，避免事态扩大和后果恶化；要完善预案的制定，增强演练的实战化。

2. 夯实基层基础建设。监狱工作综合性很强，既是执法活动，也包括管理、教育、生产经营和生活卫生等内容，各方面、各时段和各环节的具体工作内容繁杂琐碎、事无巨细，在时间上贯穿每一名罪犯从入监到出监的整个改造过程，从早到晚一日规范管理；在空间上从生产场所到生活场所、教学、娱乐活动场所；在内容上覆盖罪犯狱内饮食起居、服刑改造、刑释就业、回归社会等各方面，管理罪犯的饮食起居、强化罪犯的行为养成，组织罪犯劳动生产，进行思想、文化、技术教育以及会见、帮教等，全方位、全天候对罪犯进行管理改造。每一项工作、每一件事情都不可或缺、都要规范严谨。正是这些基础性的具体工作内容，保证了刑罚执行的有序进行。因此，要毫不放松地抓好细化日常工作，做细做实，力争达到内容环环相扣和有机结合，通过规范完善、细化分解工作流程和不折不扣的执行，实现各级、各类、各种形式的工作纵向衔接和横向沟通，不断夯实基层基础工作。

3. 提高监狱决策科学性。一个监狱的发展、运行情况和职能发挥情况，与以监狱长为核心的监狱领导集体（包括决策机构和智库机构）的治监理念和能力高低密切相关。一个合格的、优秀的监狱领导，应该是复合型、专家型人才，不但是上级政策的坚定执行者，而且具有坚强的党性和政治敏锐性，拥有丰富的知识储备和全面的业务能力和水平，不但要有先进的治狱理念，也要有亲自教育改造罪犯的实践；不但要有冷静、睿智的头脑，也要有解决实际问题的能力。要逐步由靠经验、靠单纯执行来管理监狱，向专家治狱转变，提高监狱的现代化建设水平。

（五）以"法治监狱"达标创建为抓手，推进监狱法治建设纵深开展

开展法治监狱建设，是贯彻落实习近平总书记全面依法治国新理念新思想新战略，提升监狱依法治理能力和治理水平的现实需要；是贯彻落实总体国家安全观，规范和强化监狱内部管理，确保监狱持续安全的重要举措；是彰显监狱本质属性，推进严格规范公正文明执法，维护社会公平正义的内在要求；是深化监狱体制改革，推动监狱工作高质量发展的必然选择。监狱法治建设，需要制定监狱法治建设的指标体系，通过专项的达标建设来推动法治建设实质性开展。比如山东省监狱系统，服从于法治山东建设的目标，开展了法治监狱建设活动，对今后一个时期山东省法治监狱建设工作作了总体部署，要求以法治监狱建设为总抓手，以法治监狱建设示范创建为突破口，坚持高点定位、高位推动，制度为本、法治领先，依法行刑、全面推进，守正创新、流程再造的原则，建立监狱执法标准制度体系、执法权力运行体系、执法效能监督体系、法治建设考评体系、法治建设保障体系，推动全省监狱工作由传统改造向以政治改造为统领的五大改造转变，由经验管理向依法治监转变，由监管警察向法治警察转变，不断提高法治监狱建设标准化、规范化水平，打造职能科学、权责法定、执法规范、公平正义、行刑高效、守法文明的新时代现代化监狱，推进全省监狱工作高质量发展，为坚持和完善中国特色社会主义监狱制度、提升监狱治理能力和治理水平贡献力量。

作者信息：

慕庆平，山东省监狱学会研究部主任，联系电话：18053101186
刘文臣，山东省潍北监狱教育改造科一级警长，联系电话：18053620059
通讯地址：山东省济南市历山路 163 号
邮　　编：250063

治理体系和治理能力现代化语境下关于监狱法律主体定位缺失及其应对策略的研究

赵宗雄　周　阔

摘　要： 在治理体系和治理能力现代化语境下，关于监狱法律主体定位的研究明显不足，进而导致监狱法治建设路径和策略的不健全、不完善。本文从监狱司法权的权力来源、行政关系中的法定义务和民商事行为的法律规制三个维度展开，明确了监狱的法律主体定位，并提出建立权力清单、责任清单和负面清单的方法论，进而全面推动监狱治理体系和治理能力的现代化。

关键词： 监狱　治理体系和治理能力　法律主体　定位　清单制

党的十九届四中全会进一步明确坚定不移走中国特色社会主义法治道路，全面推进依法治国，坚持依法治国、依法执政和依法行政共同推进，坚持法治国家、法治政府和法治社会一体化建设。这说明，依法治国成为推进国家治理体系和治理能力现代化的重要保障。因此，必须大力推动监狱工作法治化进程，推动监狱治理体系和治理能力的现代化，把依法治国、依法治监、依法治警的思想融入刑罚执行、狱政管理、教育改造的各个环节。

一、当前监狱法律主体定位研究现状

（一）法律主体的概念

"法律主体"是法律关系的参加者，在法律关系中既是一定权利的享有者，又是一定义务的承担者。[1]法律主体包括自然人、法人和国家三类。[2]

在推动和完善监狱法治建设的进程中，监狱首先需要厘清自身的法律定位。狭义上的监狱，专指关押和改造罪犯的场所；广义上的监狱，既包括狭

---

〔1〕　参见葛洪义主编：《法理学》，中国政法大学出版社2007年版，第179页。
〔2〕　参见葛洪义主编：《法理学》，中国政法大学出版社2007年版，第179页。

义监狱的范畴，还包括监狱管理机关（各省、自治区、直辖市监狱管理局）和监狱企业。本文要讨论的核心问题，并非监狱的性质，而是在不同法律关系中监狱作为法律主体的权利义务问题。本文将援引"法律主体"这一概念进行论述。

（二）当前监狱法律主体定位研究方面存在的不足

《中华人民共和国监狱法》（以下简称《监狱法》）规定，监狱是国家的刑罚执行机关，这是监狱的基本法律属性，也是监狱作为司法主体的主要依据；同时《监狱法》规定了监狱的主要职权为刑罚执行、狱政管理、教育改造三个部分，因此有学者认为：上述刑罚执行部分由《中华人民共和国刑事诉讼法》（以下简称《刑事诉讼法》）授权，而狱政管理和教育改造部分在《刑事诉讼法》中并未作明确规定，所以应当被认定是监狱对罪犯行使的行政管理权，其本质是监狱机关运用警察行政权对罪犯行为干预的过程，是依据相关法律法规来调整有关监狱安全和管理秩序的特殊社会关系[1]。那么，监狱基于其司法或行政职权的法律主体定位应如何区分界定？

除却上述司法主体和行政主体的模糊定位，监狱企业作为一个独特的法律主体而存在，又该如何定位其法律主体地位，以适应监狱治理体系和治理能力现代化的要求？

二、监狱法律主体定位的三个维度

笔者认为监狱的法律主体定位存在三个维度，分别是司法主体、行政主体和民商事主体。

（一）监狱是司法主体

监狱作为司法主体，其权力范围主要包括三个方面：刑罚执行权、准刑罚执行权和刑事侦查权。

1. 刑罚执行权

监狱的刑罚执行权是监狱作为司法主体的显著特征，其职权主要源于《刑事诉讼法》的授权，主要包含六个方面。

（1）收押：对被判处死缓、无期徒刑、有期徒刑的罪犯，公安机关依法

---

[1] 参见许建军、孙龙："浅谈监狱行政权设立原则"，载《法制博览》2015年第23期。

将罪犯交付监狱执行刑罚。执行机关应及时收押，并通知家属。

职权依据：《刑事诉讼法》第264条。

（2）移送：罪犯在服刑期间又犯罪的，或者发现判决时没有发现的罪行，由执行机关移送人民检察院处理。

职权依据：《刑事诉讼法》第273条。

（3）提请暂予监外执行：监狱提出暂予监外执行的书面意见的，应当将书面意见副本抄送人民检察院。

职权依据：《刑事诉讼法》第266条。

（4）提请减刑、假释：被判处死刑缓期二年执行的罪犯，在死刑缓期执行期间，如无故意犯罪，死刑缓期执行期满后应当予以减刑的，报省级（自治区、直辖市）监狱管理机关审核后，报请相应的高级人民法院裁定。对罪犯在刑罚执行期间具备法定的减刑、假释条件的，有权提出减刑或假释建议，报人民法院审核裁定。

职权依据：《刑事诉讼法》第261条、第273条。

（5）申诉：在刑罚执行过程中，如认为判决确有错误或罪犯提出申诉的，监狱有权转交人民检察院或原判人民法院处理。

职权依据：《刑事诉讼法》第275条。

（6）释放：被判处有期徒刑、拘役的罪犯，执行期满后，应由执行机关发给释放证明书。

职权依据：《刑事诉讼法》第264条。

2. 准刑罚执行权

针对上述有学者认为《监狱法》中规定监狱的狱政管理和教育改造职能是行使行政管理权的观点，笔者认为缺乏合法性和合理性，主要原因如下：

一是从法律规定的救济手段来看，《最高人民检察院关于执行〈监狱法〉有关问题的通知》中明确规定："一、关于人民检察院对监狱执行刑罚活动的法律监督问题。对监狱执行刑罚的活动是否合法，依照法律实行监督，是检察机关的职权。它包括对监狱执行刑事案件判决、裁定，以及狱政管理、教育改造和生活卫生等活动是否合法实行监督……"不难看出，如果监狱在上述几个方面存在违法行为，不能申请行政复议，也不具备行政可诉性，只能通过人民检察院行使监督职权来实现救济。

二是从近几年的司法实践来看，笔者通过登录"裁判文书网"，统计汇总以 2017 年 1 月 1 日至 2019 年 12 月 31 日为节点，以监狱（包括管理机关）为被告，以狱政管理、教育改造和生活卫生等行为（包括罪犯医疗、考核、奖惩、通信、会见、劳动工伤）对罪犯在服刑期间侵权为由，提起的行政诉讼、行政赔偿诉讼，共统计出相关法律裁判文书 31 份，其中所有诉讼均以"不属于人民法院行政诉讼的受案范围"为由被人民法院裁定不予立案或裁定驳回起诉。

因此，监狱机关的狱政管理、教育改造、生活卫生等行为并不属于行政行为，而是刑罚执行的补充和延伸，属于准刑罚执行权，是监狱作为司法主体的职权组成部分，主要包含以下几个方面：

（1）对罪犯分类关押、分类管理。监狱对成年男犯、女犯和未成年犯应实行分开关押和管理，对未成年犯和女犯的改造，应当照顾其生理和心理特点。监狱视不同罪犯的犯罪类型、刑罚种类、刑期、改造表现等情况，对罪犯实行分别关押，采取不同方式管理。

职权依据：《监狱法》第 39 条。

（2）使用戒具和武器。监狱在特定情形下可以使用戒具；人民警察和人民武装警察部队的执勤人员在特定情形下，非使用武器不能制止的，按照国家有关规定，可以使用武器；使用武器的人员，应按照国家有关规定报告情况。

职权依据：《监狱法》第 45 条、第 46 条，《司法部关于贯彻实施〈中华人民共和国人民警察使用警械和武器条例〉的通知》。

（3）罪犯（特许）离监探亲。被判处有期徒刑的罪犯有规定情形之一，执行原判刑期二分之一以上，在服刑期间一贯表现良好，离开监狱不致再危害社会的，监狱可根据情况准其离监探亲。

职权依据：《监狱法》第 57 条，《罪犯离监探亲和特许离监规定》。

（4）对罪犯的通信、会见有效管理。罪犯在服刑期间可以与他人通信，但是信件往来应当经过监狱检查。监狱对于有碍罪犯改造内容的信件，可以扣留。

职权依据：《监狱法》第 47 条、第 48 条，《罪犯会见通信工作规定》《外国籍罪犯会见通讯规定》《律师会见监狱在押罪犯规定》。

（5）对罪犯生活、卫生进行有效管理。罪犯的被服由监狱统一配发。罪犯居住的监舍应当满足坚固、通风、透光、清洁、保暖等条件。监狱应当设立医疗机构和生活卫生设施，建立罪犯生活卫生制度。罪犯的医疗保健列入监狱所在地区的卫生和防疫计划。

职权依据：《监狱法》第 51 条、第 53 条、第 54 条，《司法部关于印发〈关于加强监狱生活卫生管理工作的若干规定〉的通知》《财政部、司法部关于印发在押罪犯伙食、被服实物量标准的通知》。

（6）建立罪犯的日常考核和奖惩制度。监狱应当建立罪犯的日常考核制度，考核结果作为对罪犯奖励和处罚的依据。监狱对表现良好的罪犯可以给予表扬、物质奖励或者记功；对犯有破坏监管秩序的罪犯，监狱可以给予警告、记过或者禁闭。

职权依据：《监狱法》第 56 条、第 57 条、第 58 条，《监狱服刑人员行为规范》《关于计分考核罪犯的规定》。

（7）对罪犯的教育改造。教育改造罪犯，基本原则是"因人施教、分类教育、以理服人"，在具体实施上"采取集体教育与个别教育相结合、狱内教育与社会教育相结合的方法"；同时，监狱应视不同情况，对罪犯开展扫盲教育、初等教育、初级中等教育和职业技术教育，经考核合格，由教育、劳动部门颁发相应的证书。

职权依据：《监狱法》第 61 条、第 63 条、第 64 条、第 65 条，《司法部关于印发〈教育改造罪犯纲要〉的通知》。

3. 刑事侦查权

服刑期间再犯罪的侦查：对罪犯在监狱内犯罪的案件，由监狱进行侦查。监狱办理刑事案件，同样适用《刑事诉讼法》的相关规定。在刑事诉讼过程中，监狱有权履行与公安机关相同的案件侦查职权，包括：讯问犯罪嫌疑人、询问证人、调取证据、勘验、鉴定、检查、搜查、扣押等。狱内侦查终结后，监狱认为应当追究犯罪嫌疑人刑事责任的，出具起诉意见书，连同案卷材料、证据一并移送人民检察院审查起诉。

职权依据：《刑事诉讼法》第 308 条。

（二）监狱是行政主体

在以往的研究中，法学界专家学者争论最多的问题是监狱的性质。在诸多观点中，既有"工具论""刑罚执行机关说""司法机关说"，又有"行政机关和司法机关说""司法行政机关说"等，长久以来不同观点各抒己见，目前尚无定论，争议的焦点往往集中于本文中关于"准刑罚执行权"部分的论述。既然笔者将狱政管理和教育改造行为归入监狱作为司法主体行使刑罚执行权的范畴，那么是否意味着监狱机关不具备成为行政主体的资格呢？

监狱机关的主管部门为司法行政机关，《司法行政机关行政复议应诉工作规定》第 8 条规定："……对监狱机关、劳动教养机关的具体行政行为不服，向司法行政机关申请行政复议，由其主管的司法行政机关管辖……"由此可见，监狱机关是能够做出具体行政行为的法律主体。诚然，作为刑罚执行机关，监狱不具备如行政许可、行政处罚、行政强制等主动行使行政权的明确法律授权；但反过来讲，监狱（包括监狱管理机关）负有法律、法规、规章所规制必须履行的法定行政义务。履行法定行政义务即具体的行政行为，使得监狱当然成为行政主体，行政相对人可以通过申请行政复议或提起行政诉讼来实现权利救济。典型的行政义务包括"政府信息公开"和"法律援助"。

1. 政府信息公开

政府信息是指行政机关在履行行政管理职能的过程中，制作或者获取的，以一定形式记录、保存的信息。虽然监狱并非行政机关，但是 2019 年修订的《中华人民共和国政府信息公开条例》（以下简称《信息公开条例》）中新增附则第 54 条之规定，法律、法规授权的具有管理公共事务职能的组织公开政府信息的活动，适用本条例。监狱作为《监狱法》授权的履行管理公共事务的国家机关，当然适用《信息公开条例》。《信息公开条例》第 51 条规定，公民、法人或者其他组织认为行政机关在政府信息公开工作中侵犯其合法权益的，可以向上一级行政机关或者政府信息公开工作主管部门投诉、举报，也可以依法申请行政复议或者提起行政诉讼。既有行政法规的明确规定，也有《行政诉讼法》明确的救济手段，监狱当然可以被认定为政府信息公开的行政主体。

政府信息公开制度已经在全国各省市的监狱机关予以落实。以北京市监狱管理局为例，在其编制的《政府信息公开指南》中划定了依法主动公开的范围，列明了依申请公开的流程、方式、答复期限和注意事项，规定了依法不予公开的四种情形，并告知了权利救济途径。[1]

值得注意的是，"政府信息公开"不完全等同于"狱务公开"。二者在实施过程中可能存在交集，但是在行政诉讼中，"狱务公开"不是法律概念，而是推动刑罚执行公开透明的一种"法治理念"，对于"狱务公开"的救济手段不包括行政复议和行政诉讼。[2]

2. 法律援助

法律援助制度是《中华人民共和国法律援助条例》（以下简称《法律援助条例》）规定的一项司法救济制度。对罪犯的法律援助工作旨在进一步维护罪犯的合法权益，加强对罪犯的人道主义帮助，保障经济困难或有其他特殊困难的罪犯获得必要的法律服务。截至 2019 年 12 月 31 日，关于监狱的法律援助制度尚无通行的法律法规，但许多地区的司法行政机关根据《法律援助条例》，出台了本地区的地方性行政规章。比如早在 2005 年，北京市司法局就制定并发布了《关于市法律援助中心开展对服刑人员法律援助工作暂行办法》，其中第 2 条规定："市监狱管理局在刑罚执行处设立服刑人员法律援助工作站作为市法律援助中心的定点联系机构，各监狱（含未成年犯管教所）狱政科设立法律援助工作点、分监区设立法律援助工作员，负责对本区域内服刑人员法律咨询问题的收集、整理以及对服刑人员法律援助个案申请的初步审查和转递……"这一规章明确规定了监狱机关作为法律援助的行政主体所负有的义务，且能够通过申诉、行政复议等途径进行权利救济。类似的还有 2009 年 5 月，湖北省司法厅出台的关于罪犯法律援助工作的实施办法、2009 年 1 月河南省司法厅出台的省一级统一执行的监狱劳教所法律援助工作实施办法，等等。

（三）监狱（监狱企业）是民商事主体

作为一般的民事主体，监狱同其他国家机关一样，可以通过真实的意思表示来实现民事权利自治，如实现物权，同其他民事主体产生债权债务关系，侵权赔偿和被侵权救济等，这里不予讨论。监狱与其他司法主体和行政主体

---

[1] 参见《北京市监狱管理局（北京市戒毒管理局）政府信息公开指南（2020 年版）》，载 http://jyj. beijing. gov. cn/zwgk/zfxxgkzn/202001/t20200102_ 1551112. html，最后访问时间：2020 年 5 月 13 日.

[2] 参见高一飞、李慧："狱务公开的现状评估与完善建议"，载《河北法学》2016 年第 6 期。

相比，最显著的特点是可以依法设立监狱企业，使其具有商事主体的法律属性。

监狱企业是为适应罪犯劳动改造的需要而产生的，以罪犯为劳动力主体的特殊的国有企业[1]。按照特别法优于一般法的原则，监狱企业作为监狱改造罪犯的特殊产物，应该受到《监狱法》的规制，但是我国《监狱法》并未就监狱企业作出明确规定。国务院出台《关于研究监狱布局调整和监狱体制改革试点有关问题的会议纪要》（以下简称《会议纪要》）指出，全面推动监狱体制改革，宗旨是要实现四个目标，即全额保障、监企分离、收支分开、规范运行。从近年来监狱企业的改革成果来看，监狱企业作为独立的市场主体，已经是社会主义主市场经济体系的组成部分，从法律属性来说与其他市场主体并无差别，同样受到商法、经济法等有关法律的规制。

1. 对监狱企业组织架构的法律规制

监狱企业的性质为法人企业（公司），是有独立财产，有健全的组织机构、组织章程和固定场所，能够独立承担民事责任、享有民事权利和承担民事义务的经济组织。其组织架构和运行受《中华人民共和国全民所有制工业企业法》（以下简称《全民所有制工业企业法》）和《中华人民共和国公司法》（以下简称《公司法》）规制。

（1）在组织架构上，监狱企业属于全民所有制企业。按照《全民所有制工业企业法》的规定，监狱企业不设股东，只有主管机构——监狱机关，其法定代表人一般由监狱长或主管劳动生产工作的负责人担任。监狱的劳动者为正在服刑的罪犯，根据监管安全、保密等需要，一般不会雇佣或委托社会组织、个人代为实施管理，由具备监狱警察编制的工作人员直接负责监狱企业运营。

（2）近年来，监狱企业的组织架构模式更为灵活：一是通过设置层级架构，在监狱企业下设控股子公司，引入其他国有企业的股权架构模式，充分运行现代公司制度，在经营管理上更符合市场经济企业的发展理念，能够更好地实现监企分离；二是积极同社会企业合作，通过参股成立混合所有制企业，不断引入社会力量壮大监狱企业。经"天眼查"系统查询，比较典型的

---

[1] 参见王俣："监狱企业作为市场主体问题调查研究——以辽宁省某监狱企业为例"，沈阳师范大学 2014 年硕士学位论文。

监狱企业如辽宁省某监狱管理分局，其下属的监狱企业通过控股、参股等方式扩大企业经营规模，子公司（有限责任公司）多达16个，经营范围涵盖了汽车模具、服饰、粮米加工、机械等多个行业。在对监狱企业子公司的运营管理上，要按照《公司法》进行规制。

2. 对监狱企业经济行为的法律规制

监狱企业作为一般的商事主体，其市场行为当然受到相关经济法律法规的规制。

（1）独立参与市场竞争。监狱企业应当按照《中华人民共和国反垄断法》（以下简称《反垄断法》）、《中华人民共和国反不正当竞争法》（以下简称《反不正当竞争法》）的相关要求，积极参与市场竞争，不得利用监狱机关的司法行政职权排除、限制竞争，扰乱市场经济秩序。

（2）向社会提供合格产品和服务。监狱企业作为生产经营者，为其他生产者和消费者提供产品和服务，当然受到《中华人民共和国产品质量法》（以下简称《产品质量法》）、《中华人民共和国消费者权益保护法》（以下简称《消费者权益保护法》）等的规制。此外，部分监狱还保留着农业生产经营项目（农场），其经济行为还应受到《中华人民共和国农产品质量安全法》（以下简称《农产品质量安全法》）的规制。

3. 对监狱企业内部控制的法律规制

（1）保障劳动者合法权益。监狱企业的劳动者为服刑人员，《监狱法》第71条规定："监狱对罪犯的劳动时间，参照国家有关劳动工时的规定执行；在季节性生产等特殊情况下，可以调整劳动时间。罪犯有在法定节日和休息日休息的权利。"虽然服刑人员被剥夺人身自由，且依法必须参加劳动，但依照法律规定，仍然受到《监狱法》《中华人民共和国劳动法》（以下简称《劳动法》）的保护，其劳动工时、休息、劳动报酬等权利同样需要得到保障。

（2）独立核算，依法纳税。《会议纪要》提出要实现"监企分离、收支分开"，监狱企业作为独立于监狱机关的纳税居民企业，受到《中华人民共和国企业所得税法》（以下简称《企业所得税法》）、《中华人民共和国增值税法》（以下简称《增值税法》）等的规制，应该独立核算企业收支情况，按期、足额缴纳税款。

三、基于"三主体论"的监狱法治建设路径和策略

监狱是我国司法系统的重要组成部分，是社会主义法治建设的重点领域。尤其在当前推动监狱治理体系和治理能力现代化的大趋势下，监狱法治的状态以及监狱机关的法治意识、法治能力和法治水平备受社会公众的关注，监狱已经成为体现一个国家司法文明和公平正义的重要窗口。[1]因此，监狱"三主体论"的提出，有着重要的现实意义。

（一）"三主体论"有助于理清监狱的法律关系定位

在以往的认识中，监狱被等同于监狱机关，因此在监狱法律关系的研究中只涉及司法和行政两个领域，监狱企业往往作为一个独立的研究对象而存在。

在本文中，笔者将监狱的法律主体地位按照司法、行政、民商事三个法律维度展开，其中涉及司法权的权力来源、行政关系中的法定义务和民商事行为的法律规制，通过逐一分析形成了"三主体论"，系统地厘清了在不同法律关系中监狱的法律主体地位，涵盖了在依法治国背景下监狱所有法律关系定位。

（二）"三主体论"有助于系统提出方法论

"三主体论"厘清了监狱的法律关系定位：司法主体侧重于权力，行政主体侧重于职责，民商事主体侧重于法律规制。中共中央办公厅、国务院办公厅印发了《关于推行地方各级政府工作部门权力清单制度的指导意见》指出：分门别类全面彻底梳理行政职权，逐项列明设定依据；……公布权力清单；积极推进责任清单。按照《中共中央关于全面推进依法治国若干重大问题的决定》中"法定职责必须为、法无授权不可为"的原则，笔者认为通过建立"清单制度"，能够确保监狱"三主体"的法律定位得到有效实践。

近年来，全国各省级（自治区、直辖市）监狱管理机关通过公布"权力清单"和"责任清单"，积极推动清单制度的落实。早在 2014 年，江苏省监狱管理局在全国监狱系统率先公布刑罚执行权力清单；2019 年，北京市监狱

---

[1] 参见陈勇等："全面依法治国大视域下推进法治监狱建设的思考"，载司法部政府网：http://www.moj.gov.cn/organization/content/2018-09/21/zgjygzxhxwdt_40240.html，2018-09-21，最后访问时间：2020 年 3 月 20 日。

管理局公布了《减刑假释暂予监外执行权力清单》和《刑罚执行责任清单》。

在此基础上，笔者引入经济学领域中的"负面清单"制度，从而形成了"权力清单""责任清单"和"负面清单"的"三清单"制度，作为监狱落实"三主体论"的方法论。

1. 权力清单。"法无授权不可为"，权力清单制度设立的初衷在于控权：通过设立清单，划出权力运行的边界，推动权力运行的公开透明，进而完善公众对权力的约束和监督机制。从实践角度看，编制权力清单的主要内容包括：权力名称、权力依据（法律授权）、运行流程、救济途径等。作为司法主体，有学者将监狱的司法权力清单总结归纳为 35 种，包括：监禁刑罚执行权、教育改造罪犯权、处理控告和检举权、提请和批准暂予监外执行权等。[1]

2. 责任清单。"法定职责必须为"，监狱制定责任清单，就是要明确必须履行的法定义务。责任清单与权力清单互相制约，防止责权失衡。

从理论上说，"有权必有责，用权受监督，失职要问责，违法要追究"[2]，责任与权力相伴而生，也就是所谓的权责"一体化设置"，比如：释放罪犯是监狱执行刑罚的权力，而按时释放服刑期满的罪犯是监狱的法定职责；使用警戒具、武器是监狱行使管理罪犯的权力，而使用警戒具、武器须审批且不能超过必要限度则是监狱的法定职责，等等。

从实践上讲，责任清单的范畴要比权力清单更广泛。责任清单的设置依据不同于权力清单，权力只能法定；而责任设置的依据不仅限于法律、法规、规章，也可以来自一般的规范性文件，甚至可以源于党纪约束。[3]比如：监狱作为行政主体，必须履行政府信息公开的法定职责；又如，为了增强监狱刑罚执行的透明度，提升监狱司法公信力，司法行政系统主动提出"狱务公开"的理念，对刑罚执行的信息予以适度公开，其实质就是将行业自律行为纳入"责任清单"的范畴。

---

〔1〕 参见中国监狱警察权力清单研究课题组等："中国监狱警察权力清单研究"，载《犯罪与改造研究》2017 年第 1 期。

〔2〕 参见中共中央文献研究室编：《十八大以来重要文献选编》（上），中央文献出版社 2014 年版，第 136 页。

〔3〕 参见刘启川："独立型责任清单的构造与实践——基于 31 个省级政府部门责任清单实践的观察"，载《中外法学》2018 年第 2 期。

3. 负面清单。负面清单管理原指在经济领域以清单方式列明禁区的一种管理模式，现已被行政学、管理学、心理学、社会学等多个人文社会学科所引用。[1]

监狱的负面清单是权力清单和责任清单的重要补充，用以明确界定监狱作为司法主体、行政主体和民商事主体的禁止性行为和事项。从覆盖的范围来说，权力清单和责任清单是对公权力的约束性制度，而负面清单规范的边界不仅仅局限于公权力，还涉及监狱作为民商事主体以及监狱警察作为公民的私权利约束。

（1）公权力的负面清单。监狱公权力的负面清有两方面来源：一方面来源于法律、法规的明文规定，如《中华人民共和国刑法》（以下简称《刑法》）规定的"虐待被监管人罪""私放在押人员罪""失职致使在押人员脱逃罪"，又如《监狱法》第14条规定的监狱人民警察九种禁止性行为，再如《政府信息公开条例》第53条规定的"行政机关违反本条例的规定，有下列情形之一的，由上一级行政机关责令改正；情节严重的，对负有责任的领导人员和直接责任人员依法给予处分；构成犯罪的，依法追究刑事责任：（一）不依法履行政府信息公开职能；（二）不及时更新公开的政府信息内容、政府信息公开指南和政府信息公开目录；（三）违反本条例规定的其他情形"。另一方面则是司法行政机关对监狱机关和监狱警察的纪律性规范，如司法部印发的《监狱人民警察六条禁令》，又如多部门联合下发的《监狱和劳动教养机关人民警察违法违纪行为处分规定》等。

（2）私权利的负面清单。对于监狱的私权利负面清单，涉及组织和个人两类主体。

从组织层面来讲，监狱企业作为民商事主体，不得违反商法、经济法的禁止性规定，如在参股子公司中抽逃出资、作为股东损害公司或其他股东的合法权益、在破产清算过程中违规清偿债务，又如伙同其他监狱企业或社会企业搞行业垄断、诋毁竞争对手商誉、搞商业贿赂、生产假冒伪劣产品，再如克扣劳动者（服刑人员）劳动报酬、偷税漏税等。

从个人层面来讲，监狱人民警察作为民事权利主体，其私权利的行使也

---

〔1〕 参见陈加养、周荣瑾："从犯情负面清单管理看监狱安防新路径"，载《中国刑警学院学报》2019年第6期。

会受到约束，如多地监狱管理机关要求监狱警察禁止从事"网约车"等盈利性活动。

随着我国法治国家、法治政府、法治社会进程的不断加快，监狱作为法律关系中的特殊主体，其法律关系定位就成为一个必须要明确课题。笔者基于司法权的权力来源、行政关系中的法定义务和民商事行为的法律规制这三个维度，提出并详细论述了监狱的"三主体论"，进而提出包括权力清单、责任清单和负面清单在内的"三清单"方法论。在治理体系和治理能力现代化的语境下，对监狱法律主体定位的明确，是把监狱各项工作纳入法治轨道的必然要求，也是推动监狱治理体系和治理能力的现代化的有力武器。

作者信息：

赵宗雄，北京市第二监狱党委书记、监狱长
周阔，北京市第二监狱办公室副主任
通讯地址：北京市朝阳区南豆各庄甲 1 号
邮　　编：100121
联系电话：18811669937　010-53862027

国家治理现代化视角下监狱法治建设实现路径探讨

侯　国

摘　要： 法治是社会文明进步的重要标志，新时代建设执法严明、治理规范、保障有力、安全文明的社会主义现代化监狱是国家治理体系和治理能力现代化基本实现的需求，也是深化监狱体制改革，提高罪犯改造质量的需要。要建设法治监狱，在完善监狱立法体系、司法体系的基础上，重点培育监狱警察办事依法、遇事找法、解决问题靠法的素养，使罪犯信仰法律，认识到法律既是保障自身权利的有力武器也是必须遵守的行为规范，从而保障法律的实施，维护社会的和谐稳定和公平正义。

关键词： 国家治理体系和治理能力现代化　监狱　法治建设

法治是人类文明的重要成果之一，法治的精髓和要旨在于具有普遍治理意义。《中华人民共和国宪法》（以下简称《宪法》）第 28 条规定："国家维护社会秩序，镇压叛国和其他危害国家安全的犯罪活动，制裁危害社会治安、破坏社会主义经济和其他犯罪的活动，惩办和改造犯罪分子。"这就是说监狱对犯罪分子，一是要惩罚，使其对自己的犯罪行为承担相应的刑事责任，受到法律的刑事制裁；二是要改造，把其改造成为自食其力的守法公民。监狱作为惩罚和改造罪犯的场所，依法治监是贯彻落实党中央依法治国，建设社会主义法治国家战略决策的必然要求。如何建设法治监狱，更好地落实党的"惩罚与改造相结合，以改造人为宗旨"的监狱工作方针，提高罪犯改造质量，成为新时代国家治理体系和治理能力现代化基本实现的客观需求。

一、深刻认识法治监狱的内涵

建设法治监狱是依法治国的重要内容。罪犯因法律而产生，监狱因罪犯而存在。新时代，监狱作为国家行使刑罚执行权力的司法行政机关，其一切管理和执法都是依据法律规定而运行的，依法惩罚和改造罪犯，是法治监狱的必然要求。中共中央、国务院 2015 年印发的《法治政府建设实施纲要（2015—2020 年）》总体目标中提出"经过坚持不懈的努力，到 2020 年基本建成职能科学、权责法定、执法严明、公开公正、廉洁高效、守法诚信的法治政府"。监狱是国家的暴力机器，是国家的刑罚执行机关，建设法治监狱是贯彻落实党中央依法治国、建设社会主义法治国家的要求，是贯彻落实党中央建设法治国家、法治政府、法治社会，推进依法治国、依法执政、依法行政的要求，是贯彻落实党的监狱工作方针，推动机制创新、治理规范化、执法科学化的要求，因此要充分发挥社会主义制度优越性，努力建设执法严明、治理规范、保障有力、安全文明的社会主义现代化监狱，为培育和践行社会主义核心价值观，弘扬社会主义法治精神，推进国家治理体系和治理能力现代化，实现"两个一百年"奋斗目标、实现中华民族伟大复兴的中国梦提供有力的安全保障。

（一）执法严明

监狱刑罚执行是维护社会公平正义的最后一道防线，关系到刑事裁判能否正确执行，在全面推进依法治国进程中发挥着特殊作用，因此，执法严明是法治监狱的价值取向。只有严明执法，才能全面推进依法治监，才能实现法律效果、政治效果和社会效果的最大效益化。

1. 培植法治观念。全面依法治国是全面建成小康社会的法治保障，全民守法是全面依法治国的基础环节。建设社会主义法治监狱，监狱警察、职工是依法治监的主体和力量源泉，必须发挥监狱警察在全面依法治监中的示范带动作用，把法律作为行使权力、履行职责的基本准据，让法治成为监狱警察履行职责所必须具备的基本素质和基本思维方式，提高其法治意识和依法办事的能力。对罪犯进行惩罚和改造的最根本目标就是使其认识到违法犯罪给社会造成的危害，使其认识到自己受到刑罚处罚是罪有应得，通过教育改造使其成为法律的遵守者、捍卫者，成为"守法公民"。

2. 完善执法制度。全面推进依法治国的总目标是建设中国特色社会主义法治体系，建设社会主义法治国家。监狱执法体现着国家意志，体现着惩罚的目的，体现着国家的职能，只有形成完备的法律规范体系、高效的法治实施体系，才能确保执法工作有据可依、有章可循。在执法和治理上，监狱要加强规范化建设，使执法程序流程化、裁量标准化，完善减刑假释暂予监外执行的实体条件和规范程序，始终使执法工作在法治轨道和框架内运行，构建形成一套更加符合我国国情、符合监狱实际、符合惩罚改造规律的系统完备、科学规范、运行有效的执法制度体系。

3. 加强执法监督。法治监督是指对监狱执法的实施情况的监督，是保障法律良性运行的机制。在监督体系上，形成人大监督、政协监督、监察监督、检察监督、司法监督、社会监督、舆论监督等监督体系，使监督更加严密、强大，推进监督制度化。在监督形式上，通过狱务公开、刑罚执行办案平台、网站及狱内公示等形式，加快文明执法窗口建设，推进监督程序化。在内容上，及时公开执法依据、程序、流程、结果和生效法律文书，建立健全执法评查、监督和责任追究等内容，提高执法公信力，推进监督规范化。

（二）治理规范

对罪犯依法、严格、文明、科学管理和直接管理对于强化监狱职能，维护社会和谐稳定、促进国家长治久安具有重要意义。在我国，对罪犯的管理既是实施惩罚、维持监管改造秩序的重要手段，又是罪犯改造的前提和保障。习近平总书记对监狱工作曾作出重要指示，要求进一步强化监狱内部管理。建设法治监狱，必须把治理规范作为重要前提，通过理念创新、体系创新、执行创新，推进治理精细化、法治化、信息化，不断提升治理体系和治理能力现代化。

1. 理念创新。长期以来，由于监狱职能特殊、场所封闭等原因，监狱一直被社会不太了解，对于民众来讲更是"神秘"的机关。犯罪是社会问题，很多人认为改造犯罪是监狱的事情，是司法机关的责任，其实改造犯罪从某种程度上来说，更是社会的事情。[1]面对信息时代的挑战，面对社会挑战，我们只有主动适应，贯彻落实习近平总书记关于国家总体安全观的要求，在对新形势下监狱工作进行深入分析研判后，把握特点和规律，创新思路，切实提高政治站位，推动将"关得住""不跑人"的底线安全观向社会输出守法公民的总体安全观转变。

---

[1] 参见"把离监探亲工作制度化常态化做得更好"，载《法制日报》2018 年 3 月 4 日。

2. 体系创新。治理规范是指使治理合于一定的标准，也就是说治理要达到一定目标，使治理对象的一系列活动必须符合一定的标准。在监狱，治理规范就是治理与执法、管理与改造、管理与防范结合起来使改造获得更好的效果。因此，要使监狱内部治理和执法水平不断得到提升，就需要以现代信息科学技术为引领，修订健全完善监狱法、监狱分级分类建设、罪犯改造行为规范、减刑假释暂予监外执行等一系列法律、法规、规章、制度，从根本上做到有章可循、有标准可依，向程序化和规范化发展。

3. 执行创新。把改造当作自己的第一职责，一切工作围绕改造。罪犯治理的内容十分广泛，包括从收监到释放的刑务管理，服刑处遇中的监管、警戒、戒具管理，罪犯通讯会见、生活卫生、刑罚奖惩、服刑期间又犯罪等管理，治理的特殊性决定了管理执行效益的特殊性，由于罪犯管理不是单纯地实施惩罚和监控，而是立足于改造，是"寓教于惩""寓教于管"，把治理和教育改造结合起来，使之成为守法公民，因此，推动源头治理、关口前移、治理方式法治保障、依法治理，治理主体多方参与、系统治理。

（三）保障有力

我国监狱的性质是人民民主专政的工具，是国家的刑罚执行机关。《中华人民共和国监狱法》（以下简称《监狱法》）在经费、土地、财产、人力等各方面都制定了保障措施。但在实践中，由于种种原因，有些保障落实却很难到位。保障是法治监狱建设的基础支撑，在机制、科技、人力等各方面必须保障到位，才能与各种管理手段协同发力，高效运转。

1. 机制保障。习近平总书记多次对监狱工作作出重要指示，为监狱工作提供了根本遵循，指明了前进方向。全面深化监狱改革发展，健全完善新型监狱体制和刑罚执行制度，切实肩负起新时代赋予监狱工作的崇高使命。监狱要紧密结合自己的性质特点和职责任务，围绕"全额保障、监企分开、收支分开、规范运行"的目标要求，推动改革创新，使得监狱警察专心于罪犯改造工作，构建适应依法治国和国家总体安全观的新型监狱体制机制。

2. 科技保障。科技改变世界，创新决定未来。习近平总书记指出，科技是国之利器，国家赖之以强，企业赖之以赢，人民生活赖之以好。监狱掌握国家行刑权，是法律的科学管理物，是关押、惩罚、教育和改造罪犯的场所，应用现代科技保障监狱的安全稳定和提高罪犯改造质量是适应新时代国际大环境的必然要求。当前现代科技突飞猛进，我们应主动拥抱现代科技，善于运用现代科技最新成果去做传统人工手段做不了、做不好的事，把监狱工作提升到新的层次和水平。在监狱建设上，通过应用先进的设计和建筑技术，使技术、功能、艺术融为一体，设计出规范合理的监狱。在大数据应用上，通过网络、监控、警戒、通讯、教育等数据的巧妙布局和应用，建设智慧监狱不仅可以实现监管安全，提升科技防范效益，更重要的是利用大数据资源，创新罪犯教育改造的方式和机制，真正提高改造质量。

3. 队伍保障。监狱警察是刑罚的执行者、改造罪犯的教育者、监狱工作方针的体现者，在新时代，建设一支德才兼备的高素质警察队伍至关重要。《监狱法》第5条规定："监狱的人民警察依法管理监狱、执行刑罚、对罪犯进行教育改造等活动，受法律保护。"因此，监狱警察必须牢固树立社会主义法治理念，恪守职业道德，信仰法律，坚守法治，严格执法，敢于担当，勇于献身。同时要善于点燃警察的工作激情，宣传先进典型，讲好时代故事，激励警察做新时代的奋进者、开拓者。也要依法严肃查处袭击、诬告陷害警察的违法犯罪行为，依法支持、保护警察正当行使职权，使其在组织上有归属感、工作上有荣誉感、生活上有幸福感。

（四）安全文明

安全是监狱工作的底线，文明是监狱发展的最高形态和品质，安全文明是社会主义监狱的本质属性，建设法治监狱，安全文明是根本目的。

1. 安全。随着改革进入深水区，社会矛盾复杂程度加深，监狱安全风险管控难度加大，特别是随着移动互联网、物联网、大数据、云计算、人工智能发展，监狱安全稳定工作面临着前所未有的新挑战，监狱必须深入贯彻落实总体国家安全观，深化"四防一体化"建设，深入分析研判可能影响安全的风险，构建新型监狱安全观，伴随着智慧城市、智慧法院、智慧检务等理论和实践的兴起，监狱要通过信息化建设，加快智慧监狱建设，为开启新时代监狱工作新局面，维护国家安全、社会和谐稳定作出贡献。

2. 文明。监狱作为一个国家文明程度的窗口，体现的是整个社会的进步。监狱统筹使用惩罚和改造两种手段，努力将罪犯改造成为守法公民，是监狱刑罚执行工作义不容辞的责任和最高目标，也是贯彻落实习近平总书记总体国家安全观、推进平安中国建设的必由之路。"监狱不是动物园"，不能只满足于"收得下、关得住、跑不了",必须落脚在"改造好"。只有坚持把教育改造罪犯作为监狱工作的中心任务,将罪犯改造好,监狱安全才能延伸转变为社会安全,才会让老百姓获得真正的幸福感安全感,才能真正体现社会的文明进步。

二、推进国家治理体系和治理能力现代化进程下建设法治监狱的重要性

法治是社会文明进步的重要标志。在现代法治国家中,依法治国是党领导人民治理国家的基本方式,是实现国家治理体系和治理能力现代化的必然要求。2017 年 5 月司法部首次提出"治本安全观"的概念,要求从"底线安全观"向"治本安全观"转变,切实提高罪犯教育改造质量。这为新时代监狱工作再次明确了战略定位,确定了主攻方向,实践证明国家治理现代化离不开法治化。

(一)建设法治监狱是深化监狱体制机制的客观需要

当今时代,要适应发展,任何国家都会面临发展和变革的挑战,监狱体制当然也不例外。监狱要落实习近平总书记对政法工作的要求,要落实"四个全面"战略布局的要求,要落实"全面依法治国"的要求,就需要顺应时代和社会发展,就需要切实履行好《监狱法》赋予的职责,就需要积极回应人民群众的新期待,按照"全面深化改革"的新要求,从"底线安全观"向"治本安全观"转变,扎实推进监狱工作机制改革,让监狱回归主业和工作宗旨,切实提高改造质量,降低重新犯罪率,提升人民群众的安全感、幸福感。但当前国家的刑事政策总体上呈现出从严趋势,过去靠减刑假释暂予监外执行制度调动罪犯改造积极性的制度受到严峻挑战,监狱在具体执法中遇到的释放难、医疗难、处理罪犯死亡难、处理畸形维权难等问题越来越突出,因此,建设法治监狱也是监狱进一步深化机制体制改革的需要。

(二)建设法治监狱是提高监狱治理体系和治理能力现代化的根本途径

监狱在社会治理中处于特殊的位置,监狱一旦发生事故,危及社会公共安全,影响社会大局稳定,特别是死缓、无期徒刑等长刑犯和限制减刑犯的增加,导致监狱的危险性和关押难度进一步增加,因此,必须统筹好安全与改造的关系,通过攻心治本,教育转化提高改造质量。然而随着社会的发展,面对新形势、新挑战、新任务,现行监狱行政体制仍存在许多不适应的地方,

特别是在治理结构、治理效能、基层警力布置、制度体系等方面还存在不少问题，长期以来只通过"头痛医头，脚痛医脚"的途径不能很好地祛除根源，需要将基础性、源头性、根本性的问题彻底解决，这就需要深化监狱治理体系改革、完善制度机制特别是职能转变，要把防控风险、破解难题、补齐短板摆在更加突出位置，着力全面提升监狱治理能力和水平，提高监狱治理体系和治理能力现代化。

（三）建设法治监狱是提高罪犯改造质量的关键路径

刑罚的直接目的是惩罚，但最终目的是改造罪犯，使其回归社会，成为一名守法公民。要实现这个目标，就必须明确惩罚与改造、教育和劳动、改造与生产的关系，一切以改造罪犯为中心，各项工作服务于、服从于罪犯改造，不受任何工作干扰和冲击。因此，要确保惩罚、改造的程序依法进行，必须建设法治监狱。我国刑法、刑事诉讼法和监狱法等法律对监狱惩罚改造罪犯的内容和程序性问题都作出了相应的法律规定，绝不能超出法律规定的惩罚范围或变相体罚、折磨、侮辱，只有依法对罪犯进行惩罚和改造，而且惩罚内容必须是法律所确定的范围内，才能真正落实监狱工作方针的要求，提高罪犯的改造质量。

（四）建设法治监狱是打造过硬警察队伍的内在要求

执行刑罚是一项非常严肃的执法活动，是监狱执法活动的核心，这就是说依法行刑是依法治监的重点和核心，监狱警察作为法治监狱的组织者、实施者、推进者，队伍建设成效直接影响法治监狱建设的质量和进程。当前政法工作面临许多前所未有的新情况、新问题，对于监狱而言，面对严峻复杂的执法环境，要推动将"不跑人"的"底线安全观"向输出"合格产品"的"治本安全观"转变，警察队伍在思想观念、素质能力、纪律作风、治理保障等方面还存在诸多不适应之处。在推进法治监狱建设的过程中，监狱警察要牢固树立以依法治国、执法为民、公平正义、服务大局、党的领导为基本内容的社会主义法治理念，自觉养成依法办事的习惯，切实提高运用法治思维和法律手段，处理和解决执法过程中遇到的突出矛盾和问题的能力。

三、建设法治监狱的路径探讨

人类社会发展的事实证明，依法治理是最可靠、最稳定的治理。"惩罚与改造相结合，以改造人为宗旨"是我国监狱的工作方针，监狱对罪犯的惩罚和改造必须依法进行，惩罚罪犯的内容必须是法律所确定的，不允许出现法律范围之外的"惩罚"，改造也具有特定的含义和要求，改造的程序必须依法进行。因此，在当前推进国家治理现代化、全面依法治国进程中，加快推进法治监狱建设，实现监狱治理法治化，就要严格按照法律规定的程序进行治理和执法，确保依法依规行事、按规范操作，减少随意性、增强科学性，确保运行有序。

（一）推进监狱治理体系，必须着力建立科学合理的监狱治理法治体系

习近平总书记曾指出，法治体系是国家治理体系的骨干工程〔1〕。对于监狱，要建设法治监狱，实现依法治监，必须加快完善法律规范体系、高效的法治实施体系、严密的法治监督体系、有力的法治保障体系，才能真正形成完善的监狱治理法治体系。要真正落实总体国家安全观，提高罪犯改造质量，实现监狱的持续安全稳定，根本途径在于建立完善的监狱治理法治体系。如果仅仅停留在现有的机制框架内，用老办法应对出现的新情况新问题，或者用零敲碎打的办法来修修补补，是解决不了目前存在的问题的。

1. 构建完善的监狱治理和执法体系。国家安全是安邦定国的基石。党的十八届四中全会审议通过了《中共中央关于全面推进依法治国若干重大问题的决定》（以下简称《决定》），《决定》提出贯彻落实总体国家安全观，加快国家安全法治建设，抓紧出台反恐怖等一批急需法律，推进公共安全法治化，构建国家安全法律制度体系。当前，我国正进入一个因社会现代性变迁所带来的新时期，为了适应这种形势，党和政府也在不断调整社会建设和管理方式，党的十八届三中全会提出推进国家治理体系和治理能力的现代化。从"管理"到"治理"的转变，监狱也必须面对新的角色定位。法的运行必须适应社会变革，《监狱法》在实际运行中逐渐显露出诸多局限和不足，难以适应社会治理需要，因此应该完善监狱法律法规体系，形成基于某些共同原则、内容协调一致、有机联系的统一法律体系，更好地推进监狱法治建设。

2. 推进监狱体制机制改革。鞋子合不合脚，自己穿了才知道。事实证明，新中国监狱工作取得了成功改造罪犯和创造大量物质财富的良好社会效益和

---

〔1〕 2014年10月23日习近平同志在党的十八届四中全会第二次全体会议上的讲话中提出。

经济效益，受到世人的瞩目和赞誉。改革只有进行时，没有完成时。面对新形势，我们只有完善和发展监狱体制，从改革中获得不竭动力，将制度自信和不断改革创新统一起来，破除体制机制障碍，抛弃裹足不前、故步自封的理念，回归监狱本质属性，把"不跑人"的底线安全观向为社会输出合格人才的总体国家安全观转变，坚持"全额保障、监企分开、收支分开、规范运行"的要求，进一步深化监狱体制改革，逐步形成内容协调、程序严密、配套完备、有效管用的制度体系，使我国的监狱制度日益完善和发展，国家治理体系和治理能力现代化水平不断提高，社会主义制度的优越性得到更加充分的体现。

3. 推进罪犯医疗保障机制改革。监狱对罪犯的医疗管理应该属于社会管理整体中的特殊部分，但现实生活中，罪犯医疗保障未能纳入这一体系，给监狱治理和执法带来沉重负担。根据现行规定，罪犯医疗费用主要由国家财政拨款予以保障，但没有明确规定保障范围。在监狱具体操作中，罪犯的疾病救治费全部由监狱负担，医疗费用实际支出远远超出财政拨款，监狱对罪犯医疗保障标准的不明确，不仅造成保障条件困窘，而且监狱陷入了各种争议和纠纷。因此要在明确保障范围和基本医疗保障费用的基础上，将罪犯医疗保障纳入当地居民基本保障体系，建设好监狱医院，满足监狱惩罚和改造的需要。

（二）推进罪犯守法守规，必须着力增强罪犯法治观念和意识

罪犯之所以走上犯罪道路，除与其人生观、价值观有直接的关系外，更重要的是社会的快速推进，而罪犯的法律观念和意识淡薄。据笔者对某重刑犯监狱调查显示，初中以下文化程度的罪犯占押犯的65%以上，而且这部分罪犯在犯罪时就是"法盲"。因此，要坚持把罪犯普法教育和遵纪守法作为罪犯改造的长期基础性工作，采取有力措施加强法制宣传教育，切实提高罪犯的法治观念和意识，从而矫正恶习，使之养成新的行为习惯。

1. 发挥好法律的规范作用，强化法律对罪犯改造的促进作用。罪犯教育是一个破旧立新的过程，要破除和转变罪犯的犯罪思想，必须通过法律的强制性来完成，通过规范化来实现。法律是道德的保障，通过强制性惩罚和规范罪犯的行为，通过强制力来强化罪犯的道德养成，确保道德底线，推动罪犯道德素质提升，最终认识到自己的犯罪行为给家庭和社会带来的痛苦。今

天监狱在罪犯改造中遇到了前所未有的矛盾和问题，完全依赖以往行政管理的老思路老办法去解决已经难以为继，靠"运动型治理""头痛医头脚痛医脚"应急手段，以"命令""强制""权力"等手段模式以保障行政权力运行为目的的管理模式越来越不符合新时代的要求。因此，必须坚持法治思想，坚持法治教育从每名罪犯抓起，把法治教育纳入罪犯教育全过程，由易到难、循序渐进不断增强罪犯的规则意识，使法律法规更多体现道德理念和人文关怀，建立罪犯服刑守法诚信违法失信行为褒奖惩戒机制，形成守法守规光荣、违法违纪可耻的改造氛围，使遵法守法守纪成为每名罪犯的共同追求和自觉行动。

2. 发挥好道德的教化作用，强化道德对罪犯改造的支撑作用。总体国家安全观的最根本目标就是建设平安中国，对于监狱而言就是教育改造罪犯，使之成为合格的社会人，同时还要避免其重新犯罪。人的思想和行为都不是先天就有的，而是在后天的现实生活中逐渐建立起来的。行为学研究表明，人的行为是客观事物作用于人而产生的一种反映，改变客观条件的刺激将会使人的行为有所改变。一般来说，犯罪行为是一种有意识的自觉的意志活动，犯罪思想的形成，总是存在着主观和客观的多种多样的原因和条件，并且有一定的规律可循。"不知耻者，无所不为。"再多再好的法律，必须转化为人们内心自觉才能真正为人们所遵行。由此可以看出，没有道德滋养，再好再多的法律也难以实施，因此，在推进依法治监过程中，必须大力弘扬社会主义核心价值观，弘扬中华传统美德，积极加强传统文化教育，以道德感化罪犯，通过创新系列教育改造方式方法，营造改造氛围，弘扬改造正气，矫正罪犯的错误认知和观念，抵制"潜规则"，让罪犯学会守住底线、不再犯罪，在潜移默化中实现改造目的。

3. 发挥好帮教的感化作用，强化帮教对罪犯改造的保障作用。改造罪犯是一项庞大的系统工程，只靠监狱部门是难以完成的，必须依靠全社会的支持。[1]社会力量参与罪犯改造，可以在一定程度上克服监狱行刑悖论，使罪犯在服刑过程中能够及时了解社会以及社会对自己的要求，从而使罪犯明白应该怎么改造，提高罪犯改造的目的性。一是改造社会化。随着社会的发

---

〔1〕 参见王明迪："中国监狱的人权保障"，载《鸿泥集——监管改造工作理论与实践》，法律出版社 2009 年版。

展，监狱应该积极创新思维，转变改造方式，在健全罪犯改造评估体系，深化个别化矫治工作，提升教育改造效能的基础上，尽可能地利用社会资源，如积极引入企业、学校等社会资源，通过监狱与社会的合力，推进多层次、全方位的社会化帮教体系，让罪犯有人帮、有人管，切实降低重新犯罪率，实现帮教工作常态化，如 2018 年春节期间司法部力推的罪犯离监探亲就是帮教的范例。二是安置帮教社会化。《监狱法》第 37 条规定"对刑满释放人员，当地人民政府帮助其安置生活……"，在现实生活中，特别是在市场经济的大环境下，社会成员就业已经纳入市场调节，罪犯出狱后没能得到有效执行。但罪犯获释出狱后，面对似乎熟悉而又陌生的社会生活，产生兴奋与迷茫交织的复杂心态，从适应监狱生活方式转变为适应社会生活方式，如果出现严重的适应障碍，无法接受社会，极易重新犯罪，如果采取保护措施，通过努力构建安置帮教社会支持系统，争取社会各方力量，内外联手、供需联结，有效保障服刑人员安心改造和刑释人员顺利回归，就可以很好地落实治本安全观。

（三）推进警察队伍建设，必须着力增强警察依法治狱理念和素养

全面推进依法治国，建设一支德才兼备的高素质法治队伍至关重要。监狱执法作为社会公平正义的最后一道防线，是把纸面上的法律转变为罪犯改造生活中活的关键环节，因此，能不能做到依法治国，能不能做到依法治监，关键在于警察能不能坚持依法履职，能不能坚持依法执法。这就是说要实现依法治狱，警察必须信仰法律、坚守法治，政治过硬、捍卫法律，严格执法、敢于担当，依法全面履行职能，坚持法定职责必须为、法无授权不可为，做到严格规范公正文明执法。

1. 进一步加强思想政治建设。把坚定理想信念作为监狱警察队伍的政治灵魂，旗帜鲜明坚持党的领导，坚定不移走中国特色社会主义法治道路，确保牢固树立忠诚、干净、担当、敬业的政治品格。一是树立正确的政绩观，铸就绝对忠诚的政治品格。"功成不必在我"并不是消极、怠政、不作为，而是要牢固树立正确政绩观，既要做让老百姓看得见、摸得着、得实惠的实事，也要做为后人作铺垫、打基础、利长远的好事，既要做显功，也要做潜功，不计较个人功名，追求人民群众的好口碑、历史沉淀之后真正的评价[1]的思想

---

〔1〕 参见张晔等："牢固树立正确政绩观"，载《人民日报》2018 年 3 月 10 日，第 1 版。

做好本职工作。二是抓好政治上忠诚可靠，确保工作绝对落到实处。完善政治理论轮训和培训制度，探索建立政治督察制度，细化警察核心价值观教育，把监狱职业荣誉制度纳入国家荣誉制度体系，增强监狱警察的职业荣誉感和归属感。

2. 进一步加强履职能力建设。要落实总体国家安全观，提高罪犯改造质量，就需要推进严格执法，重点是解决执法不规范、不严格、不透明、不文明以及不作为、乱作为等突出问题。因此，要引导广大警察坚定法治信仰，善于运用法治思维和法治方式从社会视角通盘考虑法理、事理、情理，在罪犯改造上实现法律效果和社会效果相统一。一是培训教育。把学历教育、职业教育、岗位练兵结合起来，建立符合监狱工作特点的人才教育培养体系，深入推进警察队伍专业化建设，切实提高警察执法专业能力、理论调研分析能力、现代科技应用能力、社会事务沟通能力、群众思想工作协调能力等，实现警察教育培训工作科学化、实战化，增强警察实战本领。二是健全完善监督制约机制。健全科学的人才评价和激励机制，激发警察干事创业的激情，努力使警察养成坚定信念、恪守良知、理性公允的职业品格。推进用制度管人管权管事，坚持严在经常、管在平时，把纪律和规矩挺在前面，形成切实管用的纪律条令体系，防止滥用职权、贪赃枉法等行为。

3. 进一步健全职业保障体系。习近平同志强调，建设法治国家、法治政府、法治社会，实现科学立法、严格执法、公正司法、全民守法，都离不开一支高素质的法治工作队伍。法治人才培养上不去，法治领域不能人才辈出，全面依法治国就不可能做好。监狱警察身处特殊环境、面对特殊对象、承担特殊任务，工作十分辛苦，有时还要面对各种危险[1]。要建设一支靠得住、过得硬的警察队伍，除营造拴心留人的良好环境，引导警察快乐工作、幸福生活外，还应重点健全警察职业保障体系。要出台并落实好保护警察依法履行法定职责的规定，建立免责机制，依法严惩暴力袭警、打击报复警察及其家属的违法犯罪行为。要加强警察医疗保障，落实好警察带薪年休假制度，解决警察长期"白加黑""五加二"的工作状态，切实保障警察的休息权。要完善和保障警察的工资待遇制度。

---

〔1〕 参见孙春英："不断提高监狱教育管理工作科学化水平 为促进公平正义维护社会稳定作出新贡献"，载《法制日报》2015 年 7 月 17 日，第 1 版。

四、推进法治监狱进程中需要注意的几个问题

历史和实践证明，我们国家治理体系和治理能力总体上是好的，积累了宝贵经验。对于监狱而言，我国的监狱制度和治理体系具有显著优势，取得了举世瞩目的成就，是西方国家无法比拟的。进入新时代，为了适应社会发展，要继续完善和发展我国监狱制度和治理体系，推进治理现代化，建设法治监狱。这就要以问题为导向，拿体制、机制、制度等方面存在的突出问题"开刀"，通过"刺激—反应"揭露问题再去解决问题，这样可能导致矛盾产生，需要打开解放思想的总开关，用辩证思维、底线思维、法治思维去分析解决问题。

（一）立足国情与学习借鉴的关系

习近平总书记指出，一个国家选择什么样的治理体系，是由这个国家的历史传承、文化传统、经济社会发展水平决定的，是由这个国家的人民决定的。推进监狱治理体系和治理能力现代化，建设法治监狱是一个复杂的系统工程，需要统筹布局，全面协调推进。新中国成立后，毛泽东主席提出了人是可以改造的观念，经过发展完善，逐步形成了以劳动改造为特色的监狱制度。事实和实践证明，我国实现劳动改造是成功的。"橘生淮南则为橘，生于淮北则为枳"，一种制度模式在一个国家是适用的，在其他国家则不一定适用。历史和现实一再昭示我们，国情不同却照搬别人的模式和发展道路，是从来都不会成功的。这就需要通过系统谋划、顶层设计，坚持和完善中国特色监狱制度，建设法治监狱，在推进治理体系和治理能力现代化上下功夫，不断在框架内深化改革创新，用辩证思维确立监狱制度，确保与国家和社会同向同步实现治理现代化。

（二）完善制度与执行制度的关系

习近平总书记强调，制度制定了，就要立说立行、严格执行，不能说在嘴上，挂在墙上，写在纸上，把制度当"稻草人"摆设，而应落实在实际行动上，体现在具体工作中。监狱是人民当家作主制度体系的重要支撑，是维护国家政治安全和制度安全的重要保障，也是维护公平正义法治保障的最后一环，因此，安全稳定是监狱工作的头等大事，向社会输出守法公民是监狱的根本工作目标。建立法治监狱，推进治理现代化，就是积极适应在押犯结

构新变化、刑事发展新趋势和罪犯改造新矛盾，围绕治理中的空白点和薄弱点，补齐短板，不断理论创新和实践创新，完善体制，着力形成系统完备、结构合理、成熟定型的制度体系。制度的生命力在于执行，在我国疫情暴发后，监狱即时启动战时状态，在坚决打赢疫情防控的人民战争、总体战、阻击战的同时，全面加强监狱内部管理，构建起最全面、最严格、最彻底、最严密的防控体系，确保了监狱的安全稳定，由此可见，只要提高制度的执行力，才能真正发挥制度效用，提高治理效能，要坚守底线思维，推动广大警察工严格履行职责，行使权力，确保每一项制度落到实处。

（三）制度自信与改革创新的关系

习近平总书记强调，制度自信不是自视清高、自我满足，更不是裹足不前、故步自封，而是要把坚定制度自信和不断改革创新统一起来，在坚持根本政治制度、基本政治制度的基础上，不断推进制度体系完善和发展。我国的监狱制度和治理体系是适合我国国情的，具有强大的生命力和巨大的优越性，面对传播速度之快、感染范围之广、防控难度之大的新型冠状病毒肺炎突发疫情，取得了阶段性胜利，但监狱应对防控体系也暴露出许多短板和不足，特别是在防控机制、防疫物资、医疗人员与技术上，某些制度和体制机制尚不成熟、尚未定型，还需要发展完善、改革创新。作为监狱警察、职工必须维护法律和制度的严肃性，决不能以言代法或选择性执法，通过建设法治监狱创新我们的治理方式，让法律真正成为维护社会公平正义的最后一道防线，推进治理现代化。因此，我们坚守法治思维，将法律手段作为解决判断是非和处理事务的准绳，坚持把"固根基、扬优势"与"补短板、强弱项"结合起来，善于运用法律手段解决问题和推进工作，不断推进各项制度体系的完善和发展。

监狱工作是党和国家工作的重要组成部分。从纵向分析看，法治监狱涵括监狱法治建设、依法治监的过程、状态和结果。从横向角度分析，法治监狱通常包括监狱立法体系、司法体系以及监狱法律实施和监督等因素。因此，要以建设法治监狱为目标，培育干警办事依法、遇事找法、解决问题靠法的素养，树立法律权威，使罪犯认识到法律既是保障自身权利的有力武器也是必须遵守的行为规范，自觉维护法治权威，自觉抵制违法抗改行为的良好环境，推进监狱机构职能、权限、程序、责任法定化、规范化，全面推进狱务公开，强化对治理和执法权力的制约和监督，建立权责统一、权威高效的治理和执法体制，确保法律公正、有效实施。

作者信息：

侯国，在职法律硕士研究生学历，国家二级心理咨询师，现任河北省石家庄监狱监区长、医院院长（副处级）

通讯地址：石家庄市桥东区红星街 39 号 河北省石家庄监狱

邮　　编：050061

邮　　箱：a3876183@163.com

联系电话：13831146656　0311-66677351

论新时代下我国监狱法治监督体系的
创新与完善

陈文峰

摘　要： 党的十八届四中全会第一次提出中国特色社会主义法治体系这个概念，明确其五个子体系，即完备的法律规范体系、高效的法治实施体系、严密的法治监督体系、有力的法治保障体系、完善的党内法规体系。在这五个子体系中，构建严密的法治监督体系尤为重要，法治监督体系不仅是法治体系的重要组成部分，更是法治中国建设的护航者。本文从我国监狱法治监督建设的现状出发，深入分析了当前存在的问题及原因，并考察、借鉴国外监狱的监督制度，提出了创新与完善我国监狱法治监督体系的具体路径。

关键词： 监狱法治监督　监狱制度体系　检察监督

英国著名的历史学家阿克顿说过"权力必然导致腐败"[1]。权力如果没有监督和制约，腐败就会滋生。在现代社会，监督制度是国家民主政治的重要内容，其实质是对权力的制约、督导，防止权力的滥用和腐败。在民主法治国家里，法治的核心要义是限制公权力、保障私权利。

党的十八届四中全会第一次提出中国特色社会主义法治体系这个概念，明确其五个子体系，即完备的法律规范体系、高效的法治实施体系、严密的法治监督体系、有力的法治保障体系、完善的党内法规体系。在这五个子体系中，构建严密的法治监督体系尤为重要，法治监督体系不仅是法治体系的重要组成部分，更是法治中国建设的护航者。在法治监督体系中，必须准确定位法治监督的含义。所谓法治监督，是指执政党、国家机关、社会组织及公民运用法治思维和法治方式对公权力运行的合法性进行检查、督促、评价

---

〔1〕　参见［英］阿克顿：《权利的制约（上）》，张雁深译，商务印书馆2001年版，第342页。

及惩罚的活动。其最核心的要义是运用法治思维和法治方式监督和制约权力。党的十九大报告指出，构建党统一指挥、全面覆盖、权威高效的监督体系，把党内监督同国家机关监督、民主监督、司法监督、群众监督、舆论监督贯通起来，增强监督合力。

中国监狱法治监督体系不仅是中国监狱法治建设的重要环节，也是中国法治体系建设的一个重要组成部分。严密的监狱法治监督体系既包括党和国家机关的权力监督，也包括群众监督和舆论监督，既包括依据宪法和法律而进行的监督，也包括依据党内法规而进行的监督，是整合了监察委员会监督、党内监督、国家机关监督、群众监督等诸多监督方式的监督体系。监狱法治监督体系在本质上是以法治的方式对监狱公权力进行监督，对权力的产生、行使和责任追究全过程的法治化监督。

深入推进全面依法治国，中国监狱法治建设就必须构建构建严密的法治监督体系。监狱法治监督体系的建设是新的时代语境下中国监狱法治建设的重要组成部分。只有打造好严密的监狱法治监督体系，对监狱公权力形成强有力的制约，让权力在阳光下运行，才能为建设法治中国作出更大贡献。

一、我国监狱在法治监督建设方面存在的主要问题

在习近平新时代中国特色社会主义思想的指导下，现代监狱法治建设监督工作取得了初步成效。但是，受到经济、文化等种种因素的影响，我国监狱的法治监督的整体效果亟待进一步提高。

（一）现有法治监督法律制度不完善，导致监督整体功能不佳

制度问题更带有根本性、全局性、稳定性、长期性。无规矩不成方圆，法治监督法律制度是推进监狱法治监督实践最基本的"规"和"矩"。

随着法治监督实践的不断深入，我们愈加发现法治监督立法的不完善，这给法治监督主体履行法治监督职责造成了一定的制度性障碍。我国监狱法治监督体系是由不同执法监督机构组成的一个多元系统，既有来自国家权力机关的监督，又有来自国家行政机关和检察机关的监督，还有来自社会的监督。构成我国现行监狱法治监督体系的各个机构分别属于不同系统。由于法治监督的立法工作相对滞后，国家至今尚未出台专门的监狱监督法及监狱法实施细则，用以规范和协调监狱机关各部门的执法监督工作，致使在体制上

无法用一根纽带把各个执法监督机构凝聚在一起。因此，目前各监督机构在监督手段上有效互补不够，监督的权力资源未能得到最大化运用，因而法治监督体系的整体功能得不到充分发挥，弱化了监督效果，导致监督整体功能不佳。

（二）法治监督主体监督意识不强

法治监督的主体是法治监督权的具体行使者，其通过行使监督权的活动，对监督客体产生影响。无论是党的监督、国家监督，还是社会监督，都是具体的个人来行使监督权，因而个人的监督意识会对监督活动产生重要影响。警察、群众是组成法治监督主体的最基本单元。就警察来讲，其监督意识可以具体化为责任意识和自觉意识。就群众主体来讲，其监督意识表现为主动行使权利的自觉意识。

1. 上级对下级的监督责任意识不强，对下级监督滞后

从现实来看，监狱机关部分警察的监督责任意识不强，主要表现为：为了避免有插手事务过多之嫌，上级有时对自身所肩负的监督责任不积极承担，不愿启动对下级的监督。以我国监狱系统内部的监督为例，个别上级机关是在事态严峻到一定程度，才迟迟启动对下级的监督，因此错过了"治病救人"、挽回损失的好时机。

2. 下级对上级存在畏惧心理，对上级监督弱化

由于上级机关或者上级领导通常掌握着其下级机关的人财物调配权，对下级干部的选拔任用往往有推荐权，甚至是决定权，这给下级监督上级设置了严重的心理障碍。

3. 群众监督主体的权利意识不强，导致监督效率不高

就群众来讲，其监督意识可以具体化为监督权利意识。监狱机关虽然设置了各种群众监督举报方式，并且在不断拓展监督渠道。然而，这些监督方式和监督渠道的利用率不高，群众自觉行使监督权的权利意识不强。

（三）法治监督合力效果尚不明显

监狱法治监督存在于一个包括党的监督、国家监督和社会监督等监督方式在内的立体的法治监督网络之中。从原则上来讲，各个监督子系统之间应当是紧密衔接、有机配合的，如此整体上的监督效能才可实现最大化。不过，现实中由于各个监督子系统之间缺乏有效的协调机制，若干种监督力量没能

形成合力，严重降低了监督的整体效能。主要表现为：

1. 不同监督主体之间的权限、责任不明晰

由于不同监督主体之间的沟通不足、各自为战、配合失灵、协调机制不完善导致部分监督领域内存在重复监督的现象，这是对监督资源的一种浪费。反观近些年我国监狱系统暴露出来的违法违纪案件，并非是因为没有法治监督，违法违纪现象产生的一个重要原因就是我国现有的法治监督主体处于单打独斗的状态，衔接不够严密，也未能形成监督合力。

2. 不同监督方式之间协调配合得不够紧密

监狱法治监督不是单一的监督方式，它是一系列监督方式和手段按照法定的标准、程序、规则有机结合而形成的一个协调的统一体。这些监督方式从性质上来讲，有的属于国家职权，如人大监督、监察监督、检察监督、审判监督等；有的来源于其自身主体地位，如权力主体的利益相对人行使的监督权和群众基于人民主权原则而享有的社会监督权。这些监督方式和手段通过法律法规或其他制度机制有机配合，而不是杂乱无章地运行。否则，就会出现相互扯皮的现象，反而大大降低了监督的效率。

3. 现有法治监督程序科学性不足

已经存在的监督方式之所以监督效果不理想，缺少可操作性强的运行程序是一个重要的制约因素。如：何时启动何种监督方式、具体监督方式的操作规则等方面都未见明确规定。现有的监督程序还不是很完善，科学性不足。这就使得再完美的监督制度设计都较难以取得最佳效果。

二、我国监狱在法治监督建设方面存在问题的原因分析

我国监狱法治建设监督发展过程中出现的种种问题，其背后有着社会历史原因及现实因素的影响。只有破解了根源性问题，才能让中国监狱法治建设监督的实效得到最大化彰显。

（一）传统的思想观念对法治监督建设的影响

我国是有着五千年文明历史的国家，传统思想文化博大精深、源远流长，这既给我们进行中国监狱法治监督建设留下了丰富的思想文化资源，同时也有部分的落后思想、监督观念制约着我国监狱法治监督的发展。推进中国监狱法治监督体系建设必须解除传统落后监督观念的枷锁。

1. 传统的人情思维对法治监督实践的阻滞

中华法治文化脱胎于礼制文化，是在农业文明的土壤上成长起来的，人民为了生活和耕作的便利，习惯家族聚居、自给自足，至今这些观念在市民社会依然有着深深的印记，特别是在经济文化水平比较落后的地区，"亲亲得相首匿""三纲五常"等思想观念的影响更加明显。一方面，这使得我国的监狱法治监督实践中不可避免地要遇到人情思维、关系思维的阻力，令法治监督的效果大打折扣；另一方面，传统的宗法文化强调家族的依附和对权威的敬畏，个人缺乏权利意识，这就导致个人主动行使监督权的意识不强。

2. 传统的特权思维对法治监督的实现形成挑战

监狱公权力是由监狱机关中的具体的民警来行使的，人的思维和观念必然对行使权力的活动产生影响。特权思维就是公权力依法运行的绊脚石，也是导致权力腐败的助燃剂。特别是，对"关键少数"的权力监督更是薄弱。久而久之，必然严重破坏法治，破坏整个法治监督的效果。

3. 传统的人治（贤人统治）思想延缓了法治监督发展的进程

我国经历了较为漫长的封建社会，国家奉行君主一元的统治文化，把国家的治乱兴衰都寄托在君主一人身上，治理国家采取用人治而不是法治。受这种传统观念的影响，在我国监狱法治监督实践中有时候也存在着这种对"贤人"的信任思维，习惯性把监狱公权力运行过程中出现的各种问题归结为领导者的品德和才能，而轻视了对权力腐败的反思和对法治监督制度的完善，进而导致了我国监狱法治监督建设的科学性不足。

4. 传统的"治民"思想推迟了法治监督的"治权"理念的确立

我国传统法治监督思想，无论是君监思想，还是民监思想、法监思想，都是为了维护封建皇权、巩固中央集权而存在的。其监督的目的是保证官吏和百姓都服从于封建专制统治，其核心要义是治民，而非治权。这种治民的理念是建立在对人民的不信任的基础上的，最为明显的是荀子关于礼法的思想，其根源更在于"人性恶"，所以才需要对人民进行法律规制，并对人民遵守法治的效果进行监督，对法律的制定者和实施者的监督则放在次要位置。现代法治监督理念的实质不是治民，而在于治权。监狱公权力是具有扩张性的权力，这种权力若是得不到有效的监督和制约，必然导致各种违法违纪行为产生。

(二) 法治监督主体运用法治思维、法治方式的能力不强

法治监督水平是对法治监督主体运用法治思维、法治方式处理问题能力的评估。法治监督主体在法治监督实践过程中发挥着能动性作用，法治监督主体的法治能力和水平影响着法治监督的实际效果，法治监督主体必须具备与法治监督实践相匹配的能力。法治水平整体不高，导致监督主体素质偏低和运用法治进行开展监督的能力不足。中国监狱法治监督建设在监督的内容、监督的方式上都离不开监狱机关警察等法治主体的参与。

在我国监狱法治监督实践中，整体法治水平不高、能力不强主要在以下几个方面有所体现：

1. 运用法治思维分析问题的水平不高

法治监督主体在本应实施监督行为时，偶有碍于情面、惧于权威等考虑，而放弃行使法治监督权。岂不知法治监督权是一项法定的权力，违背规则需要接受惩罚是公理、是法则，基于法治规则而实施法治监督行为符合法治逻辑。但是，现实中由于法治监督主体运用法治思维分析问题的水平不高，在一些情况下，基于人情思维来分析问题，而非基于法治思维来分析问题。

2. 运用法治方式解决问题的水平不高

法治监督主体实施法治监督行为，必定会产生相应的后果。由于自身法律素养不足，就会出现盲从、被动的局面，这些都严重阻碍了法治监督实践的发展。目前，我国人民群众法治水平总体不高，尤其是法治监督主体的法治水平还有待进一步提高。

专业化、职业化的警察队伍是监狱法治监督建设不可替代的力量，它的专业化、职业化的程度和能力直接影响到法治监督建设效果。但是，我国监狱当前专业的法治人才队伍结构仍参差不齐。监狱警察中部分未接受过正规的、专业的法学教育。国家实施公务员招录警察后，部分警察在大学期间完成了法学教育，或者是后期通过其他学习方式接受了法学教育。但是，没有接受法学专业教育的民警，由于缺乏法学知识，依然凭经验和习惯处理法律问题，增加了推进法治监督的难度。此外，高等教育培养法学人才的质量还有待进一步提高。在20世纪90年代中后期，随着市场经济体制的确立和依法治国战略的提出，全国高校兴起了法学教育的"办学热潮"，其中很多不具

备该学科办学资质的学校也开始培养"法学人才"，若干年过去了，经过就业市场的洗礼和职场竞争的淘汰，其中很多资质和实力不足的法学院系目前已经开始削减招生。专业的法治人才的缺乏降低了监督的效率、增大了监督的难度。

3. 法治监督探索过程中系统化视野的缺乏

系统论的观点是马克思主义的基本理论观点。中国监狱法治监督的主体是多元化的，不同主体共存于一个有机系统之中。中国监狱法治监督除了存在多元的外部结构，其各个法治监督主体内部也是多元的。不同监督主体的地位是否明确、结构是否科学、关系是否清晰，直接关系到中国监狱法治监督的整体效果。

在我国监狱的法治监督实践探索过程中，由于系统视域的缺乏，严重制约监督功能的发挥，减弱了监督合力。随着现代监狱的建设和发展，监狱机关需要处理的事务日益增多，需要处理的社会关系也变得复杂起来。这种情况下，法治监督的方式和手段也随之丰富和完善。但是，仍然未能形成系统化的法治监督格局。长期以来，各种监督方式单打独斗的现象较为普遍，导致了法治监督的合力明显不足，弱化了法治监督的效果。这种系统视域的缺乏既有法治监督主体认识方面的局限性，也有历史条件的局限性。

中国特色社会主义进入新时代，国家治理体系和治理能力必须实现现代化，在这种历史条件下，推进中国监狱法治监督必须坚持系统论观点。监督体系是系统论观点在法治监督实践的直接结果。监督体系是由一系列有关监督的制度、机制相互联系而构成的有机整体。我国监狱监督实践中存在的监督制度分散、监督机制不协调、监督合力不足、监督范围不全面等问题，正是监督体系不健全造成的后果。针对这些存在的问题，我们必须坚持体系化思维，围绕制度构建体系，进一步理顺监督关系、整合各种监督力量、找准监督的着力点，使各种法治监督制度、机制紧密衔接，使监督主体、监督对象、监督范围从理论内容和实践层面都达到逻辑自洽，为中国监狱法治监督实践提供最优化的顶层设计。

三、国外监狱法治监督制度之考察与借鉴

在西方监狱现代化改良和发展的进程中，由于对人权的重视和对犯罪人

权益的保护的日益突出，监狱监督制度作为改良的一个内容，受到了广泛的关注，并且形成了一个较为严密的体系，《公民权利和政治权利国际公约》明确规定，自由被剥夺之人，应受合于人道及尊重其天赋人格尊严之处遇。2004年，联合国在起草《联合国反酷刑公约》任择议定书就明确指出，在被剥夺自由的人所生活的所有场所，无论他们是由于何种原因被剥夺自由的，都存在遭受酷刑和其他残忍，不人道或有辱人格的待遇或处罚的潜在危险。在1987年通过的《欧洲监狱规则》第四部分待遇目标和制度的一般原则中规定监禁就是通过剥夺自由本身进行的一种刑罚，除了正当的隔离或者维护纪律伴随的情况之外，监禁条件和监狱制度不应当加重监禁本身固有的痛苦，同时矫正机构制度的设计和管理能够保证罪犯生活条件符合人的尊严，并且与社会中可接受的标准相一致。因此，建立强大而可靠的监督机制是任何监狱体系的一个重要的组成部分。

监狱监督制度在不同的国家由于政治、法律、文化的差异，各不相同，现在以英法等国的监狱监督体系为例进行比较。

（一）国外监狱法治监督制度之考察

1. 英国的监狱监督制度

在英格兰，监狱探访已有很长的历史。早在16世纪，伊丽莎白一世发明了司法探访委员会。该委员会有权对地方拘留所的条件和管理进行视察。1835年，任命了第一位监狱监督员，其职责就是检查地方监狱的条件和收集相关的数据，1877年，根据《监狱法案》建立了探访委员会，并为每个监狱配备了一名不拿报酬的探访委员会委员。女王的监狱大检察官职位设立于1952年的《监狱法案》。今天，在英格兰和威尔士有三套系统保证着独立监狱监督的职责承担。他们分别是女王陛下的监狱巡查官、独立监督委员会和监狱及缓刑中的政府官方调查员，监狱巡查官的主要职责是对囚犯和其他被监管人员在监狱、少管所和移民遣送中心所享有的条件和待遇进行独立并详细的审查。监狱大检察官任期5年，向政府报告囚犯的待遇和条件以及其他事宜。监狱检查员进行调查的要求不能够被拒绝，同时他们的报告将会面向公众公开出版。

《英国监狱法规汇编》（二）第1147条规定，监狱官员必须将囚犯每次向其提出的要求，以及监狱长、国务大臣派出的视察监狱的官员或视察委员会的成员会见的申请记录下来，并且立即发给监狱长。除星期日和公休日以外，监狱长必须每天听取罪犯的申请。罪犯提出要求视察委员会的成员或国务大臣派出的视察监狱的官员会见的申请后，监狱长必须保证视察委员会的成员或国务大臣的视察员下次前往监狱时得知有关罪犯的申请事宜。[1]

法律明确允许罪犯当面向监狱长、（正在参观监狱的）监督机构的代表提出申诉或其他请求，这对罪犯来说是一项很实际的权利，他们可以直接反映自己的问题，而无需其他中间环节。监督、检查监狱工作的代表或官员，可以直接地、经常地听取罪犯的愿望和请求，甚至申诉和控告，督促解决罪犯在服刑过程中遇到的一些实际问题和不公平待遇，这对于维护罪犯的权益是十分有益的。不仅如此，罪犯在与这些代表或官员面对面的交谈或者信件往来过程中，也可以释放心理压力，并获得一些精神安慰和有益的咨询建议。

在英国每一座监狱都有他们自己独立的监督委员会。他们来自社区，被政府部门授权。充当着监狱独立的监督员，以确保被监禁人员受到人道和正确的对待和获得充分帮助，为释放后的生活做足够的准备工作。他们享受去往监狱各处的进入权，这些权利不能受到限制，对监狱做定期不预先通知的访问，并提请管理层直至部长关注罪犯的要求。

在英国，监狱检查员的工作提升了建设健康监狱的理念，促使监狱的工作人员有效地帮助罪犯和被监管人员减少新的违法犯罪行为。健康监狱的标准主要有四条：一是安全，罪犯特别是最为孱弱的罪犯的处境是否安全；二是尊重，囚犯被以受到尊重的方式对待并保证其人格尊严；三是有意义的活动，囚犯能够而且被鼓励参与对他们有益的活动；四是重返社会，帮助罪犯们为释放后重新进入社会做好准备，同时帮助其减少再次违法犯罪的可能性。

2. 德国、法国的监狱监督制度

德国，罪犯不仅可以向有关主管部门提出申诉，也可就有关自己的事务向监狱长提出愿望、要求和申诉，监狱长必须安排一定的接待时间（参见《刑罚执行法》第 108 条。该条法律还规定监督机构的代表参观监狱时，应给

---

〔1〕 参见中华人民共和国司法部编：《外国监狱法规条文分解》（上册），社会科学文献出版社 1990 年版，第 243~244 页。

予罪犯向其提出自己的申请的机会）。[1]在德国，罪犯还有权就刑罚执行过程中调整具体事务的执行措施请求法院裁定。根据《刑罚执行法》第109条的规定，罪犯在提出因执行或拒绝执行或不执行处罚而其权利遭受侵犯的理由的同时，可以申请法院对刑罚执行中调整具体事务的处罚做出裁定，可以申请要求免除已拒绝执或尚未执行的处罚的责任。[2]罪犯也可以直接向监狱顾问委员会诉冤，《刑罚执行法》第162条和164条规定，在司法执行机关组建顾问委员会，其成员可接受申请、建议和控诉，可了解有关关押、劳动、职业培训、膳食、医疗和改造情况。罪犯与委员会成员的通信不受监督，在委员会成员探访监房时，罪犯也可不受监督地与他们自由交谈，直接反映自己的愿望和请求。[3]《刑罚执行法》在第165条还特别规定了监狱顾问委员会成员的保密义务：除非履行职务，顾问委员会成员对秘密的事项，特别是罪犯的姓名和身份情况有保密义务，本规定亦适用于完成职务活动后。[4]

《法国刑法典》（五）第259条规定，任何罪犯均可向监狱长提出请求，监狱长对理由充分的，应耐心听取。任何罪犯均可要求负责检查或视察监狱的官员在无监狱工作人员在场监听的情况下，听取他们的意见。[5]

（二）国外监狱法治监督制度的主要发展趋势

从当前国外监狱监督制度看，主要的发展趋势是：

1. 更加重视对监狱的监督

通过法律和制度的设计，在源头上就十分重视对被监管人员的人权的保障，并通过一系列强有力的监督的方法和手段，来了解被监管人员的全部情况，向有关机构和社会公众发布其监督的情况，从而能够使监狱在公众的监督下行使相应的权利。

[1] 参见中华人民共和国司法部编：《外国监狱法规汇编》（二），社会科学文献出版社1988年版，第244页。

[2] 参见中华人民共和国司法部编：《外国监狱法规汇编》（二），社会科学文献出版社1988年版，第256页。

[3] 参见中华人民共和国司法部编：《外国监狱法规汇编》（二），社会科学文献出版社1988年版，第256页。

[4] 参见中华人民共和国司法部编：《外国监狱法规汇编》（二），社会科学文献出版社1988年版，第256页。

[5] 参见中华人民共和国司法部编：《外国监狱法规条文分解》（上册），社会科学文献出版社1990年版，第241~242页。

2. 更加强调独立监督的重要性

在实施监狱的监督时，更加关注监狱系统外对监狱的监督，特别是通过第三方的非政府组织或非官方机构开展的监督，正得到快速的发展，而且监督的效果更加明显，他们与被监督者没有利益关系，往往可以在更加公正的立场上进行监督，其监督的结果也更加为公众所接受。政府也欢迎这样的监督，并在制度设计和安排上为独立监督提供条件。

3. 监督与回归融为一体

监狱监督的目的是保证监狱的健康运行，实现监狱的目的。在矫正与教育刑盛行的今天，如何提高监狱的矫正效能，已经成为监狱存在的重要衡量标志。因而监狱监督仅仅是一种手段，是为了更好维护监狱的安全与秩序，也是在矫正的要求下进行的，监狱监督的很多内容都是围绕着有利于罪犯如何回归社会的宗旨和目标进行的，把监督与矫正有机地统一，这是实行监狱监督的基本出发点。

4. 规定了具体的监督路径

从西方各国规定的监狱监督路径看，在其本意上都是针对监狱这个特定主体的权力可能存在滥用或容易发生不法行为而进行的，由于监狱的高度封闭性和自我运转方式，因而在监督的方式方法上都进行了详细和具体的规定，从而保证了监督人能够履行监狱的义务和责任，使监督落实到位。监督的方法是多样的，不仅包括司法的路径，也包括行政上的监督，而且对社会方面的监督也作了明确的规定，从而形成了一个立体型的监督模式，从不同的层面实行监督。

（三）国外监狱法治监督制度之借鉴

西方国家的监狱监督制度的设计有一些值得我们借鉴。当前，我国的监狱正处于改革的关键时期。在监狱体制改革、监狱布局调整基本完成的情况下，监狱在社会中的定位更加明确，监狱履行职能的能力越来越得到社会的关注，监狱行刑成为吸引公众眼球的一个重要方面，安全、公正、文明、矫正等词语成为公众和社会评价监狱的关键词。在现代文明的要求下，加强我国监狱监督也是必然要求。目前，我国已经形成了符合我国国情、多种机制并存的监狱监督体系。但从发展的视角看，进一步改革我国的监狱监督体系，建立适应现代行刑要求的新的监狱监督体制是历史的必然，也是现实工作的要求。为此，我们可以借鉴西方国家监狱监督方面的好的经验和做法，不断地完善我国的监狱监督。

1. 建立独立于政府和监狱系统的、由社会人员组成的监督机制

西方国家监狱监督最大的一个特点就是存在独立于政府和监狱系统、由社会人员组成的相对完备的监督机制，而且发挥了监狱监督的重要作用，这在我国的监狱监督体制中需要大力加强，并且在制度的设计上就需要进行改革。从我国现有的监狱机制看，法律监督和内部监督相对完备和有效，从组织、人员到监督的内容、方法它们都有相应的规定，而社会和民间的监督却十分薄弱，尽管在新的历史时期、进行了一定的探索，但监督的效果不明显，因而对我国监狱监督体制的改革，需要在稳固法律监督和内部监督的前提下，建立由社会相关人员组成的、独立的监狱监督机制，并与组织内的监督共同构成一个立体的、多层面的监督体系和模式，通过对社会独立监狱的内容、方法，渠道、监督的改进等作出具体的规定，从而把整个罪犯行刑置于全方位的监督之下，保证行刑的公开、公平、公正，维护罪犯的合法权益，调动罪犯改造的积极性，使罪犯能够顺利地回归社会，维护社会的安全稳定。

2. 建立为罪犯倾诉冤情并保障快捷、有效的"绿色通道"

在我国，罪犯服刑期间认为自己的合法权益受到侵犯时，有权向有关机关提出控诉并请求纠正。根据有关规定，对罪犯提出的控告材料，监狱应当及时处理，不属于监狱管辖的，应转送有管辖权的公安机关或检察院处理，不得以任何形式阻碍或扣压材料。罪犯的控告信可以直接写给监狱的上级机关和司法机关，在信封上明确注明的，不受检查。各地监狱都在罪犯生活区等适当的地方设置控告箱和意见箱，方便罪犯投送控告和表达意见的材料。罪犯通常投书于控告箱和意见箱，或者寄信给司法机关，控告狱内的违法犯罪行为，或者表白、辩解自己已经或将要受到的不公平处遇。控告箱通常由驻监狱的人民检察院的工作人员或者监狱的纪律检查人员开启，意见箱通常由监狱长开启。

在监狱服刑的罪犯，由于其人身自由被剥夺，他们对自身合法权益的主张和维护，比起在监狱外的普通公民受到许多限制。因此，监狱执行刑罚的过程应保障罪犯可以最简便、最直接的方式表达愿望和倾诉冤情。

（1）规定罪犯可以请求会见监狱长

监狱长是监狱的最高行政负责人，对本监狱执行刑罚的各项活动有最高决策权，他不直接决定、执行对罪犯个人的处遇方案，能够比较"超脱"地听取罪犯的愿望和诉冤，也能够根据客观、全面地了解和判断，依职权作出本监狱内的最高"裁决"。因此，允许罪犯会见监狱长，将实现罪犯在本监狱内"最高诉请"的权利。近几年，我国也有部分监狱相继尝试这一做法，有的监狱规定了固定的监狱长"会见日"。也有的监狱则允许罪犯提出会见监狱长的请求，并在规定的时间内为其安排会见时间。还有监狱规定监狱长定期"做客"本监狱的网站，听取罪犯的意见并解答罪犯提出的问题。有监狱也规定了"狱政科长会见日"，由狱政科长会见罪犯，倾听罪犯的意见和问题。

从目前我国的情况来看，各地监狱对罪犯请求会见监狱长的方式、程序没有统一规范的制度，不同的监狱在实施过程中的保障情况也大有差异，这样的尝试很难充分发挥"监狱长会见"的积极意义。为此，笔者认为，应在全国范围内建立规范的罪犯请求会见监狱长的制度，它应当包括罪犯提出请求的程序、方式、获得答复的时间和方式、会见监狱长的地点和时间以及监狱长就罪犯提出的请求和问题给予答复的时间和方式等内容。这样具体的并规定保障措施的制度，将有助于"监狱长会见"成为一项实实在在的、取信于罪犯的制度，防止成为形同虚设的"花架子"。

（2）明确罪犯可以在上级机关和司法机关的工作人员视察或者探访时，向他们直接表达自己的愿望，或者倾诉已经受到或可能受到的不公正处遇

我国现行的监狱制度，并没有禁止罪犯直接向视察监狱工作的上级机关、司法机关的工作人员，或者有关监督机构的代表，提出自己的请求或者倾诉冤情，但是由于没有明确规定罪犯可以这样做，更没有提供相应的便利条件和保障措施，罪犯一般没有机会，也不敢以直接的、简便的方式向来监狱参观或视察的上级领导或其他有关人员表达愿望或提出请求。因此，可以考虑在监狱制度中，明确规定罪犯可以在上级机关和司法机关的工作人员参观视察监狱时，向他们直接表达自己的愿望，或者倾诉已经受到或可能受到的不公正处遇。这样的规定，将使罪犯表达愿望和倾诉冤情获得更便捷、有力的保障，罪犯对这样的"表达"和"倾诉"方式，或许更感亲和、信赖。

（3）规定听取罪犯"请求"或"冤情"的人员，负有相关的保密义务

在我国，主要由各级人大、检察机关以及（上级）司法行政机关等部门，监督监狱的执法活动，其工作人员按照规定，视察辖区内的监狱。为了充分保障罪犯表达愿望和冤情的权利，应明确规定视察监狱的工作人员，对涉及罪犯身份和利益的有关情况，承担保密义务，但履行相关的工作职责除外。

四、创新、完善我国监狱法治监督体系的具体路径

监狱公权力是法治监督的客体，是党和人民依法赋予监狱机关进行罪犯改造的权力。公权力主体对公共资源会拥有一定的支配权，这便赋予了公权力以强制性、扩张性、公共性等特质。"监督是权力正确运行的根本保证。"[1]为了防止因缺乏有效的监督而导致权力滥用，习近平同志强调要以规范和约束公权力为重点，加大监督力度[2]。

综观影响我国监狱法治监督体系建设的各方面因素，我们必须在科学系统的监狱法律制度体系下，坚持以党的监督为核心，以国家监督为主体，以社会监督为补充推进监狱法治监督体系建设，采取切实有效的措施使各个监督方式协调运行、有机配合、权威高效。

法治已经成为一种世界性的流行话语与普适命题。正如法国启蒙思想家卢梭所说，一切法律中最重要的法律，既不是铭刻在大理石上，也不是铭刻在铜表上，而是铭刻在公民的内心里。这句话说的就是要把法律内化为个体的法治意识，并形成法治思维，才能真正有效。中国监狱法治建设的最终目标是建构一种文明秩序，强调的是监狱治理体系和治理能力的一种超越，这一目标的实现需要一个前提条件，即需要构建现代的监狱法治监督体系。

（一）培育并形成法治监督主体的法治意识、法治思维和法治方式

监狱警察是监狱法治监督体系的主体和根本，法治监督体系建设的首要任务与核心，就在于培养并形成监狱警察的法治意识、法治思维和法治方式。法治意识是人们对法律发自内心的认可、崇尚、遵守和服从；法治思维是基

---

〔1〕 陈坤、刘佳鹤："新时期加强全面从严治党的路径探析"，载《思想政治教育研究》2017年第3期。

〔2〕 参见中共中央文献研究室编：《十八大以来重要文献选编》（中），中央文献出版社2016年版，第159页。

于法治的固有特性和对法治的信念来认识事物、判断是非、解决问题的思维方式。它以严守规则为基本要求，强调法律的底线不能逾越、法律的红线不能触碰，凡事必须在既定的程序及法定权限内行动。法治思维的核心是权利义务观念，必须要有法治的权力观，即权力的有限性与程序性，以及守护法律、维护宪法与法律权威的职责意识；法治方式是在法治意识以及法治思维的指引下，遵循法律原则，形成解决各种社会问题的措施、方式和方法。法治意识、法治思维决定法治方式，法治方式是法治意识、法治思维的具体体现，三者相互作用，相互促进。

作为执法者的警察必须以下面的五种思维来规范自己的执法行为：合法思维，就是对事物合法和非法的预判，具体要从目的、权限、程序、内容、手段、结果是否合法进行预判；程序思维，执法必须强调法律程序的重要性，要求凡事必须在既定程序及法定权限内运行；责任思维，执法的行为会带来责任和后果，有权必有责，用权受监督，失职要担责，违法受追究；权利义务思维，以权利义务的设定，行使权利、履行义务是对等的准则；公平正义思维，要以公平和正义作为价值判断的标准和最高追求。

1. 积极培育、引导监狱警察特别是各级领导增强法治意识，树立法治思维

教育和引导监狱警察要牢固坚持法律至上原则，坚定法治信仰，把法律制度规定内化为监狱警察的行为准则，做到了然于胸、自觉遵守、熟练掌握。监狱既要有计划地对监狱警察进行针对性的法律业务培训，实现法律普及教育向素质教育转变，更要制定鼓励警察参加法律专业学历考试、法律职业资格考试、执法任职资格考试等奖罚机制，有效激励监狱警察乐于学法、主动学法，切实树立法治思维，掌握法治知识。

2. 增强警察守法的敬畏感

法律是最具权威的社会规范。监狱警察只有敬畏法律，才能发自内心地予以尊崇、遵守和执行法律。要在监狱警察中深入开展法纪教育、警示教育活动，通过身边活生生的案例和教训，有效引导他们树立法律至上的观念，始终把法律当作"紧箍咒""高压线"，自觉把法治顶在头上，记在心中，在内心深处不敢违法，在行为上自觉守法，任何时候都不敢越法律"雷池"半步。

3. 提高警察运用法治思维和方式分析解决问题的能力，增强警察用法的准确度

按法定标准和法治原则准确执法，事关刑罚执行公信力。一方面，要加强监狱警察法治实践锻炼，促使他们善于用法治思维剖析案例，按照法律标准解决问题。如严格罪犯的减刑幅度、假释时间、保外条件，做到用法准确、不偏不倚。另一方面，要加强监狱警察法律逻辑推理锻炼。监狱警察在处理涉狱问题时如果无法律标准，应运用法治原则进行研判推理并拿出解决问题的办法，做到执法有度、不枉不纵。

（二）完善并形成科学、系统的监狱法律制度体系

科学、系统、完善的监狱法律制度体系，是建设法治监督体系的前提与保障。监狱的任何活动，都应当置于监狱法律制度的框架内，不得超越法律制度的规定。国家应当建立以刑事实体法、刑事诉讼法和刑事执行法为支柱和框架，相互配套、衔接和平行的刑事法律体系，实现国家对刑事执行统一的法律调整。

构建法治监督体系，需要从推进科学立法着手。按照制度构成要素之间的内在逻辑，完善并形成一套科学、系统的监狱法律制度体系。首先，监狱法律制度应当既立足于我国监狱的特色经验，符合我国监狱工作发展的客观规律，又要符合国际的潮流和发展趋势，使其符合法治与文明的时代要求，符合刑罚执行的特质与改造人的规律，体现科学、先进、公正、文明的行刑思想和管理理念；其次，监狱法律制度必须是一套严密而又规范的体系，无论是监狱的管理体制、罪犯的刑罚执行，还是罪犯的权利保障，都有健全的法律制度予以规范，从而使国家刑罚权合理、有效行使，确保国家刑罚目的的实现；最后，监狱法律制度必须突出对执法管理权的制约与规范要求，同时必须强调程序性规范的建设，以确保警察与罪犯在正当程序的轨道内有效行使权利与义务。

构建法治监督体系，确保监狱制度的科学完善，必须切实做好监狱组织管理制度、监狱刑务制度、监狱警务制度、监狱监督制度等各类规章制度的完善工作；必须注重各类规范性制度在酝酿、制订与实施过程中的民主性与科学性，进行广泛调研与意见征求（包括征求罪犯的意见），实行专家咨询论证，完善重要制度公示机制。

法治监督体系建设进程中的法律制度，应当从以往的强调法律体系、制度体系和标准体系的"三位一体"，向理念、体制、制度、机制"四位一体"转变，要努力构建起法治认同、法治立法、法治执行、法治制约、法治保障等法治监狱规范体系，以切实推进法治监督体系建设。

（三）创新、完善外部法治监督体系

外部监督体系主要是指党的监督、国家体系监督和社会体系监督。

1. 健全党的监督

党内监督是中国共产党的优良传统。党的执政地位决定了党内监督在法治监督体系中的基础性和根本性。[1]

强化党内监督是加强党的领导和党的建设、推进全面从严治党和依法执政的政治保障，是党实现自我约束、自我完善的重要方式。在党的领导下进行的党内监督更多地体现为一种政治性监督和党性监督，党既是监督的主体，也是监督的客体。党内监督不仅要遵从国家的宪法、法律、法规，更要遵守《中国共产党章程》以及《关于新形势下党内政治生活的若干准则》《中国共产党党内监督条例》《中国共产党廉洁自律准则》《中国共产党纪律处分条例》《中国共产党问责条例》等党内法规。

健全党的监督体系，与全面坚持党的领导原则、推进全面从严治党是相统一的。法治监督是全面从严治党的有力举措，特别是党的监督体系对全面从严治党起到直接的作用。同时，党的监督是中国共产党所拥有的执政权在法治监督方面的体现，在党的监督体系内部是一个自上而下的，包括多个监督层级和多种监督模式的立体化监督结构。健全党的监督体系，需要从以下两个方面进行：

（1）建立司法部、省（自治区、直辖市）巡视与地方巡察的上下联动机制

建立司法部、省（自治区、直辖市）巡视与地方巡察的上下联动机制，实现监督范围全覆盖。在整个党的监督体系中，政治巡视的作用不可忽视，特别是党的十九大以来，巡视工作取得的成绩十分明显。健全党的监督体系需要继续强化巡视监督，这是增强上级监督实效性的重要举措。加强司法部、

---

〔1〕 参见习近平："在党的十八届六中全会第二次全体会议上的讲话（节选）"，载《前进》2017年第1期。

省（自治区、直辖市）的政治巡视。巡视的结果直接向司法部、省（自治区、直辖市）领导汇报，这样可以有力地粉碎地方利益保护的藩篱，彰显党的监督的威慑力。创新上级监督机制，强化事前监督和事中监督，巡视监督有效地克服了上级监督相对滞后的弊端。在开展司法部、省（自治区、直辖市）巡视的同时也要加强地方的巡察，使司法部、省（自治区、直辖市）与地方巡视巡察上下联动，坚决发现问题、解决问题，形成严密的巡视巡察监督网络。监督范围的全覆盖既包括监督内容全覆盖，也包括监督对象的全覆盖。在党内要实现零死角的全面监督，党内监督没有禁区、没有例外。

（2）将贯彻民主集中制与加强党内监督结合起来，将组织监督、民主监督和同级监督有机结合

监狱法治监督的监督对象是指直接行使监狱公权力的监狱管理局、监狱机关警察及其他工作人员。从静态上来看，监狱法治监督的范围是全面的，没有不受监督的空间。从动态上来看，监狱法治监督的范围覆盖权力运行的全过程，没有不受监督的时间。监督只有没有空白领域，才是真正有实效的。

从整体上来讲，健全党的监督体系，需要以实现党委全面监督、纪委专门监督、基础组织日常监督、工作机构职能监督和全体党员民主监督的党内监督网络格局为抓手，同时以党内监督带动党的对外监督以及其他监督方式的发展，最终推进监狱法治监督不断完善和发展。

2. 健全国家体系监督

国家体系监督是由国家机关及社会成员构成的立体监督网络。国家监督的主体结构以国家机关的设置为依托。目前，我国的国家体系是以人大监督为统领的多元的体系，渗透到社会生活的方方面面。

（1）畅通人大的监督渠道并形成常态化制度

全国人大每两年、省级人大每年可以组织开展对监狱工作开展情况的监督检查。全国人大可以组织 3 个~5 个检查组，每年检查 5 个~6 个省市，在一届任期内，对全国监狱工作实施监督检查。省级人大每年组织检查组，选择部分监狱开展监督检查，对发现的问题及时提出改进意见。发挥新闻媒体的监督功能。只要不涉及国家秘密，或者造成一定的社会影响，都可以安排记者采访，记者采访所撰写的稿件需要审查，只要实事求是、客观地报道，应当允许。要给予检查组成员一定的知情权、调查权，要给他们颁发特别通

行证，两人以上的可以不通知监狱直接进入监狱内部，巡视服刑人员学习、劳动和生活场所，找服刑人员谈话，了解服刑人员改造状况，调查结束后要向监狱反馈监督检查结果。

（2）发挥监察委员会的制度作用

监察委员会的设立是我国深化制度改革和制度创新的重要成就，是强化党和国家自我监督、坚持和加强党的领导的重大决策部署[1]，是全面推进依法治国、实现国家治理体系和治理能力现代化的重要制度保障。

监察委员会是行使国家监察职能的专门机构，代表党和国家行使监督权[2]，是实现党和国家自我监督的政治机关[3]，在国家法治监督体系中居于重要地位。人民代表大会制度是监察委员会依法行使职权、履行职能的基础。各级监察委不仅对同级人大及其常委会负责，还对上级监察委负责，这种领导体制既有利于保证监察机关权力的权威性，也有助于实现政治领导和国家领导的统一，是监察机关权威高效地行使职权的基本前提，同时保障监察机关自身的权力得到监督和制约。

监察委员会与党的纪律检查委员会合署办公的双重领导体制实现了党性和人民性的高度统一，反映了党统一领导下依规治党与依法治国的高度一致，[4]既有利于加强党的领导，又有利于解决不同机构之间职责权限的交叉和重合问题，[5]是集中统一、权威高效的监督体系原则的具体体现。依据《中华人民共和国监察法》（以下简称《监察法》），各级监察委员会不仅调查职务违法和职务犯罪，开展廉政建设和反腐败工作，还实施法治教育和道德教育，监察范围既包括行使公权力的国家工作人员的犯罪行为，也包括其一般的违法行为和违反道德操守的行为。简言之，国家监察机关对行使公权力的国家工作人员，既进行法律规制，也进行道德约束，实现对所有行使公权力公职

---

〔1〕 参见钟纪言："赋予监察委员会宪法地位 健全党和国家监督体系"，载《人民日报》2018年3月3日，第03版。

〔2〕 参见姜洁："确立中国特色监察体系的创制之举"，载《人民日报》2017年10月7日，第01版。

〔3〕 参见闫鸣："监察委员会是政治机关"，载《中国纪检监察报》2018年3月8日，第3版。

〔4〕 参见王丹："党性和人民性的高度统一"，载《中国纪检监察报》2018年3月10日，第2版。

〔5〕 参见秦前红："监察体制改革的逻辑与方法"，载《环球法律评论》2017年第2期。

人员监察的全面覆盖。[1]

中国特色的国家监察体制正是中国特色监察制度的改革创新，彰显监察委员会作为监察机关在国家治理体系中的重要地位。在监狱可以建立派驻监察员制度，发挥对监狱履行公职的人员的监督作用。监察委员会依照有关法律规定履行监督、调查、处置职责：一是对监狱公职人员开展廉政教育，对其依法履职、秉公用权、廉洁从政从业以及道德操守情况进行监督检查；二是对涉嫌贪污贿赂、滥用职权、玩忽职守、权力寻租、利益输送、徇私舞弊，以及浪费国家资财等职务违法和职务犯罪的监狱公职人员进行调查；三是对违法的监狱公职人员依法作出政务处分决定；对履行职责不力、失职失责的领导人员进行问责；对涉嫌职务犯罪的，将调查结果移送人民检察院依法审查、提起公诉；向监察对象所在单位提出监察建议。

（3）加强检察监督，建立不定期巡回检察制度、非正常死亡等事故专门检察制度

检察机关是我国刑罚执行的法律监督机关，其自身地位的特殊性、法律监督的权威性、直接参与的主动性决定了在现代监狱制度下，必须也必然要强化检察机关的行刑监督职能，确保监狱在执刑罚过程中切实做到执法必严，一旦违反法律坚决必究，从而保证监狱行刑的公正性，体现现代监狱的行刑价值和行刑理念，即监狱是求公平正义之所在，是对罪犯实行惩罚和改造之所在。

为加强和改进对监狱刑罚执行和监管改造活动的监督，检察机关应建立不定期巡回检察制度、非正常死亡等事故专门检察制度。实行巡回检察，目的在于防止权力长青苔，防止"熟能生腐"。巡回检察主要是通过机动式检察，合理调整检察机关与监督对象之间的关系，确保检察监督的针对性、实效性。最高人民检察院和各省、市检察院刑事执行检察部门可以对辖区的监狱，采取随机抽查、突击检察和不定期检察等方式进行巡视检察。

检察院应以现有派驻检察人员为基础组成若干个检察官办案组，针对刑罚执行和监管改造活动是否合法进行全面检察。重点是监管改造、教育改造、劳动改造活动检察、监管安全防范检察、戒具使用和禁闭检察、罪犯合法权

---

[1] 参见秦前红："监察体制改革的逻辑与方法"，载《环球法律评论》2017年第2期。

益保障情况检察等。

检察官办案组除了负责巡回检察之外，还应承担办理减刑、假释、暂予监外执行案件等日常办案任务。巡回检察与日常派驻检察的重点不同，更突出监管改造情况检察，更强调监督的质效。检察院可以采取不定期检察等方式进行巡回检察。根据监督工作需要，可以采取不固定人员、不固定监狱的方式，组织开展交叉巡回检察。监狱发生罪犯非正常死亡、脱逃等监管事故的，应当及时进行专门检察。

在巡回检察具体方法措施上，主要包括调阅、复制有关案卷材料、档案资料、有关账表、会议记录、罪犯计分考核、奖励材料等资料，调看监控录像和联网监管信息；实地查看禁闭室、会见室、监区、监舍、医疗场所及罪犯生活、学习、劳动场所；抽取一两个监室，找罪犯逐个谈话；找已出监或者即将刑满释放的罪犯谈话；听取监狱工作情况介绍，列席监狱狱情分析会等有关会议，找有关监管民警进行谈话，召开座谈会；开展专项检察等。

巡回检察中若发现问题，分三类情形作出规定：一是发现存在轻微违法情况和工作漏洞、安全隐患的，应当当场向监狱提出口头纠正意见或者建议。二是发现严重违法情况或者存在可能导致执法不公和重大事故等苗头性、倾向性问题，需要向监狱发出纠正违法通知书或者检察建议书的，应当作为监督案件办理，依法提出纠正意见或者建议并落实专人跟踪督促纠正。对发出纠正违法通知书后15日内，监狱仍未纠正或者回复意见的，应当及时层报省级人民检察院，由省级人民检察院通报省（自治区、直辖市）监狱管理局进行监督纠正。三是发现监狱民警涉嫌贪污受贿、失职渎职等职务违法或者职务犯罪的问题线索的，依法处理或者办理。

此外，要注意加强内部监督制约，适时安排不同的检察官办案组对同一监狱进行巡回检察，及时发现和解决上次巡回检察工作存在的问题和不足。

3. 健全社会监督体系

社会监督体系是以民主权利为基础，以社会组织监督及群众监督等为主要方式的监督体系。不过，社会监督的主体与党的监督和国家监督的主体有所不同，最主要的区别就在于其所拥有的监督权属于民主权利，而不是其必须履行的职责，因而他们属于法治监督体系框架内的民主权利监督主体。随着人民民主意识的增强，社会监督的作用越来越明显。而且，相对于党的监督和国家监督来讲，社会监督属于外部监督，与权力主体是异体性的关系，社会监督主体对权力主体的人身依附性相对较弱，这就使得社会监督主体在行使自己的监督权利时，有了相对的身份自由。不过，社会监督主体的这种相对的身份自由要想真正成为优势，还是受到诸多因素制约的。

（1）畅通社会监督渠道，完善信息沟通与反馈机制

信息公开是社会监督得以有效开展的前提条件。因此，监狱机关需要努力健全监狱狱务公开制度、听证制度、举报制度、社会监督与各个新闻媒体的联动制度，使社会监督主体的合理意见和建议能够及时、准确地反映到有关部门，有关部门对社会监督主体提出的积极意见和建议要认真研究、及时反馈、付诸实施，对不予采纳的意见和建议，也要说明情况和理由，做到对社会监督主体的意见和建议条条有回应、件件有答复。信访是社会监督的重要渠道之一，是国家公权力与广大人民群众进行沟通的窗口。需要继续完善信访制度，特别是要加强对信访保障制度建设，让广大人民群众真信真访、敢信敢访。

（2）完善媒体监督机制建设，将新媒体监督融入传统媒体监督

媒体被称为"第四种权力"，是构建社会监督体系不可或缺的因素。[1]随着信息技术的发展，现在是媒体大爆发的时代，除了传统的报纸、广播、电视台、官方网络媒体等，现在的自媒体平台的影响力和传播力不容小觑，每一个社会主体都可以成为新闻的传播者。利用好、管理好各种媒体，建立正确的导向机制，对加强社会监督实效具有巨大的意义。一方面，监狱机关要注意将新媒体与传统媒体相融合。监狱机关要注意利用好新媒体技术，不仅仅局限于传统的报纸、电视台、电台等媒体，也要加强新媒体平台建设，利用新媒体发出官方声音。将新媒体技术嵌入党的监督、国家监督等监督方式。另一方面，监狱机关要加强对新媒体舆论的正确引导。伴随着新媒体技术的迅速发展，越来越多的个人或者单位都拥有了媒体信息的发布资格，新媒体账号、平台、APP等如雨后春笋般涌现，不过也带来了越来越多的监管难题，如信息的真实性、规范性需要相关制度予以约束。因此，在加强媒体监督机制建设时必须加强媒体监督的科学化、规范性、法治化建设，建立完善的舆

---

〔1〕 参见赵华明、高锋："香港警察执法规范化对内地公安机关的启示"，载《辽宁公安司法管理干部学院学报》2014年第3期。

情研判机制、内容监管机制和责任追究机制。

监狱机关可以实现线上监督与线下监督相结合，线上有网站平台、微信公众平台，通过狱务公开，主动自觉接受监督，听取媒体和各方面的意见建议；线下邀请报纸、电视等媒体，经常参与到监狱重大执法活动的见证监督中，形成以公开促公正、以透明保廉洁的监督合力。在微信建立公众平台，在地方电视台设置专栏，定时公布监狱内部工作情况，主动向社会展示监狱的透明度，消除社会误解。通过主动的公开，促进自律，让监狱人民警察经得起监督，学会在监督状态下工作。仿效我国香港特别行政区警察，在监狱内部成立新闻部门，负责监狱内部的新闻信息上下传送及与社会各种媒体的沟通协作。主动向社会展示监狱的文明化管理形象，既树立监狱人民警察的良好形象，也对他们的执法产生舆论监督的作用。

（3）完善监狱执法监督员机制

将监狱行刑置于社会公众的监督之下，不仅可以提高社会公众对监狱的了解、关心和监督，而且还可以提高监狱执行刑罚的透明化、公开化。社会监督作为一种柔性监督在舆论、传媒迅速发达的今天，将会在监督上发挥越来越重要的作用。在国外，议员、记者、人权委员会等个人或组织，可以随时对监狱某一方面的问题，或者某一罪犯的问题，直接对监狱实施询问、调查，监狱有义务为他们提供相关资料，解释相关行刑行为的合法性。在我国，监狱为了提高自身的行刑水平和质量，树立监狱良好的执法形象，可以邀请人大代表、政协委员和有关人员担任监狱执法监督员，到监狱了解监狱行刑工作的具体情况，为监狱提供具有可行性、建设性的意见；同时，对行刑中存在的问题可以提出中肯的监督意见。对执法不当或者罪犯权利受到侵害的行为，监狱有责任给予明确的答复和解决。

执法监督员的聘任和履行职责，标志着监狱行刑活动日益公开化。执法监督员要发展成为一种组织、其人员的组成要摆脱由监狱聘请的形式，逐渐扩大到人大代表、政协委员、社会公益人士、院校老师、律师、记者、罪犯亲属等各类型人员，使对监狱行刑的评价更加客观，对监狱的行刑建议更加公正，对罪犯的权利保障更加符合人文精神、符合社会经济文化发展的需要。

4. 深化、创新狱务公开工作，提升法治监督质量

狱务公开工作是建设法治监狱，打造法治监督体系的重要组成部分，更

是进一步增强监狱执法透明度，促进执法公正，提升执法公信力的有力举措。监狱应不断深化狱务公开工作，进一步完善公开机制，创新公开方式，畅通公开渠道，依托现代信息手段确保各项公开措施得到落实，实现以公开促公正。

（1）深化执法公开，做实狱务公开重点环节

一是深入推进监狱内部执法行为公开。严格执行罪犯奖罚信息公示、权利义务告知、罪犯狱内复议等制度。推进罪犯减刑、假释案件预告制度，排摸符合减刑、假释条件的罪犯，提前进行为期1个月的预告公示。探索减刑、假释案件办理的全流程公开，从案件启动、监区集体讨论、监狱评审、检察机关审查到监狱长办公会审定，直至法院裁定的各个环节均在罪犯服刑场所予以公示。用好网上办案平台，借助司法部监狱管理局刑罚执行软件，结合民警内网用户身份认证和电子签章系统，实现刑罚执行工作网上录入、网上办理、网上监督和网上考核，达到案件办理"全程留痕"。

二是联合检察院、法院推行办案流程公开。与检察院、法院建立案件专用平台和网络，在罪犯减刑、假释案件环节中主动接受监督。监狱在提请罪犯减刑、假释时，将提请意见通过共享信息平台逐级审查，然后依据监狱评审会讨论结果和检察意见将案件情况报送法院。依托网络平台，使罪犯减刑假释案件各个环节实现共享，以推进罪犯减刑假释案件的依法公开公平审理。推行减刑、假释、暂予监外执行案件开庭审理，完善硬件设施，规范审理程序，实行审判公开。聘请执法监督员，邀请他们列席有重大影响或社会关注度较高的罪犯的减刑、假释、暂予监外执行的评审会议，参与旁听开庭审理。

（2）打造公开窗口，依托科技拓宽公开渠道

一是建立罪犯全面信息系统。例如"罪犯一卡通系统"，系统包括基本信息、点名巡更、医疗卫生、大账消费、狱务公开、人员定位等模块。利用信息采集终端，全面记录罪犯在狱内活动的真实情况。确保每一名罪犯既能实时知晓个人考核、奖励、狱内消费等情况，也可随时了解监狱、监区的公示信息，促进了监狱执法工作多渠道多方位公开透明。

二是打造狱务公开的窗口和平台。将会见室打造成狱务公开的窗口和重要平台，会见室设备设施实行标准化配置，会见大厅电视、LED显示屏等媒介上循环播放监狱宣传片、狱务公开信息等内容，实现狱务公开的多媒体呈

现。探索建立罪犯家属联系手册，完善罪犯家庭通讯联络系统，让家属及时了解到自己能做、要做以及需要配合监狱做的事情。

三是探索实施执法通报和网络公开制度。监狱可以组织执法监督员、家属来监参观和座谈，主动介绍监狱情况、公开狱务，让社会了解狱内生活设施和环境，直观感受罪犯狱内改造情况。健全新闻发言人机制，利用门户网站、微博微信等现代传媒方式，就社会、家属关心的监狱执法重点、热点问题进行回应，对舆情进行正确的引导和处置。

（3）实现狱务公开工作的常态化、便民化、多样化

一是监狱长、管教科室"接待日"制度形成常态化。在"接待日"，由监狱各级领导及时向罪犯解释减刑、假释、监外执行等政策的变化，让罪犯打消心中疑虑，清清楚楚服刑，明明白白改造；另外，监狱将要执行的新制度、新规定，在狱内开展的各项活动，通过狱务公开栏、监狱闭路电视等及时向罪犯公布，让罪犯时刻学习、牢记新制度新规定。

二是狱务公开制度应实现便民化。狱务公开还应该尽量考虑社会公众的需求。监狱要举办"开放日"活动，可以通过网络对公众进行通知，另外，针对攻击监狱的一些网络谣言，监狱可以通过官方网站第一时间进行辟谣。这样不仅有利于监狱工作的正面宣传，增强狱务公开的影响力和舆论引导力，也有利于监狱自觉接受社会监督，转变监狱形象。

三是监狱可以采用多种方式方法拓宽狱务公开的渠道，来对社会公众进行狱务公开。其一，建立官方网站，公布罪犯减刑假释、保外就医、奖罚立功等信息，以及监狱各项规章制度，发布亲属会见时间变动及监狱开放日等活动通知；其二，建立官方的微博微信平台，发布信息，跟网民们互动，为群众答疑解惑，宣传法律法规，维护监狱的正面形象，增强舆论引导力，还可以向罪犯近亲属及时发布罪犯个人服刑改造的相关信息；其三，设立狱务公开服务热线，及时解答罪犯近亲属对监狱执法管理工作提出的疑问；其四，通过监狱"开放日"活动，主动向社会人士、执法监督员介绍监狱执法管理及保障罪犯合法权益的情况，听取意见和建议；其五，在会见场所设置电子显示屏、狱务公开信息查询终端，对罪犯近亲属进行制度宣传、发布通知，以及提供信息查询服务。

（四）创新、完善内部法治监督体系

内部法治监督主要体现为监狱机关有关职能处室对监狱行刑的监督，更

多地体现在对监狱行刑活动的直接监督，而且要比监所检察室更加贴近于行刑日常活动，特别是罪犯的减刑、假释、行政奖励、工种调配等。在实施行刑监督时，既要追求程序上的公正、公开、平等，又要追求实体上的公正与平等，对于检查发现或罪犯反映的问题要主动积极地调查。应该根据发现问题的性质、严重程度和造成的后果，按照规定严格处理。由于内部监督缺乏相对的独立性，其监督力度有时会受到影响，必然影响到监督的效果和功能的发挥。应该进一步规范内部监督的内容、程序、方式和步骤，特别在程序上作出硬性规定。

1. 加强程序控制，自觉以程序规范权力

正义不仅应得到实现，而且要以人们看得见的方式加以实现。在现代法治的话语体系中，正当法律程序体现了一种价值取向，并具有实质和形式双重含义：即在实质意义上，是指除非依据适当的法律，权利和自由不可被剥夺；在形式意义上，意味着一旦要由法律来决定的行为，就必须遵循适当的程序。

现代法治以程序化的权力运作为其表征，程序化是法治的基本原则之一。程序的目的是通过对执法管理行为的非人情化，以限制随意、任性和专断；以程序去限制执法者的自由裁量权，遏制侵权和腐败。徇私舞弊现象存在表明监狱权力运行程序建设不够，程序上有不完善的地方。假如罪犯的立功奖励在申报过程中严格执行公示程序，则伪造证据材料申报记功并以此获取减刑假释就可能因罪犯、警察的相互监督制约而难以达成。因此要加强执法程序规则的完善、制定，如将减刑假释的听证会制度设定为必经程序，增加执法透明度，通过公示监督更有效地防止执法中的权钱交易和"暗箱操作"。当前特别要加强计分考核、行政奖惩、罪犯处遇等公示程序的执行，坚持公示程序，也就是坚持以公开促公正，是防止监狱执法问题的一剂良药。监狱人民警察要自觉执行程序，按程序规则办事。正当程序对于化解矛盾、缓解警囚冲突也有积极的作用。当前有些执法不公正的指责和抱怨，有些与监狱人民警察不按程序执法有关。坚持依照程序办理对罪犯的违规处理、行政处罚，将处罚上升为监区集体意志和监狱意志，回避警察个体和罪犯之间的直接对立。

2. 完善内部法治监督机制

（1）提升内部法治监督的质量，推行特别检查制度，司法部监狱管理局对全国所有监狱，省级监狱管理局对全省各监狱的法治监督工作采取不预先通知、不打招呼、直接进入监狱进行督察，这样最容易发现问题，查找监狱工作的薄弱环节。

（2）规范内部法治监督范畴，理清监督部门网络

整理形成法治监督的规范性文件，明确监狱法治监督的职责、权限、内容、程序及工作纪律、过错追究办法，使监狱内部法监督形成相对固定的程序和工作体制，将监督权力的运行用标准化的制度来定型，防止脱轨、出轨。

第一，将监狱内部的政工、纪检监察、督察、审计、信访等多个监督机构之间的关系和职能进行适当调整，在此基础上理顺内部监督机制，建立起各部门相互配合、协调、有力、高效的法治监督工作机制。纪检监察室这一监督机构兼具党内监督和行政监督职能，由该部门作为主导监督的首要部门应该是责无旁贷的，在不同的场合不同的需求下，由纪检监察室统筹安排其他部门协同配合应为首选。为有效避免"仰视监督"，监狱纪检监察室主要监督对象为监狱内部科级以下领导和普通警察，对于可能涉及处级以上领导的案件或举报线索的处理，则可参照省内审计交叉模式，由省局统筹，各监狱纪检监察干部服从安排，交叉去其他监狱进行调查、办案。

第二，监狱人民警察以权谋私、滥用职权甚至受贿索贿的目的都在于牟取个人不当利益，尤其是物质方面的利益。从执法监督角度出发，防微杜渐，发现警察队伍中出现不好的苗头、倾向问题，及时进行谈话，树立正确的"三观"，也是法治监督"抓早抓小"应有之义。

（3）完善监狱纪委监督机制

监狱纪委内部监督，纪委作为党委内设机构，向党委负责，领导纪检监察和审计部门对监狱内部进行监督。

第一，加强纪检监察室的纪律监督机制。纪检监察室作为主要监督部门，其主要监督方式在于纪律监督，建立作风建设常态化的监督检查机制；会同政治处、警务督察部门联合督察，监督民警在岗履职、文明执法；定期宣传《党政机关厉行节约反对浪费条例》《党政机关国内公务接待管理规定》等条例规定，筑牢廉政防线。

第二，建立监区专职纪检委员制度。监区专职纪检委员：在每个监区领导班子中加设一名"专职纪检委员"，参加监区内部实际管理工作，可以最直观地将监督由事后监督延伸向事前和事中监督。专职纪检委员每周参加监区例会，监督监区和分监区关于罪犯考核评定、改造表现等会议制度的落实，全方位接触警察和罪犯，了解警察思想动态和监管形势。

第三，设立举报箱和举报电话。监狱纪检部门可在狱内外明显位置设立举报箱，公布举报电话号码，举办监狱长"接待日"，完善有奖举报制度、信息反馈制度，严格保密纪律，建立举报登记记录及相关的档案资料，保证监督渠道畅通无阻。

第四，建立对即将刑满释放的罪犯的跟踪谈话制度。监狱纪检、刑罚执行部门要紧密配合，提前一个月对即将刑满释放的罪犯，指定专人逐个对其进行出监教育谈话。谈话的主要内容是了解警察的执法情况，征求罪犯对监狱狱务公开的合理化建议。罪犯在谈话记录上以书面的形式，对监狱执法工作作出实事求是的评价，并在谈话记录上签字。

第五，建立"双预防"联席会议制度。"双预防"是指预防职务犯罪、预防重复犯罪，预防职务犯罪针对警察而言，预防重复犯罪则是针对罪犯而言。它是由监狱纪检监察室每个季度与检察院分管领导、驻监检察室全部检察官一同召开"双预防"联席会议并形成会议纪要，共同将视线投向监狱警察当中的苗头性、倾向性问题，探讨预防小问题演变成大问题的可能性和方向，务求将违法违纪的苗头扼杀在萌芽状态，把内部执法监督和外部执法监督进行阶段性的信息整合和资源共享，将监督力度和辐射范围最大化。

（4）规范内部法治监督步骤，引入监督执纪"四种形态"

2015年，王岐山同志提出，要运用好监督执纪的"四种形态"。这四种形态指的是：一是常态，党内关系正常化，经常开展批评和自我批评，经常咬耳扯袖、红脸出汗；二是大多数，党纪轻处分和组织处理；三是少数，严重的违纪重处分、做出重大职务调整；四是极少数，严重违纪涉嫌违法立案审查。[1]

习近平总书记在十八届中央纪委六次全会上指出，全面从严治党，把纪律挺在前面，坚持纪严于法、纪在法前，实现纪法分开。将从严治党，实践

---

〔1〕 参见王岐山："把握运用监督执纪'四种形态'"，载新华网：http://www.xinhuanet.com/politics/2015-09/26/c_ 1116687031.htm，最后访问时间：2020年3月2日。

"四种形态"推广铺开，作为监狱内部执法监督的一种标准模式，纪在法前、纪严于法。

作为监狱人民警察，本身就是国家机关工作人员，以党员的标准来要求每一个国家机关工作人员都是可行的，何况警察是特殊的国家公务员，是国家暴力机器，将党员领导干部的高标准严要求作为对监狱人民警察的日常标准要求无可厚非。用好批评和自我批评这个武器。批评与自我批评是我们党的优良传统。批评是监督，自我批评是自我监督。制度是解决规范问题，开展批评与自我批评是解决思想根源问题。只有真正解决了思想问题，遵纪守法才能成为一种习惯，制度才能得到更加严格的遵循。[1]纪在法前，纪严于法，既是对警察提出更高的要求，也是对警察的爱护，将警察拦在犯罪大门之外，违纪事件即触发警报，远离犯罪高压线。

（5）规范内部法治监督处置办法

规范执法监督处置办法，坚持把纪律和规矩挺起来、严起来、执行到位。将四种形态引入监狱内部监督中，也就是说在常态化的警察队伍内部经常开展批评和自我批评，不定期进行部分谈话，谈话目的了解情况为主，自律为主，他律为辅，互相提醒，提高警惕；大多数出现违纪的情况都能由监狱内部处理，通过诫勉谈话、内部平级调整等形式，进行组织处理；少数严重的违纪情况，需要重处分，行政处理、党纪处理双管齐下，根据相关规定进行撤职、降级等重大职务调整；极少数严重违纪涉嫌违法的果断立案调查，该移送公安机关的及时移送。

（6）规范内部法治监督的预防机制

一要建立早规范机制。对监狱人民警察实行与党员领导干部一样的高标准严要求，对警察言行规范进行细化，织密制度的笼子。二要建立早发现机制。充分发挥"信、访、网、电"四位一体的信访受理平台作用，及时发现问题。三要建立早处置机制。依据四类处置方式，对问题线索进行集中统一管理，区别处理。四要建立早惩戒机制。积极构建查早查小、快查快结的纪律审查模式，防止小错酿成大错、违纪走向违法。五要建立早预防机制。完善廉情收集、分析、防控、预警工作链，探索运用大数据发现和防控权力运

---

〔1〕 参见李忠杰："加强党内监督 推进全面从严治党"，载《中国纪检监察》2016 年第 3 期。

行风险。最后，在线索的处置上，应该突出"细"与"实"，在提醒教育方面突出"早"与"小"，在作风监督方面突出"常"与"长"，在纪律审查方面突出"严"与"快"。

（7）完善"依法治廉"的机制

党的十八大报告提出，要加强廉洁的建设。并表示无论涉及什么人，无论涉及的人权力大小、职位高低，只要他触犯党纪、国法，都要严惩不贷。同时，报告中明确指出，基层领导干部要具备法治的思维。要以法治思维，以法治的手段切实建设廉洁的治理环境。法治思维从根本上要求用法治的手段来推进廉洁的建设。

第一，健全"依法治廉"的制度。监狱系统应组织警察学习、贯彻《中国共产党廉洁自律准则》和《中国共产党纪律处分条例》，让廉洁建设推进到了每一个监狱警察的心中。可以将廉洁建设的执行进行制度的固化，出台"纪检监察业务工作考核办法""监狱严格公正文明廉洁执法规定"等规范性制度。出台"监狱系统纪委监督责任清单"，明确规定监督责任的内容，明确相关的监督对象、监督主体，明确对监督不力的追责要求，包括对责任追究者的"责任再追究"、对责任问责者的"责任再问责"，通过制度强化各级纪委的责任担当，推动纪委的职责履行。

第二，强化廉政监督，使警察不敢违纪违法。监督就是他律，监督的目的是为了使监狱人民警察在行使职权时做到廉洁，而当其发生腐败行为之时能够及时得到制止和惩处。强化监督制约，一是要以监狱人民警察领导干部问责制、廉洁承诺制。加强监狱的组织生活制度，加强对监狱干部的民主评议制度。加强督察和民主监督，强化监狱党委一岗双责的主体责任和纪委的监督责任。二是要以监狱机关、监狱企业单位的经济活动等重点环节和关键岗位运行情况为重点，防止监狱人民警察发生贪污、贿赂等易发生的廉洁问题。通过有侧重点的监督，进行对监狱警察工作情况、履职情况、罪犯管理情况等全方位、多角度的督察指导。对于及时发现的廉洁瑕疵，及时告知，及时通报，及时整改，始终做到反腐倡廉不断深化，廉洁真正深入每个执法者的内心。

（五）建立监狱警察依法履职免责制度

警察法律责任追究对于从严治警、纯洁队伍起着非常重要的作用，但是对于警察在行使执法权过程中由于不可预知、不可抗拒的因素出现的监管安全事故和非正常死亡等事件，也应科学研究并制定免责法律条款，更加明确免责范围和免责处理办法。只有责任追究处理制度和免责使用范围都十分明确，才能让监狱警察真正找准自己定位，明确责权，更好地履行职责。可以借鉴 2016 年 3 月 1 日起施行的《公安机关人民警察执法过错责任追究规定》，建立监狱警察依法履职免责制度。

《公安机关人民警察执法过错责任追究规定》第 21 条规定，具有下列情形之一的，不予追究执法过错责任：（1）因法律法规、司法解释发生变化，改变案件定性、处理的；（2）因法律规定不明确、有关司法解释不一致，致使案件定性、处理存在争议的；（3）因不能预见或者无法抗拒的原因致使执法过错发生的；（4）对案件基本事实的判断存在争议或者疑问，根据证据规则能够予以合理说明的；（5）因出现新证据而改变原结论的；（6）原结论依据的法律文书被撤销或者变更的；（7）因执法相对人的过错致使执法过错发生的。

公安部的这个规定明确地将"因不能预见或者无法抗拒的原因致使执法过错发生的""对案件基本事实的判断存在争议或者疑问，根据证据规则能够予以合理说明的""因执法相对人的过错致使执法过错发生的"等这些一线执法实践中经常可能遇到并引发执法意外后果、甚至是执法过错问题的免责条款规定得非常清楚。借鉴《公安机关人民警察执法过错责任追究规定》并结合监狱工作的实际，可以从以下两个方面建立监狱警察依法履职免责制度。

1. 确立警察履职免责应依据的法律原则

（1）依法履职免责原则。监狱警察履职符合法律、法规、规章和执法标准规定的，对造成的后果和影响，不承担责任；不得以领导批示、舆论炒作、信访投诉、复议诉讼、维护稳定等为由，不当追究警察责任。

（2）过责相当原则。监狱警察履职期间故意违反法律和纪律规定或者严重不履行、不当履行职责，造成危害后果的，从严追究责任。因过失导致执法过错，且未造成严重后果的，可以从轻追究责任。存在执法瑕疵，与危害后果没有直接因果关系的，应当从轻、减轻或免除责任。因不可抗力、难以预见等非主观因素引发危害结果的，不承担责任。对于紧急情下因判断失误、反应过度造成后果的，应结合当时情境，客观确定警察有无过错、责任大小，不因舆论炒作等外在因素不当或加重追究警察责任。

（3）主动纠错从轻原则。违法违规履职造成危害结果，及时发现并主动纠正错误，积极采取相应措施避免或减轻危害后果与影响的，应当从轻、减轻或免予追究责任。

2. 确立警察执法常见情形的免责条件

（1）确立警察现场执法过程中当事人自伤自残自杀的免责条件

第一，执法行为合法。执法行为于法有据，主体适格、程序正当，措施无明显不当，不存在滥用职权、违法失职的情形。

第二，采取必要的防范措施。根据现场的情况和条件，对当事人可能跳楼、投水、跳车、自残等危险行为，已采取了必要的防范措施。

第三，及时开展救援。当事人发生自伤自残自杀行为后，及时采取拨打120、警车送医等救援措施。

（2）警察制止阻碍执行职务行为造成伤亡的免责条件

第一，执法行为合法。执法行为于法有据，主体适格、程序正当，措施无明显不当，不存在滥用职权、违法失职的情形。

第二，制止行为合法适当。警察的制止行为应当以制止违法犯罪行为为限度，尽量避免和减少人员伤亡、财产损失；使用较轻处置措施足以制止的，尽量避免使用较重的处置措施。

第三，及时开展救援措施。制止阻碍执行职务的行为导致当事人伤亡的，立即采取拨打120、警车送医等措施进行救助；造成财物损失的，采取适当措施防止损失扩大。

（3）使用武器、警械造成当事人伤亡的免责条件

第一，使用警械、武器行为合法有据。使用警械、武器应当遵循比例原则，以有效制止违法犯罪行为为限度。发生罪犯闹监、行凶等暴力突发事件时，需要当场制止，经警告无效的，可以使用警棍、催泪弹、高压水枪、特种防爆枪等驱逐性、制服性警械；遇有罪犯可能脱逃、行凶、自杀、自伤或者有其他危险行为的，可以使用手铐、脚镣、警绳等约束性警械。判明有危及警察、其他罪犯生命安全、严重破坏监狱正常秩序等暴力犯罪行为，经警告无效的，可以使用武器，来不及警告或者警告后可能导致更为严重危害后果的，可以直接使用武器。

第二，及时开展救援措施。使用武器、警械造成罪犯伤亡的，立即采取

拨打120、警车送医等措施进行救助。

第三，及时报告。使用武器的，应当向所属监狱职能部门及监狱领导报告使用武器的情况；造成罪犯伤亡的，所属监狱领导接到报告后，应及时进行勘验、调查，并及时通知当地人民检察院以及伤亡者家属或所在单位。

作者信息：

陈文峰，江苏省司法警官高等职业学校教学研究开发处处长，副教授，主要从事监狱学研究

通讯地址：江苏省镇江市京口区桃花坞路一区十四号

邮　　编：212003

联系电话：15189121872

论刑罚执行一体化的实践需求逻辑体系

——以构建监狱治理体系和治理能力现代化路径为视角的研究

董 杰

摘 要：刑罚执行一体化是社会法治和国家治理发展到一定历史阶段的必然产物，代表着国家法治文明和社会历史进步。从我国刑事执行主体之间以刑事裁判为纽带的内在逻辑联系入手，从理论抽象上升到具体原则，并建构符合我国新时代法治思想，能全面地反映和揭示我国刑罚执行各个方面性质、特征和关系，满足实践需求的范畴体系。构建新时代刑罚执行一体化的实践需求逻辑体系，关键在于尽快从法制规范和法治伦理入手，建构完善的刑罚执行一体化责任机制。

关键词：刑罚执行一体化 资源整合 实践需求 逻辑联系

刑罚执行一体化是社会法治和国家治理发展到一定历史阶段的必然产物，代表着国家法治文明和社会历史进步。我国"刑事一体化"思想产生于20世纪80年代，是应对刑法危机的产物，也是现代"刑事三化"[1]发展的基础理论。主张建立刑法和刑法运行内外协调，使刑法内部结构横向协调合理，刑法运行前后纵向协调制约。刑罚执行一体化是刑事一体化的核心内容之一。对于监狱、社区矫正等行刑机构[2]而言，需要在最广泛的国家刑事执行体系[3]当中，

---

[1] 即刑事一体化、刑法现代化、去重刑化。北京大学储槐植教授是我国"刑事一体化"思想的奠基人。

[2] 我国刑罚执行机构复杂，从目前关押已决犯的机构（单位）来看，公安机关、监狱机关、社区矫正机关、军事机关（主要是指军事监狱、看守所。现划归武警部队管辖，具体由军事监狱看守所所在地的省、市、区武警总队直接管辖），以及一些相关机构都承担了监管改造职能，刑罚执行主体多元化。

[3] 国家刑事执行，即指国家负有刑事执行职能的诸机关，依法将人民法院生效的刑事裁判付诸执行的相关活动。其中，国家刑事执行机关包括审判机关、司法行政机关、公安机关、国家安全机关，以及军队等特殊职能部门的相关职能机构。这些刑事执行主体机关、机构和执行程序组成国家刑事执行体系。这是最广义的刑事执行。

依据自身的政治法律职能和社会角色职责，从现实问题出发，思考和运用哲学、政治学、社会人类学、国家经济学和犯罪矫正学等学科科学知识和理念，来打破刑事执行制度、主体和程序壁垒，积极推动刑罚执行结构现代化，解决由于刑事执行体系壁垒产生的刑法结构"严而不厉"和"厉而不严"的问题。解决问题的根本思路在于理顺刑事执行一体化的逻辑范畴体系。从我国刑事执行主体之间以刑事裁判为纽带的内在逻辑联系入手，从理论抽象上升到具体原则，并建构符合我国新时代法治思想，能全面地反映和揭示我国刑罚执行各个方面性质、特征和关系，并满足实践需求的范畴体系。这是新时代法治思想的重要方法论，是从简单范畴的辩证运动中产生群一样，从群的辩证运动中产生系列，从系列的辩证运动中又产生体系。从当下刑事执行的壁垒现象及其诱因来看，构建新时代刑罚执行一体化的实践需求逻辑体系，关键在于尽快从法制规范和法治伦理入手，建构完善的刑罚执行一体化责任机制，使得刑罚执行机关之间，以及刑罚执行机关与社会支持系统之间形成合理的执行合力。[1]

一、刑罚执行一体化实践样态分析

早在 2013 年 11 月，党的十八届三中全会通过《中共中央关于全面深化改革若干重大问题的决定》，明确提出优化司法职权配置，整合刑罚执行资源成为刑事执行体制改革的重要任务。司法职权配置科学化是解决刑事执行梗阻，建立一体化执行体系的根本遵循，也是司法规律的本质要求。但受制于我国刑事执行法治不完善、主体纷杂、职能与权力分散，以及社会化程度不够四大问题的困扰，刑事执行多头化、标准要求不统一、程序规范不衔接、执行效率差强人意的矛盾和问题持续累加，严重影响刑事执行的政治、法律和社会效益。作为刑罚执行的主要承担者之一，监狱行刑社会化程度远达不到国家法治的要求，行刑效益离国家和人民群众的期许尚有很大距离，监狱超负荷地承担了社会对刑罚执行过失和问题的责难。

1. 刑罚执行一体化实践需求。陈兴良教授认为，"刑事一体化"是刑法和刑法运行的内外协调（即刑法内部结构合理与刑法运行前后制约），并通过

---

〔1〕 参见于爱荣主编：《监狱制度论》，江苏人民出版社 2010 年版，第 58~60 页。

刑罚运行（主要是刑法实践和刑罚执行）将承载于刑法之上的社会意识形态、政治体制、法治文明、文化精神等上层建筑与刑法之下的经济体制、生产力水平、物质文明等经济基础紧密联系，实现国家刑法意志。监狱行刑的行为和结果都必须依赖和作用于国家刑法意志。但刑罚执行的政治、经济、法律与社会效益并非监狱所能够独立承担，需要在国家政治的统一下，着力于经济社会发展情势和国家治理的实践需求，实施社会化统筹。[1]

规范执法行为。刑罚执行就是严格执行刑事法律裁判和裁判内容。而要准确实施刑罚，则必须明确刑事执行中的规范问题。除了立法明晰执法依据之外，重点是规范刑事执行行为：明确刑事执行的程序和职权范围，规范刑事执行机关的行为；明确职责和权利义务，规范刑事执行人员的行为；明确被执行人的权益，规范被执行人的意识；明确刑事执行的国家与社会意义，规范与刑事执行相关联的机关、团体和个人的责任与行为。

实现刑罚目的。刑罚目的是整个刑事活动的目标。惩罚犯罪，保护人民是刑法目的，而保障国家安全和社会公共安全，维护社会主义秩序则是刑罚的直接目标。二者统一于维护社会治理秩序，保障国家治权，保护人民至上。刑罚执行则是实现上述目标的法治途径。因此，在刑罚执行的每一个阶段，都必须始终围绕上述目标严格程序和行为，任何改变和懈怠都是对刑罚实现的损害。

展示威慑儆戒。刑罚惩罚是通过对犯罪行为的打击和对犯罪人个体权利限制而实施和实现的。在刑罚执行过程中，惩罚表现为剥夺。即，对罪犯权利内容的剥夺和对罪犯享受权利自由行为的剥夺。剥夺的社会表象为威慑和儆戒。威慑和儆戒使罪犯个体感受丧失权利和自由的痛苦，并产生内心自省和对犯罪的自我戒备；同时，刑罚的威慑和儆戒也是对社会公众最好的法治教育，对潜在的犯罪及犯罪人释放警示信息。保持刑罚威慑儆戒是刑事执行各机关的重要职责，任何一个程序之中，任何一个执行机关一旦降低或者灭失了刑罚威慑儆戒都将使刑罚目的和作用大打折扣，甚至消失。

强制隔离保护。刑罚执行对罪犯的严格监管是强调对犯罪行为和社会危

---

〔1〕 参见于爱荣主编：《监狱制度论》，江苏人民出版社2010年版，第58页。

险的控制，用以保障社会秩序安全和人民生活安全。公安看守所和监狱行刑是器物控制隔离，司法社区矫正是法治监管隔离。在刑罚执行程序及其执行的各个阶段，对社会危险和社会危害的隔离始终是重点内容之一。执行机关之间的执行衔接，以及相关机构、社会团体的协调配合是保证隔离措施落实、隔离目标实现的关键。

修复社会损害。犯罪危害包括对犯罪相对人的损害、对社会治理秩序的危害、社会人际的创伤和对犯罪者自身的伤害。刑罚惩罚则是对损害的补偿和对损伤关系的修复努力。修复社会损伤是整个刑事执行的终极目标，也是刑罚执行的最终目的。这也是刑罚执行机关必须共同努力的方向和完成每一项任务、每一阶段工作的联系纽带。它构成了刑罚执行的社会法治逻辑关系，也牵涉刑罚执行机关之间的法治行为，是实现刑罚目的的原图景。无论是监狱行刑，还是社区矫正，恢复性司法、人道伦理与人权观念等始终引导着刑罚执行向社会化转化。[1]

2. 建构刑罚执行一体化实践逻辑。刑罚执行是刑事执行，也是整个刑事司法活动的最后一个环节，刑罚执行的质量直接决定刑事司法活动的社会效益。对于刑罚效益，人们极其希望能够尽善尽美地实现设定刑罚的终极目的，但理论或者理想化的希冀远不能代替实践的可能性。务实的国家治理和社会规制大多以法治和人道为基准点，遵循人口发展规律、社会发展规律和社会教化规律，追求以社会发展、人民期许和国家治权需求的刑罚结果，形成了具有相对稳定性的实践逻辑模式。遵循新时代法治思想和我国社会治理的现实是当下建构刑罚执行一体化实践模式的逻辑依据。

法定化。即行刑法定原则。刑罚执行活动的各个方面都要依法进行。刑罚执行以国家强制力作后盾，是对罪犯权利的最严厉剥夺，无论是对参与刑罚执行的人员，还是执行的程序、场所、数量、期限等都有严格的法律规定。法定化要求执行过程要依法进行，不得变通或更改；涉及的机构、人员要严守职责；违反法律规范要承担相应的责任。在刑罚执行一体化的法治要求下，仅有各个执行机关所承担任务的责任清单显然是不够的，必须构建各个执行机关之间，以及执行机关与社会相关机构之间统一的责任清单，保障刑罚执

---

〔1〕 参见邵雷主编：《中英监狱管理交流手册》，吉林人民出版社 2014 年版，第 3~9 页、第 40~48 页、第 69~83 页。

行程序畅通一体化不失责。

惩教化。我国刑事执行具有典型的东方儒法思想，强调对犯罪人的行为惩罚与思想教化，意图使犯罪人归化于社会秩序。从刑事执行前端的惩办与宽大相结合，到刑罚执行的惩罚与改造相结合，无不蕴含对犯罪行为的惩处和对犯罪人训导。因而，无论是刑事执行，还是刑罚执行，都是在围绕刑罚目的来运作的。惩罚是前提，改造教化是结果，也是刑罚执行所追求的目标。

人道化。人道是一种伦理法则，人道化行刑则是现代社会文明进步的标志和必然要求。刑罚执行的人道化是将罪犯作为法律人格特殊的社会公民来对待，尊重其作为人的最基本的权利，认可其作为人的最基本的价值，在法律的规制下，摒弃酷刑和残忍不人道的待遇，依法保护其合法权益，使之享有作为社会人的生存权和发展权。但人道化不是将罪犯特殊化，或者脱离刑罚本质而实施刑罚执行以外目的的特殊待遇，无论是从严还是从宽，只要脱离刑罚本源，人道即转化为刑罚的灾难。

个别化。刑罚执行个别化源于刑事法律规制个别化、刑事裁判的个别化和教育个别化规律。刑罚个别化要求在刑事执行过程中，根据罪犯的具体情况，给予个别处遇措施。[1] 刑罚执行的个别化旨在执行程序各个阶段做到管理个别化、教育改造个别化、考核奖惩与激励个别化。个别化的实施是在统一法律尺度的前提下，根据罪犯个体犯罪史、现实危险性、现实改造状况，以及罪犯所处的刑罚阶段而作出的执行策略选择。所有目标和措施不能离开法律的规制。

社会化。刑罚是制定之罪的结果，因而犯罪是社会现象。社会现象离不开社会原生环境，所有的犯罪以及犯罪人的问题必须回归并最终在社会中解决。刑罚执行社会化即是刑罚执行机关努力创造社会化的行刑环境，减小罪犯与社会的隔离；组织召集社会组织和社会力量参与到刑罚执行的诸多环节中来；合理利用社会资源，解决罪犯监管改造、生存与发展问题；依靠国家政策和组织，为罪犯回归社会做好环境、条件准备。但社会化也是刑罚执行难度系数极高的工作，单一的刑罚执行机关难以组织和实施。

---

〔1〕 参见欧阳俊编著：《刑事执行学》，中国法制出版社 2017 年版，第 80 页。

3. 刑罚执行一体化实践矛盾。犯罪是社会因素和个体因素的必然产物，与犯罪作斗争必须考虑到社会关系与犯罪人的个人关系。[1]因此，一个强有力的刑事政策具有与实现与犯罪作斗争的可能性[2]。这个刑事政策应然包括刑事执行政策和刑罚执行一体化制度。刑罚执行一体化制度的设立及其执行情况不仅制约着刑罚的效应，而且左右着刑罚目的的最终实现。现实的实践情况和国家治理的情势是刑罚执行必须依赖的社会现实基础。由于执行主体的多元化和事实上的复杂性存在，刑罚执行一体化的矛盾客观而且"积极"地发挥着阻碍作用。

行刑安全。安全是现代社会人类普遍的生存质量追求。刑罚执行安全是人们衡量行刑工作质量的直观而且现实的标杆。刑罚执行安全包括行刑内容与程序安全、行刑场所安全、行刑相关人员安全，以及社会安全。其中每一项安全问题都直接影响到行刑秩序稳定，也最直接地刺激着社会公众的神经。因而，安全问题时常被从行刑的基本问题提升到影响全局的头等问题来对待。过高地评价和使安全成为否定行刑工作整体绩效的梳篦和标尺，则使刑事执行各机关、社会机构与团体之间陷入犹豫、彷徨和无法自拔的消极懒惰状态，无利于行刑工作的衔接和正常开展。

行刑公正。司法公正是新时代法治思想的核心内涵，也是刑罚执行的基本前提和质量保证。行刑公正是刑事实体法的"罚当其罪"，程序法上的"法律面前人人平等"。从执行人角度，公正即为在各个环节落实人人平等；从受刑人角度，则是只有完全履行了刑罚义务，执行机关才能给予其相应的法律待遇。现代刑罚执行强调在行刑过程中，各种司法要素有机结合达到理想状态，即过程公正、结果公正。[3]而在条块隔离、各自为政的境况下，因为责任和自我保护的潜意识，使得刑罚执行的内涵、理念和策略都有异同，其协调性和一致性面临巨大困难。

行刑效率。行刑效率即行刑成本投入的结果，是指以最少的行刑成本投

---

〔1〕 参见［德］冯·李斯特：《论犯罪、刑罚与刑事政策》，徐久生译，北京大学出版社2016年版，第94页。

〔2〕 参见［德］冯·李斯特：《论犯罪、刑罚与刑事政策》，徐久生译，北京大学出版社2016年版，第95页。

〔3〕 参见于爱荣主编：《监狱制度论》，江苏人民出版社2010年版，第46~51页。

入获取最大的行刑效益产出〔1〕。现代刑事执行所关注的行刑成本包括政治成本、经济成本和社会成本。政治成本决定了经济成本，并最终反映在社会成本之上。而行刑效率的呈现则是在政治方针和政策确定之后，由刑事执行程序以及程序执行机关的协同和协同效率所决定。在程序粗糙和机关协同不畅的情形下，效率和效益均会偏离理论设想。譬如，受刑人的服刑应当以其是否具有服刑能力为限度标准，当其不具备服刑能力时，应当考量其社会危害性，如其不具有显著的社会危害性，则应当就其是否执行监狱服刑作出合理的判断。由于无一例外地收押，监狱场所积淀的老弱病残愈来愈多，监狱的行刑压力越来越大，不但浪费行刑资源，而且不利于恤囚和社会发展。

行刑均衡。行刑均衡是中国传统宽严相济刑罚思想和西方近现代"轻轻重重"两极化刑事理论的结合。其所表达的是对罪犯宽严适度。其目的是促进罪犯矫正和再社会化，防止其再犯；其次是对罪犯在服刑期间处遇适度。既不能一味严厉，也不能任意放松；最后是保持行刑谦抑。克制行刑，最大程度减轻监禁刑的适用。追踪我国刑事执行的历史和现实刑罚执行的状况，部门化的立法和机关分段式的执行责任不仅使得刑罚执行"重重轻轻"，而且监禁化程度缓释不够。安全、责任与社会评价的强大力量时常绑架各个执行机关和相关机构、社会团体，刑罚执行的本职工作未能实现持续的常态化，〔2〕相对均衡和稳定的录囚、恤囚和社会发展体制、机制需要进一步完善。

二、建构刑罚执行一体化实践焦点

自 1949 年开始，我国刑事执行一直处在不断探索之中，发展到当下，行刑理念处于报应刑的后现代时期。公众对罪犯的刑罚一般既认同道德报应、等量报应，也认同法律报应和复归改造，强调通过刑罚报应惩罚犯罪人，教育改造罪犯思想，并给予回归社会的出路。因此，要求刑罚执行做到惩罚到位、程序严格、管束规范和人人平等。但具体的实践却受制于国家政治情势、经济社会发展和社会治理能力，尚没有形成完整、统一的刑事执行理论体系；

---

〔1〕 行刑效率源于欧洲启蒙思想，展示了行刑活动受经济思想的影响，注重追求效益的发展趋势。转引自 [德] 冯·李斯特：《论犯罪、刑罚与刑事政策》，徐久生译，北京大学出版社 2016 年版，第 84 页。

〔2〕 参见黄永维：《中国减刑假释制度的改革与发展》，法律出版社 2012 年版，第 78~86 页。

没有将尚处在探索阶段的刑罚执行一体化实践更好地在各个刑事执行主体间，以及主体责任承担深度融合起来，亟待健全和完善的矛盾焦点依旧是存在于执行机构之间的体制机制问题，这些实践焦点最终都集中反映在各执行机关的职能责任之上。

1. 程序完整规范。依照刑事司法理论和刑事司法活动要求，在审判机关、羁押遣送机构、执行机关、监督机关之间形成完整的单一指向的刑罚执行链条，各机关与机构之间相互协调配合，共同完成对罪犯的刑罚执行任务，并在刑罚程序和任务结束之后，沟通社会保障机构，促进罪犯刑满释放后顺利回归社会并能够独立生存。但现存的刑事法律和相关的刑事执行政策、制度都是粗线条的，并没有对刑罚自法院裁判之后的每一个交付内容和环节作出详细、规范的规定，实践中的程序、内容和条件处于经常变化的不稳定状态。各执行机构之间，以及执行机构与裁判机关、监督机关之间，在职能、职责和法律责任担当上长期存在纠缠不清的问题。为了处置这些现实问题，各省市区相关职能部门经常联合作出文件来替代刑事法规统一刑罚执行的内容和程序，致使刑罚执行的程序更加凌乱和不规范。

2. 惩治教育罪犯。刑事执行的任务是落实法院对犯罪人的刑事判决内容。法院的刑事判决即为刑罚，刑罚执行包含实施刑罚的过程，落实刑罚载明的内容和完成刑罚基本的惩罚和教育（劳动）改造的任务两个内容。这也是自土地革命时期开始，我们在朴素的"悔过自新、重新做人"[1]的思想指引下，探索"挽救人""改造人"的实践结果，并在此实践的基础上形成了正确的行刑理论。但自20世纪90年代开始，西方行刑理论和技术大量传入国内，至21世纪初我国传统的行刑理念和方法进入势弱时期，对罪犯的刑罚惩罚、劳动改造似乎变得与"行刑文明"相抵触。现代刑罚执行不能因为社会文明的进步而丧失惩罚的功能，没有惩治与教育改造，刑罚执行则失去了国家创制法律和实施刑法的必要性。

3. 保护合法权益。尊重和保障罪犯权益，使之享有未被剥夺或者限制的公民待遇，是现代社会文明进步和现代狱治文明的显要内容。尊重罪犯权益建立在对罪犯和罪犯权益的正确认知基础之上，而保障罪犯权益也需要依靠

---

〔1〕 参见杨云："方志敏创建我党第一个劳改农场"，载《历史大观园》1994年第11期（转引自薛梅卿、黄新明：《中国革命根据地狱史》，法律出版社2011年版，第5页）。

此正确认知，两者相互联系缺一不可。认知罪犯和罪犯权益不仅需要"与国际接轨"，更重要的是要正视中国文化与中国现实，不能脱离中国政治与中国法治，更不能超越中国社会一般运行规则和公众普遍认同的一般情感。假使刑罚执行在尊重和保障罪犯权益上超越了一般公众普遍认同的法治正义和道德认同底线，使罪犯取得了一般社会公众认为的"超国民"待遇，则会使刑罚执行，甚至整个刑事司法陷入"非正义"的责难和泥潭之中。在刑罚执行过程中，各执行机构为达到"安全""责任"等附着于刑罚执行的职责而采取的超公民待遇方式和内容，需要审慎修正和复原。譬如罪犯劳动，清末狱制改良以为"监犯作业，为执行自由刑之要件"[1]。而近些年来时常有论者认为强制劳动侵犯的权利，监狱罪犯劳动不应当具有营利性，[2]并渐渐影响到行刑实践，进而否定劳动改造功能，其实应当三思而后行。

4. 维护法治秩序。刑罚的社会效应是通过刑罚的产生和刑罚的落实而实现的。刑罚产生起于罪行的揭露终于刑法判决，刑罚的落实始于刑罚判决而在罪犯刑满释放时截止。而它的社会效应则会伴随社会的发展逐渐深化地戒备人心和人性。由此，刑罚执行维护社会法治秩序的作用是明显的。但具体到刑罚产生和落实各个阶段所涉及的各个执行机关来说，刑罚的社会效应则相应转嫁到各机关的执行行为及其结果上来。从刑罚的整体功能来看，这种转嫁不是割裂的，而是一体化和相互牵连的。各执行机关必须遵照刑罚的宗旨和要义协调一致，共同努力。刑罚执行机关互相间程序与内容相衔接。需要有统一的规范来制约各执行机构的自主行为，前一程序应当为后一程序的实现作完善的工作铺垫，后一程序应当主动、及时衔接前一程序的工作，不留空档期；社会机构相互配合，刑罚执行机关无法单独承担罪犯的惩罚和教育改造任务，需要得到社会支持力量的援助；社会力量信守正义，各种社会力量，尤其是社会舆论必须始终如一地维护社会法治和社会治理秩序，坚持社会正义，促进刑罚执行实现司法正义。

---

〔1〕 参见汪楫宝：《民国司法志》，商务印书馆 2013 年版，第 92 页。

〔2〕 1596 年设立的阿姆斯特丹教养院是最早设立的监禁场所。把改造人的意识形态的规训结合进劳动之中，并坚持劳动的惩罚性和营利性，不仅在惩罚和规训罪犯意识和行为上取得较好的成效，而且使得教养院能够自给自足。但也有人认为营利性劳动计划对于改造意识形态中的工作组成要素造成明显的扭曲（参见［挪威］托马斯·马蒂森：《受审判的监狱》，胡菀如译，北京大学出版社 2014 年版，第 32 页）。

三、完善刑罚执行一体化的策略

阻碍刑罚执行一体化的原因很多，除了传统的体制和惯性需要加快和深化改革以外，更具有韧性的障碍是刑事执行理念和阶段性刑罚目标任务不清，以及由此带来的行政行为规制欠缺和行政、刑事责任得不到合理界定和落实。从世界刑事执行趋势和我国刑罚执行变革发展的历史来看，刑罚执行在一体化和社会化两个方向呈现快速发展和升华。一体化是社会化的基础和前提，社会化则是一体化的内容和结果，提高治理体系和治理能力现代化水平需要刑罚执行一体化和社会化，刑罚执行一体化改革是对刑罚执行旧有积习带有根本性的净化。简单地依靠刑罚执行相关部门单独实现刑罚宗旨和目标的期冀在现代社会复杂的社际、人际交往中不可能得到实现。我国政治和社会治理的情势决定了刑罚执行一体化需求和发展的趋势，完善目标、体制、机制上层建筑设计，建构规范有序的一体化程序规范和责任机制。

1. 建构行刑目标。任何国家的刑罚执行都是在一定理论和目的的指引下进行的。我国自 1949 年以来建立的刑罚执行理论和行刑宗旨一直在坚持"给出路"和"惩前毖后、治病救人"，刑罚执行的终极目标始终是在为国家政治和国家职权服务。改革开放以后，监狱等刑罚执行机关在社会思潮和文化传输多元化的潮流下，刑罚执行注入了诸多新的元素和新的目标，执行主体的多元化又导致了刑罚执行路径、方略、任务和技术的混杂，或多或少影响了我国刑罚执行传统价值和优势的发挥。包括以监狱为主要力量的刑罚执行机构必须以习近平新时代法治思想为统帅，统一思想、目标、程序和步调，围绕刑罚执行惩罚和改造罪犯、威慑和警示可能的犯罪、服务国家政治和国家职权三大职责和任务，建构刑罚执行宗旨理论目的，确立目标方向；厘清现实目的，确立阶段性任务。始终将刑罚执行的宗旨锁定在政治性定位、法律性角色和社会性执行三个层面，更好地服务于国家职权和社会法治。

2. 健全法制体系。我国刑罚执行主体多元化、程序多样化、手段部门化和社会评价（绩效）差异化主要原因在于刑事执行法制体系的不健全和刑罚执行立法的滞后与缺失。我国涉及刑罚执行的法律只有《中华人民共和国刑事诉讼法》（以下简称《刑事诉讼法》）、《中华人民共和国监狱法》（以下简称《监狱法》）和《中华人民共和国社区矫正法》（以下简称《社区矫正法》）。三部法律的缺陷明显：法律位阶不同，社会尊重和执行力度无法匹配刑罚执行的性质和国家政治、法律地位（意义）。《刑事诉讼法》对于刑罚执行的规定属于原则性规范，具体刑罚执行机关无法得到具体的操作准则和流程。《监狱法》和《社区矫正法》类似于部门"专业法"，法律位阶低于《中华人民共和国刑法》（以下简称《刑法》）、《刑事诉讼法》两部基本法，得不到社会普遍遵守；将刑罚执行的内容、准则和流程分割在《监狱法》和《社区矫正法》两部不同的法律之中，依旧摆脱不了部门法的弊端，降低了刑罚执行的合力，使得现实中一线工作有诸多矛盾和难题，协调与衔接耗费精力和成本；承担刑罚执行任务的警察权力受限。监狱警察权力[1]被禁锢在围墙以内，而社区矫正以普通公务人员替代刑事警察执行刑罚任务则又使得刑罚在社区矫正缺乏强制力和威慑力。有必要设立国家"刑事执行法"（或者国家"刑罚执行法"），使刑事实体法（《刑法》）、刑事程序法（《刑事诉讼法》）和刑事执行法三部基本法居于统一法律位阶，所有公民和单位普遍遵守和执行。既消除了法出多头的弊病，也统一和规范了程序，减少了刑罚执行的内耗和成本，更使得社会各部门可以直接照准执行，提升刑罚执行效率和社会效益。

3. 明晰责任清单。在现有法律体制和行政机制情况下，需要着力解决刑罚执行各阶段、各机关之间的职能、职责、权能和责任矛盾。建构职能明确、权属清晰、责任到位的权责关系，使刑罚执行各机关之间既能无差别比照遵循刑罚执行的宗旨目标一体化行动，又能比照职能和权责，切实履行所属刑罚执行阶段所应当承担的职责，彻底消除前后推诿，相互隔阂的现象。在诸如罪犯转送、危重病犯保外就医、有条件假释、无服刑能力罪犯监管、再犯罪罪犯调查、解除社区矫正罪犯收监、罪犯刑满释放安置等众多实践问题上达成一致，减少内耗，保障刑罚执行程序和内容的顺利和有效。责任清单应当从着力应对当下监狱机关收押难、释放难，社区矫正机关监管难、解矫

---

〔1〕 警察权力决定于警察职权，是一种抽象的国家权力。警察职权是警察权的具体配置和转化形式，是对抽象警察权的具体化和明确化。是国家法律根据不同警察机关的层级和职能，赋予具体警察机关和具体警察实施警务活动资格和权能。相对于公安机关和公安警察来说，监狱警察的职权以及行使职权的空间狭小，除非特别规定，监狱警察权止于监狱大门（参阅萧伯符、张建良等：《法治之下警察行政权的合理构建》，中国人民公安大学出版社 2008 年版，第 16～22 页）。

收监难等重点问题上入手，通过责任清单的明晰，彻底解决监狱机关、社区矫正机关职责和职能无法达到的刑罚执行边际问题，促进社会各相关机构和职能部门更多地参与到刑罚执行活动之中，积极履行好各自社会与法律责任。

4. 完善程序规范。程序是刑罚执行的根本保障。在执法主体多元化和立法不完善的情势下，尤其需要有详实、简捷和恰当的程序规制执行行为。刑罚执行需要在刑事法律规定的期间内完成刑事判决载明事项的传递，这就是刑罚执行的程序规制。完善刑罚执行程序规范，需要着重于五个方面的程序要求：（1）法律文书交接。刑事法律文书是刑罚执行的依据和罪犯移交的凭证，按照刑事法律规定，法院、公安机关、监狱、社区矫正机关要分别向下一刑罚执行阶段责任机关单位移交相应的法律文书，没有或者缺少法律文书，下一承接机关应当拒绝接收刑罚执行责任转移；（2）罪犯移交点验。每名罪犯都需要验明正身，每名罪犯都需要作交接体检；（3）特殊罪犯移交。对一些重点危险罪犯、重病罪犯、无服刑能力罪犯的移交，需要制定专门的程序和内容，法律应当设定赋予下一执行机关拒绝接收的情形和权利；（4）重要物品验交。涉及罪犯的重点物品一般由承办机关交由罪犯近亲属保存，无法按上述途径办理的，应当做好验证和封存交接手续；（5）刑满释放人员无缝对接安置。规范社会职能部门的承接和支持刑罚执行的责任义务，按照制定的要求与刑罚执行机关做好刑满释放人员的社会生存安置与公民待遇落实工作。

四、刑罚执行一体化运行的协调与监督

刑罚执行首先是社会行为，其次才是法律内容。社会行为直接关系社会公众，而法律行为只是实现社会秩序的一种方式选择，自然也触及社会公众的社会角色心理。所以刑罚执行既是一种社会制度，也是一种社会现象和社会事务。因而，刑罚执行一体化运行不仅包括刑事执行机关之间的职能关联和职责衔接，也包括刑事执行机关与其他国家机关，以及社会职能机构之间的协调配合。同时，刑罚执行社会事务的属性，也受到来自执行机构自身的主动、积极内动力和外在监督、被动的促动力的影响。在法制不够完善和法治尚不规范的情势下，外在的促动力对于机构间的主动联

结和共同实践具有强大的驱动作用，这即刑罚执行一体化运行的协调与监督作用。

1. 构建法治伦理。厚实而恰当的法治伦理是刑罚得到有效执行的社会基础和大众情感支撑。受几千年儒法思想的影响，兼容并蓄了西方国家刑罚思想的先进与文明意识，我国社会确立了以公平正义为核心的刑罚价值观。以这种价值观为纽带，社会公众建立了处置人际关系的法律习惯和行为准则，并在潜移默化中使之演变为人际伦理的重要内容。新时代的公平正义，不仅蕴含古老的同态复仇、报应主义等关系，而且更加注重人性的生存与发展。体现在刑罚执行上即历史上恤囚和现代的改造。现代刑罚执行着意于对罪犯的人道关怀和人性重塑，这是现代刑罚执行的伦理基础。因此，需要以人的生存与发展为中心，逐步调整刑罚执行的目的、方法和措施，在严格依照法律规范强化法律强制的前提下，以促进罪犯顺利回归社会为终极目标，建立与社会发展相适应的刑罚执行程序和措施，协调社会和机构，共同为罪犯复归社会服务。

2. 全面刑务公开。刑罚执行是对法院刑事判决、裁定文书载明事项和内容的严格执行，执行机关的一切活动都是围绕和保障执行而进行的，这一活动具有法律规制性和社会透明性。依照国家政务公开的规范要求，所有刑罚执行的刑务活动都应当向社会公开，接受社会监督。观察现实刑罚执行机关的刑务活动，除了危及国家安全和刑罚执行机关和场所安全稳定的刑务内容和刑务活动之外，都应当及时向社会公众公开信息和开放场所。分析近十年来社会公众及社会舆论对以监狱为代表的刑罚执行机关的误解现象，大多数源于对刑罚执行机构及其职能、工作的不理解，以至于出现几乎所有刑罚执行机构发生的关于罪犯的问题都被归责于监狱失职的现象，监狱无一例外地"躺枪"。全面深化刑务公开不仅是形势的要求，也是刑罚执行机关履职树型的重点工作。只有实施全面刑务公开，刑罚执行才能跟公正快捷高效。

3. 区域联动试点。刑事执行立法的滞后和统一的刑罚执行程序规则的缺失已经严重影响到刑罚执行的效能，在这个情况下，建构跨区域、跨部门的区域联动协调机制势在必行。可以优选经济条件比较丰足、社会治理秩序比较稳定、法治建设比较完备的先进地区作为刑罚执行跨区域一体化联动试点，探索方略和经验，为统一的刑罚执行开辟道路。主要试点内容为两个方面：跨区域，构建区域刑罚执行机关一体化联动机制。刑罚执行一体化，一是执行机关的一体化。逐步合并刑罚执行机关，减少执行主体，将刑罚执行的事权集中。二是跨省市区区域，构建刑罚执行目的、标准、内容、程序基本相同的执行规则，统一执行标准。跨部门，建立社会支援一体化保障机制。这是解决刑罚执行机关职能单一、无力承担刑罚执行所有内容和职责的问题的最佳方法。将社会各部门、机构串联起来，形成刑罚执行的社会支援系统，建立有法可依的社会保障。

4. 精准法律监督。法律监督是对刑罚执行依法规范运行的保障。但法律监督也是一把双刃剑，处理不得当，也会造成刑罚执行的变异，甚至会起到反向作用。在美国监狱发展过程中，多次出现以法院为代表的司法力量强势介入监狱事务，引起监狱管理的混乱现象。[1]大卫·斯卡贝克在研究美国监狱黑帮的兴起时认为，司法过度介入监狱行政事务严重影响了监狱矫正工作。1964 年《民权法案》（The Civil Rights Act of 1964）颁布后，联邦法院插手监狱事务越来越深，束缚了看守们的手脚，使其无法有效进行监狱管理，造成治理真空，监狱黑帮应运而生，并逐渐泛滥。[2]因此，法律监督机关对于刑罚执行机关的监督应当止于法律明确规范的边缘，不得超越法律或者自作主张以法律的名义开启对刑罚执行机关内部具体行政管理事务的无底线检察监督，将刑罚执行机关及其警察置于随时可能被法律制裁的危险境地，致使其不能也不敢开展正常的刑罚执行活动，势必影响刑罚执行的效益。

作者信息：

董杰，江苏省无锡监狱党委副书记、政委

---

〔1〕 1964 年民权法案（The Civil Rights Act of 1964）赋予囚犯更多的程序性权利，使其可以对监狱方面的管理提出投诉，导致以监狱管教或者看守为对象的法律诉讼数量从 1966 年的 129 件激增至 20 世纪 70 年代晚期的 10 000 余件，到 20 世纪 80 年代，美国至少有 45 个州的监狱只能听命于法院的令状。（参见〔美〕大卫·斯卡贝克：《黑帮的逻辑：帮派治理美国监狱秘辛》，李立丰译，中国政法大学出版社 2016 年版，第 81~82 页。）

〔2〕 参见〔美〕大卫·斯卡贝克：《黑帮的逻辑：帮派治理美国监狱秘辛》，李立丰译，中国政法大学出版社 2016 年版，第 81~83 页。

通讯地址：江苏省无锡市梁溪区吴桥西路 121 号

邮　　编：214044

邮　　箱：rf020420@ 126. com

联系电话：18951507808

司法行政系统内推动刑罚执行一体化建设的实践和思考

赵振江等

摘　要： 在司法行政系统内推动刑罚执行一体化，是通过健全司法行政机关内外交流合作、整合利用资源、实现监禁刑和非监禁刑之间的顺利衔接，从而充分发挥刑罚执行功能的一种行刑方式。推动刑罚执行一体化是贯彻落实党的十九届四中全会关于推进国家治理体系和治理能力现代化精神的重要举措。本文基于监狱视角，以监狱在实际工作中遇到的问题出发，就如何进一步推动司法行政系统刑罚执行一体化提出在顶层设计层面、执行体系层面、操作规范层面、信息技术层面和保障机制层面进一步健全完善工作体制机制的思路。

关键词： 司法系统　刑罚执行一体化　实践　思考

广东省 G 监狱罪犯米某因"患有左侧基底节区脑出血、持续植物状态"等 10 种疾病，在其服刑期间，监狱对其启动保外就医程序，因无家属提供担保只能中止。2019 年 8 月米某刑满，但家属认为其是家庭的负担，拒绝接收。根据《广东省刑释解教人员衔接管理规定》，对重点帮教人员实行必接必送，G 监狱经前期多次沟通协调，地方社区矫正部门由于人员不足、家属不愿意接收、接收后医疗费用无法解决等原因，拒绝来监狱接回。G 监狱提前派出工作组到达当地，走访政法委、司法局等多个部门，最终促成当地政法委牵头协调司法局、民政部门、公安机关、街道等多个部门组成安置帮扶小组，制定接收方案，由 G 监狱在米某刑满时将其送回当地，与司法局在当地医院交接，相关部门负责米某刑释后的住院治疗、生活保障等安置工作。监狱办理米某保外就医和刑释衔接案例是刑罚执行工作的一个缩影，反映了当前刑罚执行一体化体制机制不够完善、衔接过渡不够顺畅的状况，实现刑罚执行一体化还任重道远。

一、刑罚执行一体化的含义、背景和意义

（一）刑罚执行一体化的含义

按照我国现行的法律规定，目前我国的刑罚执行权由公安机关、人民法院、监狱、社区矫正机构等多个执法机关行使，其中公安机关执行拘役和 3 个月以下有期徒刑、剥夺政治权利的判决，人民法院执行罚金刑、没收财产刑、死刑立即执行的判决，监狱执行 3 个月以上有期徒刑、无期徒刑、死刑缓刑 2 年执行的判决，社区矫正机构执行管制、宣告缓刑判决，以及罪犯的假释和暂予监外执行两类非监禁刑。由于上述执行主体隶属不同的政府部门，本文基于监狱视角，论述的是同属于司法行政系统的监狱和社区矫正机构在办理和执行假释、保外就医、必接必送、安置帮教等环节推行的刑罚执行一体化。

司法行政系统刑罚执行一体化（以下简称刑罚执行一体化）是指在司法行政机关主导下，通过健全司法行政机关内外的交流机制，整合司法行政资源，推动监狱与社区矫正机构的惩罚与教育、管理与矫正、回归与安置帮教等环节的贯通与衔接，实现优势互补，不断提高教育改造质量，同时需要公安、检察院、法院、民政、财政等部门协同配合，最大限度发挥刑罚功能，维护社会安全稳定，实现总体国家安全观的一项措施。[1]刑罚执行达到"一体化"水平，需要具备以下三个标准：一是优势互补，通过资源整合、优势互补、扬长避短，消除了人为壁垒，形成拉动效应，产生低投入、高效率的刑罚执行效能；二是运作规范，建立固定的组织机构管理模式，设置了权责明确、运行规范的管理制度；三是衔接顺畅，相关部门单位能够协同合作，密切配合，机构、部门、人员交流有效整合，案件办理高效快捷。

（二）提出刑罚执行一体化的背景

坚决破除一切妨碍科学发展的思想观念和体制机制弊端，着力构建系统完备、科学规范、运行有效的制度体系，使各方面制度更加成熟更加定型，努力让人民群众在每一个司法案件中感受到公平正义。刑罚执行一体化是以全面把握完善司法管理体制和司法权力运行机制为主要任务的改革愿景，是

---

[1] 参见宫达等："司法行政机关刑罚执行一体化建设的思考"，载《安徽警官职业学院学报》2019 年第 6 期。

完善刑罚执行制度统一刑罚执行体制要求，也是贯彻落实十九届四中全会精神、全面推进国家治理能力和治理体系现代化的重要手段。推进刑罚执行一体化是坚持和完善中国特色社会主义法治体系和行政体制，构建职责明确、依法行政的治理体系，坚持和完善共建共治共享的社会治理制度，保持社会稳定、维护国家安全的有效举措。

（三）刑罚执行一体化的意义所在

一是实现国家总体安全观的客观需要。对罪犯和社区矫正对象有效管控，是实现国家总体安全的重要组成部分，能更好地维护人民群众合法权益，有效预防和化解社会矛盾。二是推进国家治理体系和治理能力现代化的重要手段。通过刑罚执行一体化，在司法行政内部加快形成科学有效的社会治理体制机制，改进社会治理方式，有利于提高社会治理水平，助推形成社会有序格局。三是彰显社会公平正义的现实要求。对判处刑罚者落实宽严相济、区别对待的政策，实现政治效果、法律效果和社会效果的有机统一，能让人民群众有更多的安全感、获得感，在司法案件中感受到公平正义。四是降低重新违法犯罪率的有效途径。刑罚执行一体化有利于节约执行成本，最大程度发挥惩罚与教育功能，预防犯罪和重新犯罪，维护法律的统一性、严肃性、权威性的必然要求。五是提升司法行政工作效能的迫切需要。刑罚执行一体化是集约警力、整合业务的深入探索，通过资源共享、安全共保、协同联动，提高司法行政工作效能。

二、推行刑罚执行一体化的实践和成效

2017年开始，G监狱先后与广州、佛山、珠海、云浮等多地社区矫正机构建立刑罚执行一体化共建单位，开展一系列业务合作，取得了一定的成效。

（一）加强业务沟通提高监禁刑向非监禁刑转化比率

每半年与刑罚执行一体化共建单位召开工作协调会议，根据工作实际加强工作信息交换，互派人员列席对方业务会议或参加对方组织的业务培训，促进了刑罚执行工作整合发展。

（二）派驻监狱警察参与社区矫正延伸监管

G监狱先后向珠海、云浮、佛山社区矫正机构派出警察15人次延伸监管参与当地社区矫正工作，对在册社区服刑人员100人以上的司法所，根据社

区矫正机构申请，单独派出监狱警察延伸监管，充实基层一线社区矫正执法力量，有效缓解社区矫正机构执法力量短缺的现状。

（三）互通信息安置帮教工作实现提前对接

运用大数据构建一体化、智能化管理模式，在全国刑释解教人员信息管理系统中录入新收押罪犯 5000 余人次信息，录入刑满释放（含假释）人员 3000 余人次信息。加强远程会见建设，完善优化网络和管理系统建设，配合社区矫正机构，开展罪犯与家属的远程会见 4000 余次，实现最大程度地便民、惠民、扩大社会影响面。加强重点帮教对象及重点帮扶对象的衔接，对重点帮教和帮扶对象提前一个月排查，与相关社区矫正机构对进行信息互通，实现"墙内"教育改造职能向"墙外"延伸的无缝衔接，重点帮教和帮扶对象必接必送 100 余人次，一定程度上维护了社会稳定。

（四）开展震撼教育有效警示教育社区矫正人员

监狱充分发挥"震撼教育""警示教育"基地的作用，大力支持、积极配合各地社区矫正机构及社会单位到监狱开展教育，近三年配合社区矫正机构和社会单位开展"震撼教育""警示教育"共计 120 余场，参与人员达 1000 余人次，极大增强了社区服刑人员遵规守纪、自觉改造意识，体现警示教育意义。

三、当前推进刑罚执行一体化建设存在的困难

（一）制度体系不够完善导致难于保证一体化顺利有序衔接

从现行法律体系来看，《中华人民共和国监狱法》（以下简称《监狱法》）第 2 条明确规定，监狱是国家的刑罚执行机关。同时对监狱属性、执行规则、教育管理等方面作出了规定，使监狱作为国家的刑罚执行机关在对罪犯执行刑罚有着较为完善的法律支撑。而《中华人民共和国社区矫正法》（以下简称《社区矫正法》）是 2019 年 12 月 28 日通过，2020 年 7 月 1 日起开始施行，属于刑罚执行另一部专门法律，虽然明确了机构、人员和职责，但并未赋予执法人员行使执法权的强制力，亟需对《社区矫正法》相应配套规定予以完善，形成完整的制度体系。

（二）执行主体之间不够协同导致难于形成兼管合力

社区矫正机构在对社区矫正对象实施社区矫正过程中，出现社区矫正对

象不服从管理、对抗甚至脱离监管需要收监，由于没有执行强制力，社区矫正机构需要其他执法机关的配合。而执法主体工作侧重点和工作任务不一致，社区矫正部门协调沟通政府间的其他部门难度较大，兼管的合力难以体现。

（三）社区矫正面临现实困难导致难于全面执行非监禁刑

根据《社区矫正法》规定，社区矫正机构主要负责非监禁刑罪犯的执行，即对被判处管制、缓刑及假释、暂予监外执行罪犯的执行。目前在社区执行非禁刑的罪犯逐年上升，而社区矫正机构并非专门的刑罚执行机关，仅仅是依托司法行政力量，很难完成社区矫正的任务和要求。以 J 市 X 区司法局为例，其辖区社区矫正对象为 1500 余人次，而司法局工作人员（包括领导、基层司法所）32 人，机关社区矫正股 1 人，各个基层司法所 1 人，很难管到位。

（四）监狱受制于评估结果导致罪犯暂于监外执行办案中止

监狱办理罪犯暂予监外执行，需要进行狱内再犯危险性评估和委托社区矫正机构征求社区评估意见，如果评估结果为不同意将导致直接终止办理罪犯暂于监外执行案件。G 监狱近 3 年来由社区矫正机构委托评估 300 余次，社区矫正机构同意不足二分之一，狱内再犯危险性评估通过率约为 80%。例 1：罪犯林某，因残忍地伤害养女被判故意伤害罪。其服刑期间因患肝炎肝硬化（失代偿期）等疾病启动保外就医程序，监狱向罪犯户籍地社区矫正机构发函委托征求评估意见，社区矫正机构在调查评估过程中做了大量工作，村委反映林某人性残暴，已经上初中的被害人强烈表示林某让其身心受到很大伤害，不能接受其返回。监狱根据社区评估意见及调查情况只能中止办理林某的保外就医。例 2：罪犯黄某因患肝炎肝硬化（失代偿期）等疾病启动保外就医程序，家属同意担保，社区矫正机构同意接收，监狱依规定进行再犯危险性评估，评估结果为"高度危险，建议慎重提请暂予监外执行"，导致黄某无法成功办理暂予监外执行。例 3：胡某因犯假冒注册商标罪被判处有期徒刑 3 年6 个月，服刑期间确有悔改表现，监狱按规定委托胡某户籍地社区矫正机构调查评估，户籍地社区矫正机构回函认为胡某长期不在当地居住，让监狱向胡某常住地社区矫正机构委托评估，胡某常住地社区矫正机构以无相关证据证明胡犯常住本地，不予出具评估意见，最终无法为胡某办理假释。

四、加快推进刑罚执行一体化建设的构想

（一）顶层设计层面：健全完善刑罚执行一体制度体系，推动执行非监禁刑规范化

在全面推进依法治国进程中，严格落实和执行《社区矫正法》，出台相关的配套制度，以健全完善的制度作保障，配置专业的社区矫正队伍力量，以便更好地对社区矫正人员进行管理和教育，形成规范化、专业化的执法力量。争取国家财政专项补贴和地方财政保障到位，为社区矫正机构配套相应的执法装备，科技手段以及人员福利待遇，确保社区矫正方法、手段、技术科学全面完善以及队伍的稳定性。制定相应的考核考评机制，由制度管人、规范事权，尤其是明确跨省执法衔接、调查评估、交付接收、收监执行等方面的具体执行流程、相关主体职责、未履行职责或者不作为需要承担的后果，以及通过何种途径进行救济等方面，通过制度规范执行非监禁刑，压实责任。

（二）执行体系层面：建立刑罚执行一体化四级组织体系，构建高效协调的联动运行机制

推进刑罚执行一体化建设需要健全的组织体系作为支撑，可以学习借鉴枫桥镇创新的"网格化管理，组团式服务"的"大调解"机制，建立党委领导、政府主导、司法行政机关为主体、其他政法部门协同、社会力量辅助、人民群众为基础的综合治理中心。[1]加强组织领导，实现监禁刑与非监禁刑的无缝对接，在全国到地方建立四级刑罚执行一体化组织体系。

一是在中央层面，由国务院或中央政法委领导下的最高人民法院、最高人民检察院、公安部、司法部、国务院相关部委相关负责同志组成的刑罚执行一体化中央领导小组。负责全国执行的考核考评机制、经费来源等制度的制定，为地方执行主体提供制度保障，协调解决刑罚执行一体化推进过程中的宏观层面问题，以及对涉及跨省衔接等需要中央层面协调解决的事项，为地方执行主体提供制度保障和经费保障。

二是在省级层面，成立党委、政法委领导下的包括司法行政机关、法院、检察院、公安、应急保障、财政、信访等多部门参与的刑罚执行一体化领导

---

[1] 参见唐胤展等："'枫桥经验'对基层社会治理创新的启示"，载《古今农业》2017年第1期。

小组。在中央层面没有出台统一的制度之前，省级政府部门研究解决社区矫正人员配置、财政保障、统一执法证件、服装以及社区矫正执法人员与监狱民警互派挂职所牵涉的政治待遇、福利待遇等差异问题。

三是在市、县（区）层面，成立包括司法、法院、检察院、公安、监狱、戒毒、工商、医疗、民政、乡镇街道等政府部门为一体的中层管理组织，主要负责刑罚执行一体化建设的具体实施。

四是村居等层面，强化司法所、社居（村）委干部、社会工作者、社会志愿者和聘请的人大代表、律师、党员、退休老干部以及罪犯家属共同参与的基层执行组织。通过引导人民群众依法参与罪犯的矫正、帮教的社会实践，提高人民群众的法律意识，缓解对社区矫正制度的误解，从而理解刑罚执行工作，增强同违法犯罪作斗争的主动性。

（三）操作规范层面：科学整合利用司法行政资源，提高刑罚执行一体化的工作效能

在司法行政系统内部的监狱与司法局刑罚执行一体化建设的基础上，破除管理壁垒，促进机构、部门、人员交流的有效整合。

一是执法信息资源互通，实现共商。刑罚执行一体化共建单位之间定期召开会议，加强业务信息互通，及时通报调查情况及动态，为下一步工作开展提供必要信息支撑，从而实现一体化工作的共商。

二是执法力量资源交流，实现共享。建立监狱与社区矫正机构之间一线执法人员常态化流动机制，适当增加监狱延伸参与社区矫正工作警察的人数，鼓励监狱人民警察积极参与，同时给予一定的政策倾斜，提高警察主动参与积极性，逐步实现人员的整合、双向流动、共同发展。建立监狱与社区矫正刑罚执行实践经验资源交流机制，由监狱与社区矫正机构分别建立教育矫正师资库、教材库、案例库等，常态化参与对方举办的业务培训班，交流实践中遇到困难和解决的方案，分享执法管理教育中的经验和成果，逐步实现师资力量共享、经验互补的局面。

三是合理配置司法资源，实现共建。监狱继续发挥"警示教育""法制教育"基地作用，通过开放日等多种方式向社区矫正对象和社会公众展现监狱公正执法的一面，同时也展现严格管理、规范有序、人身自由受到限制的一面，发挥警示和震慑作用。探索将轻刑犯监狱的罪犯劳动改造场所、技能培

训场所，提供给社区矫正对象作为学习培训技能的基地，使社区矫正对象通过参与监狱罪犯劳动、技能培训，切身感受人身自由被限制的惩罚作用。司法行政机关充分利用现有的立法、法律服务、法律援助、法制宣传等各类事务性资源，主动介入监狱罪犯与被害人的民事赔偿调解，化解矛盾，促进罪犯认罪悔罪，提高罪犯改造效果；积极与政府相应部门沟通联系做好罪犯出监和社区矫正对象的安置帮教工作，调动爱心志愿者公益群体和社会组织，将安置帮教工作关口前移，对正在改造的在押罪犯和社区矫正对象进行疏导、规劝、安置等。

四是强化联合执法巡查，实现共检。监狱在提请假释、暂予监外执行时，邀请罪犯户籍地司法机关来监狱对罪犯进行狱内改造效果评估，作为社区矫正部门最终评估的参考依据；社区矫正机构在进行社区危险性评估时邀请监狱派员参与社区调查和走访，为监狱提请假释或暂予监外执行提供全面的综合评估提供支撑；确因实际原因双方无法派员参加对方的调查评估时，监狱和社区矫正机构在致函时除涉密资料外，尽可能将支撑结论性意见的辅助材料一并交换，最终实现信息共享的动态工作机制。

（四）信息技术层面：依托使用紧贴业务实际的科技信息平台，实现刑罚执行一体化信息联通互动

党的十九大报告中指出，创新是引领发展的第一动力，是建设现代化经济体系的战略支撑。要通过创新科技手段，依托"智慧监狱""社区矫正信息管理系统"等司法行政现有的基础信息系统，构建司法行政机关刑罚执行一体化信息平台。信息平台以服务工作为导向，集指挥、资源管理、数据分析、风险防控、人员调动等功能，通过大数据分析、共享，为刑罚执行一体化信息联动决策提供数据支撑。

一是构建纵向一体化指挥平台。建立全国司法行政通信系统，可参照公安机关指挥中心建设模式，实现司法行政通信系统全网互联互接，并协调公安机关开放端口或部分权限抓取数据，实现部门网络系统的对接，解决监狱、社区矫正对象的跨区域执行信息不对等的现状。省厅建立一体化执法平台，覆盖监狱、社区矫正、安置帮教于一体，实现服刑人员基本情况、服刑矫正情况、服刑前社区生活情况等信息的联通共享，数据自动交换，业务自动提醒，通过数字化、智能化、可视化、精准化的信息网络准确定位执法人员、

罪犯、社区矫正对象所处位置，实现在省厅执法平台直接对基层单位进行可视化指挥。[1]

二是构建横向一体化联勤平台。在省厅一体化执法平台的指导下，依托监狱服刑人员、社区服刑人员、安置帮教对象直接或间接的海量信息，建立监狱和矫正机构大数据模型，进行心理矫治、性格特征分析、危险性评估、再犯罪预判、个人信用模型的一体化联勤平台。

三是构建深度信息共享平台。利用信息化手段，不断创新信息共享整合模式，拓展功能范围，在现有远程会见、视频开庭的基础上，建设在线社会帮教、律师会见、视频公证等功能模块，在确保监管安全基础上，探索与通信平台合作，利用手机终端实现远程会见的预约、审批、可视化会见，最大程度便民、惠民。探索与法院、公安、民政、医院等政府部门、组织单位的信息数据端口开放和交换，实现罪犯、社区矫正对象的财产性判项、医保、就医以及安置帮教等工作顺利开展。

（五）保障机制层面：建立健全科学的责任追究机制，免除办案人员思想顾虑

一是加强监检联动，促使相关部门规范履职。监狱强化与驻监检察院的联动机制，将监狱执法工作，尤其罪犯的假释、暂予监外执行以及重点帮教对象的出监衔接提前与检察院进行信息互通，检察院提前介入监督，对于相关单位不作为、不配合的，由检察院行使监督权，提出纠正意见或检察意见，促使工作更加规范有效。例如：邀请检察院参与对拟假释、暂予监外执行罪犯的外出调查，对按规定应当由户籍地司法局派人来接收重点帮教对象沟通无果的由检察院和监狱联合发函，等等。

二是健全责任追究机制，免除办案人员思想顾虑。在办案终身责任制的"紧箍咒"下，由于担心执行非监禁刑的人员重新违法犯罪而被追责，办案人员往往会选择少办或者不办暂予监外执行案件。如果执行主体和办案人员在履行过程中无过错，严格按照岗位职责履职，即便暂予监外执行人员违法犯罪，不应该追究责任或者要求执法者自证清白。

中国进入了新时代，在全面依法治国形势下，推进刑罚执行一体化，是

---

[1] 参见任晓奇等："构建以警用数字集群（PDT）通信系统为基础的一体化指挥高度平台"，载《数字通信世界》2018年第6期。

推进国家治理体系和治理能力现代化要求，是落实国家总体安全观的重要举措。构建刑罚执行一体化执行体制是一项系统工程，各地虽已全面铺开但仍处于探索过程，还有很长的路要走。必须有统一领导，由各政法单位和政府部门的通力合作，积极探索、衔接互动、优势互补，消除各种部门之间执法的壁垒，才能实现全方位立体交叉的刑罚执行一体化模式，从而为统一我国刑罚执行体制打下坚实基础。

作者信息：

赵振江，广东省高明监狱副监狱长

钟世红，广东省高明监狱研究室主任，联系电话：13590502292

郅明珠，广东省高明监狱矫正与刑务办公室科员

通讯地址：广东省佛山市高明区荷城街道祥福路 538 号

邮　　编：528599

监狱现场执法环境实务研究

青海省监狱管理局课题组

摘　要：在监狱现场执法环境中，体现的是警察与罪犯的改造与被改造、管理与被管理、教育与被教育的斗争关系。宏观上看，二者的最终诉求是一致的，即执行刑罚、顺利回归社会，因此双方都在小心翼翼地维持一种动态的不断调整的相对平衡状态。但是在认识的角度、选择的路径、实现手段上，二者常常处于对立的斗争状态，个别时段甚至会激化矛盾，从而引发突发事件。以法治思维和法治方式完善现场执法环境，是推进监狱治理能力现代化和重要课题，也是努力建设世界上最安全监狱的题中之义。2019 年年底《中华人民共和国监狱法（征求意见稿）》（以下简称《监狱法意见稿》）为监狱现场执法环境的完善提供了法理支撑。

关键词：现场执法　环境风险　优化途径

监狱执法现场风险频发，不确定因素较多。如何进一步完善、优化现场执法环境，营造民主、法治、公平、正义、安全的监管改造环境，是新时代监狱工作者必须直面的重要课题。《中华人民共和国监狱法》（以下简称《监狱法》）虽然对监狱实施的主要执法行为进行了相应规定，但是并没有涵盖现场执法环境的所有内容，比如动态特征明显的现场点评、表扬激励、处遇措施以及移动中的押管警戒、使用戒具及武器等目的性、指向性确定的行政执法行为，《监狱法意见稿》一定程度上弥补了这种不足，特别是在原有体例结构上增加了"生活卫生""法律责任"两章，对于监狱法学"实务应用"研究，特别是优化监狱执法环境提供了法治思路。

一、现场执法环境的提出

现场执法环境，是伴随整个监狱现场管理全过程各种执法环境的总和，是监狱法学实务研究最基本的素材和标本，广义地说，现场执法环境包括硬环境、软环境，本文所述现场执法环境，是其最核心的法治环境，主要是针对在押罪犯教育改造"三大现场"而言。主要包括法律要素、文化要素、政治要素、社会要素等方面，涵盖了监狱执法的所有程序、方法和技巧，既是监狱功能发挥和实现价值的外在形态，更是监狱工作法治化、规范化和科学化要求的直接体现，是研究监狱执法环境的最佳样本和实证素材。

其主要特点表现在：

1. 政治性，监狱是政治机关，国家暴力执法机器，现场执法环境不可避免地要打上统治阶级的意志烙印，代表最广大人民的利益。

2. 法定性，现场执法是监狱机关执行国家刑事法律的活动，执法过程和基本动作都是法定，创新和发挥的余地不大。

3. 专业性，监狱是专门执行刑罚的国家机关，主要适用《监狱法》，执法主体和执法对象都是特定群体，职业化、专业性要求较高。

4. 程序性，现场执法过程中，任何措施须严格依照法定程序和要件办事，绝不能打折扣，并全程留痕、保存证据、采用书面形式方可作出处理决定。

5. 强制性，虽然存在申诉救济渠道，但警察依照法定职权和程序，贯彻实施法律的活动，罪犯必须配合与服从，它包括一切执行法律、适用法律的活动。

6. 裁量性，现场执法警察可以根据自己的认知，根据法律的授权，有针对性地主动采取行动。如调整习艺岗位、谈心谈话，包夹、联号等预防性措施。

现场执法环境可能不是立法的出发点，但一定是刑事法律体系的重要着力点，至少是落脚点之一。现场执法环境的优劣，直接影响着一个监狱的执法水平、管理水平特别是监管安全水平，同时也直接影响着罪犯习惯养成、教育改造质量，最终对监狱现代化治理能力建设产生重要影响。

二、现场执法环境衍生的风险点

现场执法环境最大的特点就在于"现场"两字，是一种特定环境下维持现场动态平衡稳定的连续性动作，是监狱刑罚执行职权在现实管理中的具体体现。与宏观执法司法不同，现场执法环境，更像是一个个特定的社会微环境管理的总和，更依赖和注重于执法人员职业化、专业化的能力水平，执法过程中不确定的因素常常使其在法与理、守规与失矩之间徘徊，从而产生一些"失位""缺位"甚至"错位"的风险。

1. 思想道德风险，对每一名现场执法的监狱警察而言，思想道德风险是时时处处存在的，主要表现在：理想信念动摇，法治观念淡漠，重业务知识学习轻政治理论学习，"三观"不正，行为失范，放弃责任，背离宗旨，贪图享受，以权谋私，缺乏应有的自律、自省、自警、自励意识等。

2. 权力职责风险，由于现场执法警察存在一定的自由裁量性，且其权限具有一定的主动性、法定性、不可诉性等，加上现场执法工具不足，现场警察责任边界模糊，稍不注意，就会产生越位、缺位、渎职、失职等行为。如罪犯劳动岗位的安排与调换，日常考核中劳动任务的下达与验收，减刑、假释中有关罪犯个人表现的描述，保外就医的办理，奖励的分配，违规违纪情况的处理，会见人数、次数，亲情电话次数、人员范围，信件的邮寄、发放等敏感环节。

3. 程序规范性风险，实践管理中，各个部门间的职责划分十分清晰，但是"上头千根线，下面一根针"，上面所有的工作要求，最终都要在现场执法管理的警察工作中得到体现。导致现场警察执法身份多元、执法边界模糊、责任重叠、权责失衡。一些监狱，在制定现场管理制度时，常常出现"两个极端"，要么不够细化，操作空间存在制度性漏洞；要么过度追求标准化，连现场管理文书都提供了样板标准，不容许做出自行修改或变通执行，导致现场民警执法时对制度的敬畏变为恐惧，形成了寒蝉效应，辐射开来。

4. 外部环境风险，随着社会关注度不断提高，现场执法警察成为一些人和势力"攻关"的目标。加之社会不良风气对执法行为的侵蚀、个别领导官本位思想、潜在的不良晋升规则等，导致现场警察时时刻刻都要经受 360 度风险考验。如身边同事朋友请托，个别领导授意施压，罪犯及其亲属出于达到自身利益目的，有靶向地模糊身份界限、授其钱物、请吃送喝，违规违纪"捎买带"，寻求照顾等。

5. 过度维权风险，主要源于法律规范的不完善。近年来，包括《监狱法意见稿》在内，保护罪犯合法权益的要求和规定逐步完善，但是保护警察执法权力和自身合法利益方面却相对滞后，某种程度上监狱警察没有得到同等立法待遇。加上一些地方内部管理粗放，导致罪犯违法违纪气焰嚣张，罪犯维权过度倾向明显。特别是个别罪犯假借维权之名，混淆是非，无理取闹，使警察管理缩手缩脚，或无所适从。

三、现场执法环境风险点的法理维度分析

对于现场执法环境风险点，可以从人性趋利避害的内在认知去认识，也可以从集体与个体、整体与局部的社会层面去分析。顺应全面依法治国的时代要求，立足于监狱治理现代化时代课题，有必要对现场执法环境中的风险点进行法理维度的分析。监狱现场管理具有风险高、压力大、责任重等特点，说现场警察坐在"火山口""炸药桶"上实不为过，因而对其进行相应的条块分割、配置不同的"责、权、利"，同向而行，共同推进现场执法管理是必要的。然而，前述现场执法环境中存在的风险点，不仅与监狱刑罚执行的宗旨要求不符，妨害监狱机关公平正义执法机关形象，而且一旦发生甚至形成舆情，轻则违纪、重则违法。

（一）现场执法环境风险点存在的基本逻辑

监狱的刑罚执法活动是司法行政工作的具体内容，因而对现场执法环境风险点进行法理维度的分析就不能离开行政执法规律的基本特性。一方面，行政执法是一种社会管理行为，是由无数个相互关联的管理细胞组成，正是有了这种关联性，辅之以行之有效的行政法律约束，社会才得以平稳发展。另一方面，行政执法最终要靠具体的人来落实，人性的个体性使人具有不同程度的自利性，这种自利性使人"只顾自己的欲望与要求，不惜牺牲别人来满足这些欲望和要求，并克服一切对这些欲望与要求的阻力"[1]。一旦在执法过程中遇到危及个人或部门利益的风险，避开风险、保障自身利益和执法权益是作为人的本性的第一反应。将人的自利性延伸到不同利益关系的认识和处理中，本位主义就随之产生。毛泽东说过，"以邻为壑"，全不为别部、别地、别人想一想，这样的人就叫本位主义者。[2]中国漫长的封建社会强化了"官本位"的设计，人们以自己或部门利益为中心与他人建立各种关系，形成"大千世界皆以我为中心"的社会网络，这样的社会传承和自我认知叠

---

〔1〕 ［美］罗·庞德：《通过法律的社会控制 法律的任务》，沈宗灵、董世忠译，商务印书馆1984年版，第81页。

〔2〕 参见《毛泽东选集》（第3卷），人民出版社1991年版，第824页。

加到行政执法环境中，使本位主义获得存在的空间。在面对自己与他人、本部门与其他部门的利益纠葛中，除非有上级主管部门统一协调，否则维护自身利益通常是人们的第一选择。

（二）现场执法环境风险点的违法性质

不同环节上的现场执法环境风险点具有不同的性质，对于现场执法环境风险点的性质也可以从不同角度认识。对于现场管理中可能出现的风险点，从法律角度去认识可以得出其具有违法性质的结论。我国刑法、行政诉讼法、刑事诉讼法、公务员法、人民警察法等都明确规定了"法律面前人人平等"以及公务人员涉及违法违规风险点的禁止性条文。特别是我国《监狱法》，从9个方面明确列举了监狱的人民警察不得从事的行为，否则构成犯罪的，依法追究刑事责任；尚未构成犯罪的，应当予以行政处分。《中国共产党纪律处分条例》《青海省人民警察八条禁令》也都从政治规矩和纪律要求上进行了具体规定，所以不论是哪一类现场执法的风险点，也不论触及风险底线的是监狱警察还是服刑罪犯，其越线的本质都具有一定的违法性质。从防范管理角度看，明晰了现场执法环境风险点的违法性质，就可以进一步明晰其法律后果，以达到未雨绸缪、关口前移、防患于未然。

特别需要指出的是，判断和平衡现场执法环境的风险时，要强调机会平等和保护平等的法治价值，重视警囚关系的动态协调，不应过分强调对罪犯法律权利的保护，更应该注重民警执法权益的法律保护，尤其要强调监管环境下警囚之间权利义务不对等、有差异的法律保护。

四、优化现场执法环境的有效途径

现场执法环境建设的过程，其实就是一个风险防范的过程。由于现场执法环境的风险点具有违法的性质，且监狱现场执法必须依法而行，因而有必要探索一套易操作、可推广的建设路径，全闭环构建优化现场执法环境的"七大机制"，既体现严格监管、公正执法的法度，又展现以人为本、服务总体国家安全观的温度；从根本上改变改造对象的立场，促使其思想和行为回归到合格公民的轨道上来。

（一）构建政治改造工作再延伸机制

毛泽东同志曾说过，政治工作是经济工作和其他一切工作的生命线。坚持党对监狱工作的绝对领导，有利于牢牢掌控政治风险防范的主动权，有利于现场执法环境的持续优化。要将政治改造有机渗透、影响，并带入监管、教育、文化、劳动改造的方方面面，凸显基层党组织战斗堡垒、政治核心作用和党员的先锋模范作用，突破现场管理是现场警察责任的思想。要以政治教育作为政治改造主战场，根据需要将政治干部派遣到现场一线，立体式开展政治思想工作，做到懂警心、说警话、办警事，支持政治干部参与现场管理。要建立思政精品课程体系，打造专业思政教师队伍，引导罪犯牢固树立公民意识、国家意识，厚植爱国主义情怀，不断提升罪犯自觉接受教育改造的自觉性。

（二）构建社会主义法治理论实践机制

优化监狱现场执法环境，习近平同志治国理政重要思想和法治理论是重要的引领，积极开展实务研究、实证研究和应用研究，构建社会主义法治理论实践机制，不断使监狱执法环境与新时代新要求相适应，为优化监狱现场执法环境、实现全面依法治监提供理论指导和学理支撑。要与普法教育和宪法教育相结合，强化以宪法为根本的法治、道德和纪律教育，强化社会主义核心价值观塑造，进一步拓展时事政策教育，以灵活多样的方式激发罪犯自觉开展政治改造的内在动力，重塑罪犯劳动观，立体化、全方位落实劳动改造的习惯养成。同时，还要加强包括文化环境、法治理念、行为模式、习惯养成等需要久久为功的柔性要件，把监区文化活动全面融入现场执法全过程，在教育方式、教育对象、教育内容、教育载体、教育方向、教育机制创新上突出现场特点，打造团结友爱、和谐相处、互促互进的"监舍"文化，令行禁止、规范有序、执行严格的"监规"文化，勤奋学习、崇尚先进、积极向上的"改造"文化，同时引进罪犯投诉处理机制，疏导罪犯心理压力，使罪犯合法权益得到有效保障，彰显监狱执法公信力。

（三）构建具有现场执法特点的绩效考核机制

优化监狱现场执法环境，和实施主体法律不同，既不能完全受"法无明文规定不可为，法无授权则无权"的制约，也不能千人一面，千人一策，要根据现场执法实际因地、因时、因势制宜，精准施策、精准执法，激励警察主动作为、善谋勇为、勤勉履职。监区要在相关科室指导下，建立符合自身工作特点的考评制度、考评标准和考评方式，特别是要加大重点岗位、重点人员、重点器械、重点区域以及谈心谈话等工作管理的考核比重，提高现场执法民警对现场执法风险的防范的思想重视程度和参与度，通过自我评议、民主评议相结合方式，结合监狱有关规定考核对每名警察公正规范执法情况进行量化考核。考核过程要突出工作实绩、法律应用、流程管理等，同时要注重即时公开，按照规定进行公示，经得住全体民警的监督。

（四）构建现场执法创新长效机制

司法体制改革特别是监狱体制改革是优化现场执法环境的核心基础。要大力推进现场执法规范化、信息化建设，把现场执法和科技创新结合起来，加强执法信息共享，建立统一的执法信息平台，完善网上执法办案及信息查询系统，主动适应改革发展需要，实现现场执法环境建设与改革决策相衔接，在改革中不断创新、完善、优化现场管理长效机制。要紧紧抓住现场人、事、物全程实时受控这个关键，将机关、科室、监区、现场各类人员各归其类、各司其职、各尽其才。坚持有职有权、有权有责、职权责相适应原则，细化现场管理警察职责，建立岗位职责清单，厘清权力边界，将岗位职责、权力配置、责任赋予落实、落细、落小。并围绕岗位职责，设立个性指标，健全完善管理链条，积极构建上下结合，左右协同，全程闭环的管理机制。要以风险排查防控为重点，建立以危险性为核心要素的罪犯危险性评估运转模式，定期组织排查会议，根据罪犯可能出现的对抗改造、不服从管理等可能性，将风险按高、中、低进行等级划分，建立三级预防机制，通过建立现场执法风险档案，标识不同颜色进行常态化警示，风险等级要及时更新，对出现风险等级上升的事态，监区要及时介入，通过谈话提醒、事前预防，处置相关人员，召开专题会议进行评价，同时报有关部门备案。

（五）构建现场管理首问责任制

迫切需要首问责任制这样的机制来理顺管理机制、保护执法权威、扼制不良风气。构建现场管理首问责任制，首先要抓住领导这个"关键少数"，管好用好现场执法警察"绝对多数"，规范执法辅助人员管理，明确其适用岗位、身份性质、职责权限、权利义务、聘用条件和程序等。各级领导干部作为具体行使党的执政权和国家刑罚执行权的人，对依法治监可以起到关键的推动作用，要通过构建现场管理首问责任制，强化领导班子建设，强化执法程序意识，及时化解警囚矛盾，减缓警囚冲突。构建首问责任制，还要对警察执法过程全留痕，对领导过问执法过程全记录，对于职责范围内的事项当办不办、推责诿过，或滥用职权、野蛮执法、吃拿卡要等违法违规行为，应当由监狱纪检监察部门根据有关规定给予纪律处分，构成犯罪的，依法追究法律责任。

（六）构建现场执法监督监察机制

不受监督的权力往往造成更大的损害。现实管理中，监管安全存在部门化倾向、争权诿责现象，部分警察遵法、守法、信法、用法、依法维权意识不强，一些部门人员特别是中层领导干部依法办事观念不强、能力不足，存在知法犯法、以言代法、以权压法、徇情枉法等问题。要构建完善的警务督察机制，筑牢监狱安全防线，首先要进一步推进法治组织体系建设、法治网络体系建设、法律评估体系建设，切实建立自上而下和自下而上双向监督机制，做到由被动监督转向主动监督，由事后监督向事前、事中、事后监督相结合的全程监督。其次，管理部门应当担负起顶层设计的重要职责，在充分协调沟通和深入调查研究基础上，起草制定带有行业规范性质的职业行为规范、风险防控与职业保护条例等类似规定，使广大监狱民警对日常执法活动行为、情节把握，事故认定、责任追究、免责条款等有清醒而准确的认识。最后要改变固有的被动处置思维，变被动为主动，注重将工作重心转移到执法风险的事前预防，把规范执法、依法用权和现场处置等情况列入督察重点，与绩效考核挂钩，在科学分析、准确研判基础上，积极回应现场执法警察的期待，保护警察合法权益，严惩罪犯暴力要挟，对抗管教行为，切实保障警察依法履行职责。同时抓好廉政教育，营造氛围，引导现场警察保持对权力的敬畏，对权力的边界及其具有的腐蚀性要有足够的认识，把自己的权力限定在法律框架内行使。

（七）构建现场突发事件处理机制

突发事件是监狱狱内矛盾冲突叠加导致危机暴发的一种特殊形态，绝大部分突发事件都是在执法现场发生的，因此各地各级监狱都十分注重突发事件的预防处置工作。突发事件处置得好，不仅可以更好地维护监狱安全稳定，还可以举一反三，总结经验，丰富监狱处置突发事件的能力水平；相反，如果处置不力，则会损害监狱执法公信力。

现场执法管理中，可能遇到的突发情况有：警戒设施被破坏；罪犯家属及个别社会闲散人员冲击单位；罪犯越狱；罪犯违规（打架斗殴、顶撞警察、不服从管理、私藏私带违禁违规品、自伤自残等）；罪犯精神异常、病情发作导致伤害他人及自己；突发疾病导致生命危险；罪犯食物中毒；停水停电；火灾地震等。可见，突发事件的预防牵涉方方面面的工作，是一个系统性的综合工程，因此，在成立领导组织机构的同时，还要配备专职的应急处突的警察队伍，如狱内110中队、特勤队、督导组等，加强日常巡逻，及时排查问题、发现问题、处理问题，将排查关口前移，注意细节变化，特别是重点地方、执法程序、心理疏导等方面的新情况，及时应对，确保消除隐患。在建立处突预案时，还要考虑到现场执勤民警的管理权限、从事窗口工作的警察以及夜间值班警察的履职要求，充分利用直接管理、视频取证、特岗罪犯、接见监听，生命探测仪、手持探测器，安检门等技防工具，全方位、全时空、立体监控执法现场，不留任何死角，做到人员位置看得清，突发情况辨得明。在加强预案演习时，要加强预案演习的震慑和威慑作用，注意与驻狱武警部队的密切协调配合，明确程序责任，确保一旦有事，按方案进行处置。要畅通各类信息，包括相关部门、单位领导的联系方式、相关罪犯的基本信息、周边地域的敌情社情，确保有的放矢，果断处置；要及时向上级报告，做到上下信息互通，接收指令及时，确保预案得到完全贯彻执行，危险隐患消除在萌芽之中。

作者信息：

张海宁，青海省监狱管理局副局长

魏　峰，青海省监狱管理局办公室主任

殷耀斌，青海省监狱管理局办公室副主任

邱平祥，青海省监狱管理局办公室一级主任科员

通讯地址：青海省西宁市城东区昆仑东路191号青海省监狱管理局

邮　编：810007

联系电话：13997083916

治理现代化视野下监狱法治的实证考察与现实进路

陈波等

摘　要：党的十九届四中全会开辟"中国之治"新境界，迫切要求开启新时代监狱治理现代化新征程。本文以监狱治理现代化为视角，通过深入总结四川省法治监狱建设的实践和创新成效，探寻其为监狱治理现代化奠定的坚实基础，剖析现代治理视域下监狱法治存在的短板与弱项，从法治内在的现代治理逻辑中理性认识法治在监狱治理现代化进程中的主导地位，提出通过以法治思维主导推进监狱治理理念现代化、以法治形态主导推进监狱治理体系现代化、以法治力量主导推进监狱治理能力现代化的法治进路，以期为深入推进监狱治理现代化提供有益参考。

关键词：监狱　治理　现代化　法治　进路

为深入贯彻十九届四中全会精神，促进监狱更好担当新时代赋予的历史使命和重大责任，笔者以 30 所监狱为样本，于 2019 年下半年采用座谈调研、问卷调查、数据分析、综合评估等方式，把四川省监狱法治建设置于治理现代化视域下，进行多维度调研和实证考察，在实践逻辑中探寻法治在监狱治理现代化进程中发挥主导作用的现实进路。

一、治理现代化视野下四川监狱法治建设的实践考察

不忘历史才能开辟未来，善于继承才能善于创新。新中国成立 70 周年特别是四川省监狱三个"五年三步走"接续实施，以法治化方式引领监狱工作规范化、社会化、信息化的深度变革，法治监狱建设的成功实践推动着监狱现代治理进程，其宝贵经验更为监狱治理现代化提供了有益借鉴。

（一）法治教育多层级覆盖，显著增强的全员法治意识奠定监狱治理的理念基础

2014 年以来，22 所监狱出台会前学法规范性文件，30 所监狱均逐年制定

学法年度计划，领导干部主动述法率达 100%，党委中心组法治讲座 794 次。近三年来，省局共组织 260 名处级、2100 名科级干部参加法治轮训。2018 年全省 18 280 名监狱警察参加执法考试，参考率 94.3%，及格人数 18 032 人，及格率 98.6%。累计举办法律培训 494 期，培训人数 89 926 人次。

表一

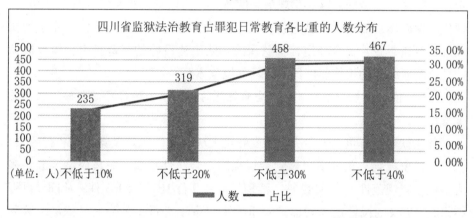

对罪犯开展法治宣传 2403 场次，达 37 万人次。在随机调查的 1500 名罪犯中，回答法治教育占罪犯日常教育比重不低于 10% 的有 235 人，回答不低于 20% 的有 319 人，回答不低于 30% 的有 458 人，回答不低于 40% 的有 467 人。

从思想意识层面看，全员法治意识的长期培育为监狱治理现代化奠定理念基础。监狱治理现代化所倡导的思维模式和治理范式，不但以法治思维和法治方式为主要内容，更要依赖其来建构和实现。涵盖全员的法治意识的培育，不仅提高了现代治理必需的开放性、共享性、服务性和程序性思维，更有利于依法治理、规范治理、协同治理等现代治理理念的形成。

（二）依法立制宽领域辐射，逐步完善的法治制度体系奠定监狱治理的规则基础

30 所监狱均有规范性文件制定和备案制度，法规部门积极参与重大制度起草。问卷中的 1066 名警察有 592 人表示"每次重大工作起草都有法规部门牵头或起主导作用"，283 人表示"法规部门基本能做到参与重大制度的起草"，68 人表示"偶尔能够看到法规部门参与重大工作制度的起草"，38 人表示"没有看到法规部门参与过重大工作制度的起草"，总体知晓情况达

88.5%。26 所监狱均有制度建设年度计划，30 所监狱均开展制度清理工作，建立制度体系台账。问卷中 1321 名警察有 1220 名认可监狱进行了制度释明，占 92.4%；101 名警察表示"所在单位或部门一般不会专门针对制度进行释明"，占 7.6%。总体情况良好。

从行为规范层面看，完善法治制度体系的长期努力为监狱治理现代化奠定规则基础。健全的监狱法律规章制度体系，为监狱治理组织、规范、功能、评价和保障体系的建立及其运行提供了强大且稳定的制度支撑，强化了刑罚执行、改造罪犯、安全稳定、智慧保障、队伍建设等的规范指引，构成监狱治理体系所必需的主体制度框架和基本规范体系。

（三）依法决策一条线贯通，全面规范的决策权力运行奠定监狱治理的关键基础

各监狱均制有重大事项决策制度和重大决策程序规定及党委会、行政会、董事会议事规则，重大事项做到会议酝酿、合法性审查、集体决策。五年来合法性审查规范性文件 2589 件，清理规范性文件 107 次 5363 件；从问卷调查结果看，75% 的民警选择"监狱对重大决策事项进行了划分并且依法决策和执行"这个选项，26 所监狱制定了重大决策评估机制，将决策成本、效益、中长期影响、警察满意度等纳入评估范围，第三方评估机制逐步建立，建筑设计、工程监理、环保评价、财务审计等方面能利用中介机构专业优势适时开展决策成效专业评价。

从权力控制层面看，规范决策权力运行的长期强化为监狱治理现代化奠定关键基础。依法决策机制的深化延伸促进了监狱治理向权力治理的有力转向，抓住了领导权力控制的关键，牵住了监狱权力治理的"牛鼻子"，为监狱治理现代化提供了关键权力控制的"制度笼子"，有利于管理权、执法权的正当行使，让权力服务和服从于行刑正义和社会公平正义。

（四）依法行刑全方位落地，大幅提升的刑事执法水准奠定监狱治理的核心基础

四川省监狱已形成含 23 个规范和 18 个操作手册的监狱管理规范，连续四年开展"管理规范监狱"评比，职务犯、未成年犯、危安犯、限减犯、病犯等相对集中关押，落实司法部计分考核新规，严格执行收押、释放制度，依法办理罪犯减刑、假释、暂予监外执行案件，探索建立监狱执法诚信机制，

构建"两院一局"联动执法机制。问卷中1415位警察，65%选择对所在岗位执法流程和环节"十分了解"，18%选择"了解"。近三年监狱累计办理近10万件减假暂案件，未发现违法违纪，无民警因执法问题受到刑事追究。

从核心工作层面看，推进规范文明执法的长期深化为监狱治理现代化奠定核心基础。监狱法治建设追求的秩序、正义和安全的目标，也是监狱治理现代化所倡导的核心目标，二者在方向上一致、内涵上趋同，在价值导向上推动着监狱朝着更好满足人民群众对于民主、法治、公平、正义、安全、环境等日益增长的需要改革创新和发展进步，极大地丰富着监狱治理的实践内容。

（五）依法纠偏广视角介入，持续加大的法治监督力度奠定监狱治理的保障基础

所有监狱的法治、审计、督察、监察"四位一体"内部监督体系健全，尤其厅→局→监狱→监区四级督察体制机制的建立运行，监督纠偏成效明显。以某监狱为例，三年来，共开展督察行动950余次，出动督察警力1600余人次，编发督察通报42期，工作简报16期，曝光通报问题2528件次，督办重要工作240件次，查结群众举报案3起，160人次受到处理。监狱党风廉政建设责任制落实面、党风廉政建设教育面、惩防体系台账责任落实面均达100%。近几年来，全省系统警察受党纪处分16人、政务处分107人，党纪政务双处分6人，刑事处罚11人。

从执行落实层面看，狠抓法治监督到位的长期拓展为监狱治理现代化奠定保障基础。依法监督范围、领域的拓宽，方式的增加、方法的创新，强化了权力制约的有效性，执行纠偏的实效性，保证了监狱执法的正当性和公正性，对不合规定、有悖道德、有违法律的行为坚决防范和制止，为监狱现代治理提供了重要末端支撑。

二、治理现代化视野下法治监狱建设的拓展分析

尽管四川法治监狱建设积累起丰富的依法治理经验，但放眼治理现代化的宏大目标，更需我们以"择其善者而从之，其不善者而改之"的科学态度，理性分析和研判法治监狱建设的现实难题与短板弱项，才能更好明晰依法推进监狱治理现代化的基本方向和主要路径。

（一）思想认识角度三个倾向显现，法治推进现代治理的思想意识亟待提高

1. 法治单一化倾向。调查问卷发现，87%的警察同意将规范性文件和投

标、合同、协议等事项纳入合法性审查，75%的警察同意将监狱撤并、规划、资产转让等重大事项纳入审查，65%的警察同意将罪犯减、假、暂等重要刑罚执行事项纳入审查，63%的警察同意将罪犯奖励处分等狱政事务纳入审查，56%的警察同意将所有涉狱事务纳入审查。数据分析表明，同意合法性审查的百分比随着审查事项与警察个体权力行使相关性增强而递减，内在地隐含着对岗位权力制约的抵触度升高，恰恰说明德治、自治的必要，内在地说明权力治理需要运用法治的规范、强制功能融合其他治理方式协同发力。

2. 法治模糊化倾向。问卷发现，警察中38%不了解监狱内设机构的调整运行情况，28%认为监狱未建立警察岗位职责并公示，48%表示并不十分了解"所在岗位的执法流程和环节"，15%不同意建立警察自由裁量基准权，37%偏向较少约束警察执法权力，62%认为没有自由裁量的空间。数据表明岗位工作不愿被规范、自由裁量不愿受约束还一定程度存在，少数警察程序公正、权力制约等现代法治意识尚未巩固深化和均衡发展，缺乏将权力关进制度笼子的内在自觉，还需加紧运用法治的教育、评价功能推动现代治理价值的融会贯通。

3. 法治简单化倾向。五年来，各监狱共开展普法宣传424场次，对罪犯开展法治宣传2355场次、法治咨询370场次。仍有16%的警察认为普法规划没有深入贯彻落实，14%的警察认为普法年度工作要点没有明确化，22%的警察认为普法效果不明显。这些数据表明有的监狱在不同程度上存在普法宣传与法治实施"两张皮"现象，甚至有法治简单为普法的问题，影响了法律治理功能效能发挥。法律的生命力在于实施，一切具体法治活动包括宣传教育在内都应围绕执法、守法等依法治理来开展，切忌以宣示代替执行。

综上，三个倾向的存在，说明现代治理不能单打独斗，需要将法治置于国家治理、社会治理、监狱治理大局中去认识和思考，防止法治与治理在目标和方向上的错位和异化，切实防止法治与其他治理方式相互排斥甚至互相否定，应以法治手段去固化、规范监狱治理的时代价值，以法治的现代性促进、深化治理的现代化。

（二）体制机制角度三个结构偏弱，法治推进现代治理的组织支持亟待增强

1. 机构设置标准不一。全省41所监狱，设政策法规科的21个，未设置20个，其中将19个法治职能归口办公室，1个单位归口考核办。专门法治部

门缺失明显不利于法治工作统筹和推动，法治机构的弱势造成法治的弱势，法治机构的边缘化导致法治功能的边缘化，由此将使监狱治理因法治的弱化而弱化，易出现法律工具化、法治功利化等不良倾向。

2. 人员素质参差不齐。

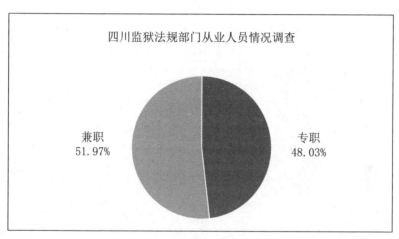

图一

30 所监狱法规职能部门中专职从事法规工作的 73 人，兼职从事法规工作的 79 人，合计 152 人中有法律专科以上学历的 79 人，取得国家法律职业资格的 29 人。

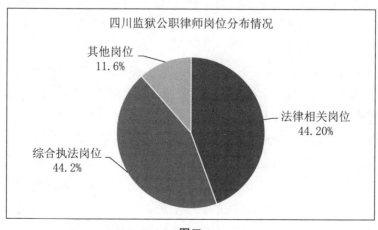

图二

系统 52 名公职律师，在法规部门从事法律工作的 23 人，占 44.2%；在监管改造部门和一线执法岗位的 23 人，占 44.2%；其他岗位 6 人，占比 11.5%。有 10 所监狱无公职律师。

表二

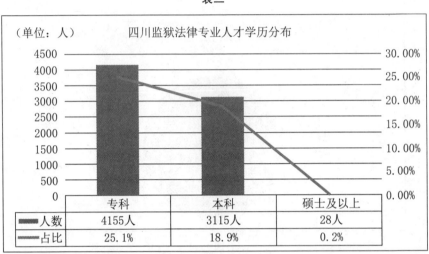

（单位：人） 四川监狱法律专业人才学历分布

	专科	本科	硕士及以上
人数	4155人	3115人	28人
占比	25.1%	18.9%	0.2%

问卷的 16 526 名警察具有法律专科学历的 4155 人，本科学历的为 3115 人，具有硕士及以上学历的 28 人，分别占 25.1%、18.9%、0.2%；取得国家法律职业资格证的 184 人，占 1.1%。可见法治专门机构中法律专业人员占比不高，具有国家法律职业资格的高端性法律人才占比更低，非法律专业或没有经过专门法学训练的近 50%，法治在现代治理进程中发挥主导作用的人才支撑、专业支撑仍较薄弱。

3. 规范标准涵盖不全。五年来，30 所监狱共制定规范性文件 3529 件。2018 年，四川省监狱将刑罚执行、狱政管理、教育改造、生活卫生管理、劳动改造和警察管理一次性纳入四川省地方标准，涵盖了监狱主要职能工作。但在内部行政、党务工作等方面的制度涵盖深度、广度尚显不足，对法治维护政治、促进德治、规范共治等方面认知探索尚处于自发阶段，相关规则需加快跟进。

在当代中国，治理现代化本质是治理法治化，而法治体制机制三个结构偏弱，显然不利于依靠治理法治化推进治理现代化，因为离开法治体制机制，法治本身都难以为继，何谈以法治化推进治理现代化。因此，建立和完善法治体制机制，是监狱治理现代化的应然要求，更应成为实然结果。

（三）实践发展角度四个治理融合不足，法治推进现代治理的实践领域亟待拓展

1. 法治护航政治的治理融合不足。五年来，副处以上领导干部受处分 16 人，其中行政处分 9 人、党内处分 6 人，行政与党内双处分 1 人；处分事由为参与赌博 1 人，违反财经纪律 6 人，违反廉洁自律 5 人，违规收取财物 1 人，违反组织纪律 1 人，不依法履职 2 人。该情况说明依法治长、从严治长中的制度控权不够有力，制约"关键少数"发挥政治表率和政治引领作用。

2. 法治促进德治的治理融合不足。调查发现，三年内共处分违法违纪人员 132 人，其中违反廉洁纪律 18 人，违反工作纪律 58 人，违反国家法律法规 22 人，违反组织纪律 17 人，违反中央八项规定 5 人，违反生活纪律 1 人，受刑事处罚 11 人。警察队伍中存在不廉不洁、失职渎职、享乐主义等道德失范行为，说明法治作为理念和价值融入德治的机制须全面深入探索，更须以法治的方式去探索建立警察诚信体系、道德评价体系、道德监督体系，实现法治对德治的规范，法治与德治的结合，以法治弥补德治硬度之不足，扭转德治温度之错位。

3. 法治推动共治的治理融合不足。部分监狱与所在地公、检、法对接机制有停留纸面情况，罪犯职业教育、卫生防疫、医疗保障、社会保险等未纳入当地社会规划或保障体系。省局已出台监狱公共法律服务实体、网络、热线三大平台建设标准，建成服务中心 16 个。但仅 8 所监狱开通"12348"热线平台，仅 10 所与法院、地方司法局、律师事务所等建立远程视频"法律服务"平台，在法律援助、司法鉴定、公证等方面获得当地服务仍不够顺畅。可见，在狱地共治上仍没完全走出监狱搭台唱戏、地方司法机关有限参与、其他社会力量被动参与的局面，强化共治的法律政策支撑已殊为必要。

4. 法治深化智治的治理融合不足。目前，已有 13 所监狱通过司法部智慧监狱建设验收，超过 60% 的单位还有待加速推动。据初步了解，从信息监狱到智慧监狱，总体上仍以业务应用为主且侧重于安全运用，尽管在智慧监狱建设中这一状况有所改变，但法治的网上运行体制机制远未健全优化，网上监狱与网下监狱融合度不高，离法治要求仍有较大距离，智慧监狱的治理效能还需从法治层面纵深拓展，以增强智治效能。

社会治理的核心目标是治理有效。[1]经验表明，提高监狱治理绩效更需要多种治理方式的综合配套，更需要增强法治对政治、德治、智治、共治等多种治理方式的吸纳与融合能力。比如在法德关系上，一方面适时将重要道德规范固化为法律制度，实现法律对道德的吸纳融合；另一方面又注重用道德理念改革逆情悖理的法律规则，使监狱治理既具备高度的法治理性，又充分饱含德治情怀。而法治吸纳融合实践的不足，不但让法治的力量大打折扣，也制约其他治理方式作用的发挥，甚至造成或九龙治水或南辕北辙的被动局面。

三、法治在监狱治理现代化进程中的主导地位

十九大报告指出，全面依法治国是国家治理的一场深刻革命。追寻新中国监狱发展的实践逻辑，升华四川省监狱治理探索的现实经验，审视监狱未来前进方向，需要深化认识和发挥法治主导的工具价值、目的价值、实践价值，打造监狱治理共同体，推动监狱以最小程度的人性限制实现最大程度的人性保护和人性发展，让警察更好地快乐工作、幸福生活，让罪犯更好地积极改造、回归正路，让社会更好地稳健运行、和谐安宁。

（一）法治是监狱治理现代化的主导力量

立善法于天下，则天下治；立善法于一国，则一国治。[2]放眼新中国特别是十八大以来的民族复兴历程，无不体现出依法治理是促进国家富强社会安定人民富足的实践演进逻辑。监狱现代治理作为国家现代治理的重要内容，既要反映出法治与治理的内在必然联系，也要映射出法治与治理的力量强调。监狱现代治理是"政治、法治、德治、共治、智治"有机统一和联动集成，其中的每一治都可以"独领风骚"，但又都需要法治的深度参与生成固化成制的范畴样态，即以法治护航政治、保障德治、规范共治、促进智治，治理才可以显现出持续耐久、旺盛蓬勃的生机力量。如果离开法治，尤其是离开其强健的规则治理能力，治理现代化将失去根本支撑和秩序保障。可见，法治既是监狱现代治理体系的核心内容，也是监狱现代治理的关键基础，监狱治理必须始终在法治轨道上运行。

（二）法治是监狱治理现代化的主导因子

视域社会治理，需要突出空间正义、结构正义、环境正义，这是社会治

---

〔1〕 参见江必新、王红霞：《国家治理现代化与社会治理》，中国法制出版社 2016 年版，第 8 页。

〔2〕 参见（宋）王安石：《临川先生文集》，中华书局 1959 年版，第 678 页。

理最强大的力量，而任何的不义也正是问题的根源。[1]监狱治理，正义更贯穿刑罚执行全过程，体现在行刑正义、矫正正义、执法正义等各方面。在监狱现代治理中，特殊预防与一般预防的目标则体现出监狱刑罚执行正义价值目标追求，实现正义价值则必须遵循监狱工作规律，在实践中坚持体制机制创新，推动形成治理理念先进、治理目标清晰、治理布局科学、治理机制完善、治理主体多元、治理方式精准、治理能力过硬、治理效能卓越的全新格局，此种格局则是理念、目标、布局、机制、主体、方式、能力、效能八大要素的综合体，这些要素的全部集成，须以法治所具备的规范、体系、约束、强制等特质来实现正义价值证成，法治无疑是监狱治理中整合各要素中的主导因子，不然现代治理这座大厦将成为"泥足巨人"。

（三）法治是监狱治理现代化的主导内容

全面推进依法治国涉及很多方面，在实际工作中必须有一个总揽全局、牵引各方的总抓手，这个总抓手就是建设中国特色社会主义法治体系。立足这一总抓手，党的十九届四中全会提出了加快形成完备的法律规范体系、高效的法治实施体系、严密的法治监督体系、有力的法治保障体系和完善的党内法规体系。由此可见，治理体系是党和国家工作的全面法治化集成。监狱治理现代化首先是监狱治理体系的现代化，涉及监狱治理组织体系、规范体系、功能体系、评价体系和保障体系以及刑罚执行机制、改造罪犯机制、安全稳定机制、智慧保障机制、队伍建设机制等各项工作的体制、机制、制度的规范安排和构建。治理现代化本质上是治理法治化。体制的建立完善、制度的建立健全，都需要以法治的方式表达和确立，体制的运行、制度的执行都需要通过法律的明确授权和程序安排来实现。离开法治监狱治理体系的稳健运行、制度的有效执行都将因稳定性、权威性不足而可望而不可求。

（四）法治是监狱治理现代化的主导方式

党的十八届四中全会指出，加强系统治理、依法治理、综合治理、源头治理，把我国制度优势更好转化为国家治理效能。系统、依法、综合、源头的治理方式也是监狱现代治理的方式及原则，在监狱现代治理条件下，监狱现代治理手段既可以有行政、经济及至刑事等刚性手段，也可以有教育、协

---

[1] 参见成伯清："市域社会治理：取向与路径"，载《南京社会科学》2019年第11期。

商、指导等柔性手段，而监狱的刑罚属性决定了监狱在运用治理手段上刚性手段的比例会更多于柔性手段，但无论哪种手段的运用，都应以法治所具有的可预期性和行为的确定性而对规则的合理分配与运用予以强化，行政手段、经济手段与刑事手段也将因法律的规范而变得理性化、程序化，教育、协商、指导等手段也将因法律的规范而具有接受性、效率性。通过一系列制度设定的权力运行机制、权利保障机制、社会参与机制等使刚性手段与柔性手段具有法治属性和效力，从而实现或达成监狱现代治理所追求的正义与秩序等价值，有效防止其异化或错位。

四、治理现代化视野下监狱法治的现实进路

法律的生命力在于实施，法律的权威也在于实施。探寻治理现代化视野下的监狱法治现实进路，我们既要在广阔的理论空间上奋力探索，更要扎根到深厚的实践沃土中奋勇开拓，探索建构法治主导下的监狱现代治理模式，深入发挥法治思维、法治形态、法治力量的主导作用，推动治理理念变革，融合治理方式方法，整合治理资源，提升监狱治理效能。

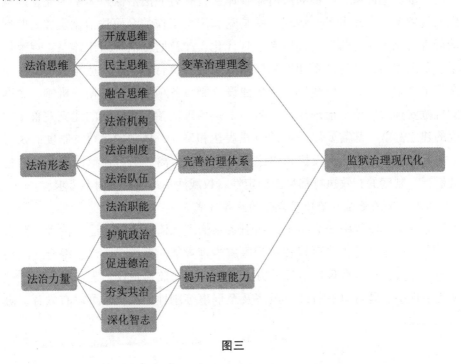

图三

（一）坚持法治思维主导，推进监狱治理理念现代化

法治思维是为达致法治目标而理性决策或行动的思维模式。它不仅把法视为规范体系，而且将其看作由立法、执法、司法、守法等环环相扣的过程所组成的制度运行体系，而这一运行体系的目标就是依法而治。[1]以法治思维导向，就是要以法治思维的全面树立和养成充分凝聚监狱现代治理共识，充分认识和肩负起新时代社会主要矛盾变化赋予监狱的新使命、新任务。一是以现代法治的开放思维推动监狱现代治理打破传统的"独角戏"思维。越是进入新时代，落后意识越是需要摒弃，坚持以法治促开放，探索建立开放的监狱治理结构，以法律为依据，推动监狱走出高墙，打破"孤岛效应"，引导和动员各类法律主体支持、参与监狱工作，充分挖掘有效社会资源，破解罪犯服刑人格养成与社会人格重塑的矛盾难题，破解监狱职能任务繁重与治理资源不足的现实难题。二是以现代法治的民主思维推动监狱现代治理打破传统的"管治者"思维。走出"主客二分"的管理思维模式，创新民主集中制以整合警察队伍力量，推进管理民主，改变"我说你听，我管人从"的单向行为模式，规范和深化罪犯有限自治，注重发挥罪犯在服刑改造中的重要作用，在双向互动、多向共济中达成治理目的。三是以现代法治的融合思维推动监狱现代治理打破传统的"万能王"思维。勇敢面对理念、布局、方式、手段等方面的重塑和挑战，坚持用法治思维去开创引领监狱现代治理理念，推进监狱职能归位，超越"万金油"效应，形成系统完整、逻辑严密的监狱治理科学理论体系，融合运用德治、共治、自治等其他治理方式，将法治的制度优势、理性优势转化为监狱治理的安全效能和行刑效能。

（二）坚持法治形态主导，推进监狱治理体系现代化

法治是实现监狱治理现代化的主要通路，发挥法治在监狱治理现代化进程中的主导作用，以法治精神审视监狱治理，重要的在于以法治形态为主导，坚持总体设计与分层对接相结合，以不断优化的法治机构、制度、队伍、职能等一体耦合的法治形态推动监狱治理体系现代化。一是健全法治机构，推进监狱治理组织体系建设。推动法治专门机构设立的编制、岗位、职责法定

---

〔1〕 参见郭晔："法理：法实践的正当性理由"，载《中国法学》2020 年第 2 期。

化，明确监狱法治工作的角色定位和法治专门机构的工作职能，推行"一监区一法律顾问"制度，推动监狱单一规范设置和建强政策法规工作部门，加强对监狱治理工作的法治统筹和协调推进；推动核心执法岗位须由法律专业人才担任的任职资格法定化，推动建立领导干部法治建设实绩考核机制，推动建立提拔任用领导干部法治能力考察机制，优先提拔使用法治素养好、依法办事能力强的干部，为监狱治理现代化提供强大的体制支持。二是升级法治制度，推进监狱治理规则体系建设。坚持以制度正义维护治理正义，深化规则治理，有效保障权利，规范权力运行、提升治理效能。应把完善中国特色社会主义监狱制度作为监狱治理现代化的重中之重，建立健全制度动态更迭机制，适时更新监狱制度体系。制定制度建设规划和年度要点，细化每个节点立制规范。规范制度制定程序，强化制度适用跟踪体系，提升制度体系建设质量。细化制度制定过程中的意见征求机制，建立制度执行解释机制，以制度的认知统一促进制度执行统一。对照《重大行政决策程序暂行条例》明确决策范围，完善重大决策程序，强化决策风险评估，用制度管住具有关键作用的决策权力。清查梳理刑罚执行权力内容，建立领导岗位和重要执法岗位权力清单、责任清单、负面行为清单，细化各执法环节裁量基准，以管理标准化推进"教科书式"执法，用行刑之制实现刑罚之的。优化内部行政管理制度，重点推进政府采购、基本建设、资产资源处置等制度建设，防范行政权力失控。完善罪犯服刑制度建设，重视罪犯行为规范体系建设，补强罪犯权利救济规则建设，用服刑之制保证刑罚之的。三是建强法治队伍，推进监狱治理人才体系建设。离开法治人才的现代治理无异于镜花水月。应鼓励和支持监狱警察参加法律职业资格考试，加紧建设监狱公职律师队伍，以法律专业人才建设带动法治人才建设。建立法治专门队伍选人用人机制，探索建立政策法规、刑罚执行等关键法治岗位持证准入机制，优先使用公职律师和法律职业资格证获得者，有效防止"劣币驱逐良币"。建立职务职级晋升法治知识考试制度和警察执法诚信制度，将警察法治工作状态纳入个人档案。建立法治人才法学理论培训机制，建立高校对口专业培训机制。建立法治能力实训机制，探索将法治人才送到公安机关、人民法院、人民检察院、上级机关、律师事务所交流或在法治专门岗位实训锻炼，为监狱治理建设一支强大的专业法治队伍。四是优化法治职能，推进监狱治理功能体系建设。着眼监狱作为国家刑罚执行机关的法律定位，积极研究思考和回应社会主要矛盾变化对监狱法治职能提出的新要求，完善监狱戒备分级标准，加快高中低度戒备监狱建设，推进风险科学分类、超前研判、梯度控制、分级应对，建立防范严密、风险易控的安全治理体系，最大程度实现监狱安全功能，维护秩序正义。完善罪犯改造标准，深化罪犯综合评估，严格实施罪犯入监、常押、出监分段改造，建立攻心正行、赋能治本的罪犯治理体系，最大程度实现监狱改造功能，维护矫正正义。完善执法标准，探索建立裁量基准，规范行政决策和刑事执法自由裁量行为，建立运行规范、结果公正的权力治理体系，最大程度实现监狱刑罚功能，维护行刑正义。

（三）坚持法治力量主导，推进监狱治理能力现代化

治理能力是治理体系的动能所在。提高监狱治理能力是建设新型现代文明监狱的必然要求，法治能力是监狱治理能力的核心内容，各种治理方式的高效作用、综合发力必须依靠法治力量的加持和维系、兜底和保证，用法治反映和固化不同群体价值主张和利益诉求的最大公约数，追求和实现监狱治理的最佳效益。一是加强法治对政治的维护能力，用法治力量护航政治。政治的高度离不开法治的力度。法治护航政治要在善于将党的路线、方针、政策通过制定制度、规则、规范的形式，转化为监狱治理的规范性文件、工作制度。对照党内法规要求，制定监狱贯彻落实党内法规的系列实施意见，明确党内法规在监狱贯彻执行的实体和程序要求。加强党内法治建设，规范监狱系统各级党组织和党员领导干部行使权力范围、程序和标准，确保各级党的组织和党的干部不但要在党章党法党规范围内履职行权，更应在宪法和其他法律范围内担责用权，鲜明地体现监狱机关的政治属性，发挥党组织和党员领导干部的政治表率作用。善于通过法治方式维护、保证党对监狱工作的绝对领导，确保政治在监狱执法管理中的引领地位，发挥党委在监狱治理中总揽全局、协调各方的领导作用，推动党的领导在法治的框架下有效运行。善于运用法治手段凝聚不同群体的政治共识，维护各类主体的政治权利，促进政治认同，涵养良好政治生态。进一步强化政治教育力度，健全和完善政治改造的制度设定，促使罪犯改弦易辙，回归正确的政治立场，维护和恢复法定的政治秩序，提升政权治理效度。二是加强法治对德治的支撑能力，用法治力量促进德治。规章只不过是穹隆顶上的拱梁，而唯有慢慢诞生的风尚

才最后构成那个穹隆顶上不可动摇的拱心石。[1]在监狱现代治理进程中，要使道德风尚成为不可动摇的"拱心石"，就需要强化法治思维、法治精神与法治实践，以法治方式明确德治的职能定位，强化法治与德治在监狱现代治理中的协作功能。坚持依法治监与以德治狱相互促进，注重法治原则和制度条文同社会主义核心价值观的相互协调和相互补充，以法辅德，补强德治力之不足；以德助法，补强法治情之不足，将法治理念融入德治思想，用法治教育助力道德教化，以制度规范提升德治价值，完善领导干部的政治道德规范、警察的执法道德规范、罪犯的服刑道德规范，让法治与德治融合发力。注重将社会主义核心价值融入监狱法治文化，使核心价值与法治精神内化为监狱各类人员的道德自律与行动自觉，追求精神高标，守住行为底线。加强负面行为惩戒制度建设，坚决防止违德行为通过不合理制度获得不当利益，以规范性惩戒引领道德风尚，提升价值治理效度。三是加强法治对共治的整合能力，用法治力量夯实共治。法治是防范共治堕入街头政治闹剧的有力武器。法治夯实共治重在以法律为依据，以制度为根本，积极推动形成党委领导、监狱负责、社会协同、群众参与、法治保障的监狱治理格局。以党内法规为准绳，以国家法律为保证，发挥党委领导的核心统揽作用，强化党委的引领、组织、管理、服务能力。以健全体制为依托，以完善机制为内核，发挥监狱主导作用，整合各类资源，明确法院、检察院、司法行政以及有关国家部门在行刑一体化中的任务分工，形成现代治理合力。以法律协调为手段，以制度对接为联结，发挥社会各方协同作用，依法履行与监狱工作相关的职能。以权力规范为条件，以权利保障为追求，发挥公众参与的基础作用，引导公众依法参与到监狱制度制定、执法行为监督、罪犯权利救济、罪犯教育矫正、监狱风险防治等领域。以法治宣传为导向，以法律惩戒为警示，推进监狱公共法律服务体系建设，发挥法治保障的兜底作用，推进监狱行刑一体化和监狱工作社会化，让监狱既成为社会共治的受益者，更成为社会共建的参与者和贡献者，提升开放治理效度。四是加强法治对智治的运行能力，用法治力量深化智治。智治是法治的智慧之手，法治是智治的理性之道。全面落实"数字法治、智慧司法"的总体布局，理应充分发挥法治指引、规范、强制等

---

〔1〕 参见［法］让·雅克·卢梭：《社会契约论》，何兆武译，商务印书馆2003年版，第83页。

机能，进一步强化监狱警察在智慧监狱运行模式下的智治能力建设和网上行为规范建设，依托智慧监狱建设，构建完善智慧感知、智慧接入、智慧大脑、智慧执法、智慧服务的监狱现代法治新模式，加强技术风险、智能风险防控机制建设，防范技术陷阱，防止智能为恶，实现线上法治与线下法治的高度契合、有机协同，实现线上治理与线下治理的高度统一、相得益彰，实现网上虚拟监狱与网下实体监狱深度融合、高度联动，提升智能治理效度。

作者：

陈波，四川省监狱管理局党委委员、副局长
屈直俊，四川省监狱管理局政策法规处处长、公职律师
何俊芳，四川省监狱管理局局政策法规处一级主任科员、公职律师
通讯地址：四川省成都市滨江中路 1 号
邮　　编：610021
联系电话：19983044011

监狱突发公共卫生事件应对

监狱突发疫情应急处遇机制的合理化建构

王鹏飞

摘　要： 作为疫情防控工作最为特殊、复杂的场所，监狱系统的疫情防控工作是国家疫情防控体系中至关重要的一个环节。目前，监狱突发疫情的应急处遇规范体系构建尚不完善，各地监狱也在全封闭管理的基础上，积极探索行之有效的应对措施，形成了一些科学合理的经验做法，并有待总结和提升。但与此同时也面临着很多挑战，监狱突发疫情应急处遇机制的完善方面，应当以疫情应急处遇规范体系建设的完善为基础，构建科学合理的应急处遇分级响应机制，完善应急处遇联动网络，并对疫情期间的监狱舆情作出及时反应并采取正确应对措施。

关键词： 监狱疫情　应急处遇　规范建设　实践　机制建构

问题的提出

监狱突发疫情应急处遇机制是监狱公共卫生体系的重要组成部分。自新型冠状病毒疫情发生以来，部分省市监狱先后发生罪犯感染疫情，引起了社会广泛关注。由于环境封闭、人员密集、隔离条件有限，监狱成为疫情防控工作最为特殊、复杂的场所。一旦有狱内人员感染则会迅速传播、难以控制，还会造成严重的国内国际舆论影响，这个看似防疫工作中"最安全"的场所，同时也是"最危险"的场所。长期以来，学界对于监狱疫情防控有关内容的研究十分薄弱。在研究对象上，所针对的传染病一般系如结核病、流感这类常见疾病，其治疗手段已经成熟。而诸如2003年的非典型肺炎以及2020年的新型冠状病毒肺炎这类隐蔽性、传染性极强、潜伏期长短各异、无症状感染者频现、病情恶化迅速且致死率较高的传染病，其防控体制机制的建构完善具有特殊性，却未得以深入探讨。因此，以此次新型冠状病毒肺炎疫情为背景，深入探讨监狱疫情防控机制的完善，尤其是建立起科学有效的监狱突发疫情应急处遇机制，以扭转现阶段监狱系统应对突发疫情之不足，提升监狱处置突发疫情的能力与效果，具有十分重要的意义。

一、监狱突发疫情应急处遇规范化建设现状

目前在监狱突发疫情应急处遇工作相关的规范建设方面，从党内法规、全国性法律、行政法规、部门规章，到地方的规范性文件，均有相关规定，这些规定或者是在 2003 年非典型肺炎疫情发生后，于原有规范基础上进行了相应的内容调整；或是于非典型肺炎疫情之后出台，着眼于此次新型冠状病毒肺炎疫情作出了进一步的完善。

（一）监狱突发疫情应急处遇规范概览

一是党内法规。如 2020 年 1 月，中共中央印发了《关于加强党的领导、为打赢疫情防控阻击战提供坚强政治保证的通知》（以下简称《通知》）。《通知》对于各级党组织以及广大党员、干部在打赢疫情防控阻击战中的责任使命、应当发挥的作用提出了明确的要求。随后各地政府部门全力动员系统各级党组织和党员干部积极投身到新型冠状病毒肺炎疫情防控阻击战的工作中来。

二是有关立法。如由全国人民代表大会常务委员会于 2007 年公布施行的《中华人民共和国突发事件应对法》（以下简称《突发事件应对法》），通过 7 章 70 个条文，对于包括公共卫生事件在内的突然发生、需要采取应急处置措施予以应对的突发事件的预防与应急准备、监测与预警、应急处置与救援、事后恢复与重建等应对活动，进行了规定。又如全国人大常委会于 2004 年修订（2013 年进行了修正）的《中华人民共和国传染病防治法》（以下简称《传染病防治法》），对甲类、乙类和丙类传染病的预防、应急处置、监督管理、法律责任等问题，进行了规范。而 2020 年 1 月 20 日，经国务院批准，国家卫生健康委员会常委会发布公告，将新型冠状病毒肺炎纳入本法规定的乙类传染病，并采取甲类传染病的预防、控制措施，这一变动与现行立法第 4 条中规定的"对乙类传染病中传染性非典型肺炎、炭疽中的肺炭疽和人感染高致病性禽流感，采取本法所称甲类传染病的预防、控制措施。其他乙类传染病和突发原因不明的传染病需要采取本法所称甲类传染病的预防、控制措施的，由国务院卫生行政部门及时报经国务院批准后予以公布、实施"内容

相衔接。

三是行政法规、部门规章。如国务院于 1991 年批准发布的《中华人民共和国传染病防治法实施办法》（以下简称《传染病防治法实施办法》），通过 7 章 76 个条文的内容，对传染病的预防、疫情报告、控制、监督以及处罚问题进行了规范，与《传染病防治法》相对应，但是却未及时更新。又如国务院于 2003 年公布、2011 年修订的《突发公共卫生事件应急条例》，与前述《突发事件应对法》相呼应，通过 6 章 54 个条文，对于包括预防与应急准备、报告与信息发布、应急处理、法律责任等问题进行了规定。司法行政系统也有相应的规范出台，如司法部于 2005 年发布的《司法行政系统突发事件应急预案》，可谓对于监狱〔1〕突发事件处遇的专门性规定，调整范围中纳入了监狱内出现的突发安全事件、重大事故、自然灾害以及本文所研究的突发公共卫生事件。预案中，就机构设置、监测预警机制、信息报告程序与内容、突发事件分级与应急响应、后期处置、应急保障等方面内容进行了详细规定。此外，司法部 2013 年将监狱、戒毒场所发生的重大公共卫生事件纳入规制范畴，意见中明确要求各级司法行政机关要制定完善具体的重大案（事）件处置预案，加强预警和应急处置、值班和情况报告、现场处置和工作指导、新闻发布以及加强保障工作等。司法部还于 2014 年下发了《关于加强监狱生活卫生管理工作的若干规定》，其中对于罪犯疾病防控的问题上，规定了疾病预防宣传教育制度、疾病防控预警制度、新收犯入监体检制度、罪犯健康档案管理制度等配套措施。再如卫生部于 2003 年发布（2006 年修改）的《突发公共卫生事件与传染病疫情监测信息报告管理办法》，对于各级疾病预防控制机构关于传染病疫情的监测、信息报告以及监督管理工作进行了规定。

四是其他规范。包括分散在《中华人民共和国刑法》（以下简称《刑法》）、《中华人民共和国治安管理处罚法》（以下简称《治安管理处罚法》）、《中华人民共和国行政处罚法》（以下简称《行政处罚法》）、《中华人民共和国出入境管理法》（以下简称《出入境管理法》）等法律中的传染病防控相关规范与处罚条款，最高人民法院、最高人民检察院单独或联合发布的有关司法解释、工作文件，以及各地出台的有关地方性规范。如江苏省

---

〔1〕 说明：因劳动教养制度于 2013 年被废止，因而该预案中针对劳教所的规范内容于文中不再介绍。

监狱管理局于 2016 年出台的《江苏省监狱罪犯疾病防治管理办法》，规定了监狱、未成年犯管教所的押犯疾病防治与权益保障的相关内容，湖北省政府于 2010 年发布的《湖北省突发公共卫生事件应急预案》，在明确组织机构、办事机构、专业技术机构的基础上，就该省突发公共卫生事件的应急管理和应急处置各方面工作进行了详细规定。

（二）评价与反思

突发疫情的应急处遇规范体系构建，是一个十分复杂的问题。而就监狱的突发疫情的应急处遇而言，更是具有其特殊性。监狱罪犯群体入监初期有体检筛查，加之短期自由刑罪犯一般被羁押于看守所服刑，因而监狱罪犯的健康状况相对稳定，因罪犯自身导致疫情最初感染的可能性极低。但就监狱来说，不发生疫情则已，如若爆发就很难控制。诚如司法部司法研究所原所长王公义所指出，监狱最害怕的就是暴发传染病。因为监狱人群密集、场所比较封闭，一般情况下每个监舍至少关押 10 人，服刑人员的主要活动空间如吃、住、睡、学习、上厕所都集中在监舍内[1]。因此，一旦有人感染则会迅速传播、扩散，新型冠状病毒肺炎疫情期间监狱系统发生的几起罪犯感染疫情就是通过警察或社会人员传染给监狱罪犯，最终导致上百人被感染。同时，监狱资源条件有限，罪犯过多而空间狭小，医疗资源匮乏，故而发生疫情后的应急处遇会面临诸多障碍。

就前述的规范化建设状况来说，无论是法律、行政法规或是其他规范性文件，针对传染病防治问题所设置的条文基本为在日常生活中，政府部门应当如何帮助社会群众提升传染病防治方面的意识、传染病发现后如何控制疫情、如何治疗感染者以及如何对防控疫情不力的有关人员进行追责等内容，未能考虑到特殊场所的疫情防控问题。而司法部出台的代表性文件中，2005 年发布的《司法行政系统突发事件应急预案》只是将突发公共卫生事件作为突发事件中的一部分，并在列举应当"即时报告"的诸事项中，将公共卫生事件限定在"监狱、劳教所发生重大疫情、食物中毒、交通事故及其他原因，造成 5 人以上非正常死亡的"这一程度。在"随时报告"的诸事项中，纳入"公共卫生事件"，列举了下述报告内容：疫情、病情和食物中毒的类型或不

---

[1] 参见"505 人确诊 11 人被免职，监狱该如何防范疫情暴发?"，网址：http://finance.sina.com.cn/wm/2020-02-22/doc-iimxxstf3508131.shtml，最后访问时间：2020 年 7 月 20 日。

明疫情病情的特征表现，感染、中毒和死伤人数及财产损失情况，针对发生事件所采取的措施，以及其他需要报告的事项。而"即时报告"与"随时报告"的差异却未有明示。在"突发事件分级和应急响应标准"制定上，更是局限于犯人脱逃、自杀、人身伤害、劫狱、食物中毒等范围，并根据伤亡人数的划定，进行相应的分级处遇，对于传染病疫情控制则无对应规范。2013年司法部发布的《关于重大案（事）件处置工作的意见》，将重大公共卫生事件吸收进来，但何为重大公共卫生事件，并无明确界定。在处置预案的构建上，亦是欠缺具体的、针对性的设计。2014年司法部印发的《关于加强监狱生活卫生管理工作的若干规定》中，对于传染病的防控问题，只是于"罪犯疾病预防控制管理"部分进行了概括性规定，并将肺结核、艾滋病筛查作为主体内容。

二、新型冠状病毒肺炎疫情下的监狱应急处遇实践探索

新型冠状病毒肺炎疫情发生后，相关部门先后下发了若干针对此次疫情的防疫通知和指南，尤其是在监狱出现疫情后，发布的《关于依法科学精准做好新冠肺炎疫情防控工作的通知》，文件附件中包括了《监狱新冠肺炎防控技术方案》，该方案明确要求监狱卫生管理环节应当采取全封闭管理，禁止人员探视，减少狱警和其他工作人员的进出，自此，监狱封闭管理正式上升到规范层面。在疫情的应急处遇方面，分为"发现病例监狱"与"疫情扩散监狱"两类情形，分别予以针对性的管理。与此同时，司法部也对监狱防疫工作进行部署，要求全国各地监狱系统深入开展疫情防控工作，外防输入，全面排查入监干警职工生活轨迹，实行全封闭管理，对有发热症状者及密切接触者实施隔离观察，及时医疗救治病患，对工作不到位导致疫情发生的予以严格问责追究。[1]

（一）监狱应急处遇实践

疫情期间，各地监狱在全封闭管理的基础上，积极探索行之有效的疫情防控措施。如江苏省监狱系统自2020年1月26日起就启动全封闭管理，在警力资源配置上，采取"二一一"封闭性值班备勤模式，确保1/2的警力在岗

---

〔1〕 参见"司法部：全力以赴做好监狱疫情防控工作"，网址：http://economy.gmw.cn/2020-02/21/content_ 33578125. htm，最后访问时间：2020年7月21日。

执勤，1/4 警力集中隔离备勤，1/4 警力休息备勤。[1]在加强进出口管理、体温监测与卫生防疫管理的同时，强化监狱物资、场所保障以及警察生活保障。天津地区监狱系统在严格封闭管理的基础上，设置体温检测点和流行病学问询点，禁止有发热、感冒症状的人员入监，变通亲情帮教形式，暂停亲情会见，转为亲情电话的方式，设置发热门诊以及隔离区，购置防疫物资，开展食品安全、卫生检查。[2]黑龙江地区监狱系统于 2020 年 1 月 27 日开始实行全封闭管理，考虑到封闭管理下的干警与家人联系困难的情况，为干警安装固定电话，为联系亲人提供便利。[3]在全国各地积极探索监狱疫情防控对策的同时，相关部门于 2020 年 4 月 8 日发布《关于印发重点场所重点单位重点人群新冠肺炎疫情防控相关防控技术指南的通知》（以下简称《技术指南》），《技术指南》中，对于监狱场所划分为"低风险地区"与"中、高风险地区"，分别设置了 15 项、19 项管控措施，全国监狱系统遵照落实。2020年 6 月 17 日，《低风险地区夏季重点场所重点单位重点人群新冠肺炎疫情常态化防控相关防护指南（修订版）》发布，将具体要求集中到人员进出管理、人员防护、健康监测、日常消毒等预防性措施。

（二）评价与反思

从整体上看，此次新型冠状病毒肺炎疫情之下监狱方面的应急处遇实践探索呈现如下几个特点：

一是以限制人员流动为基础策略。罪犯身体状况具有相对的稳定性，加之监狱环境封闭，自发性感染几率很低，因而罪犯感染源往往来自监狱内外的流动人口因素。故自 2020 年 1 月份起，各地监狱纷纷开始实行封闭式管理。而后的相关文件，对监狱系统封闭管理作出明确指示，监狱干警、工作人员以及新收犯需经 14 天的隔离观察并经体检测温、核酸检测等确认健康后才可进入监狱，实践中为保障监狱警力的充足，监狱内干警原则上不得外出。罪犯的亲情会见被叫停，改为远程会见的模式。通过各种措施，将疫情阻挡

---

〔1〕 "【疫情防控】全省监狱系统采取扎实举措全力防控疫情"，网址：http://www.cnprison.cn/2020/0203/c372a158794/page.htm，最后访问时间：2020 年 7 月 21 日。

〔2〕 参见"天津市监狱系统迅速行动全面开展疫情防控"，网址：http://www.moj.gov.cn/Department/content/2020-02/12/606_3241236.html，最后访问时间：2020 年 7 月 22 日。

〔3〕 参见"黑龙江省监狱系统多举措开展疫情防控工作"，网址：https://www.sohu.com/a/371924492_114731，最后访问时间：2020 年 7 月 22 日。

在高墙之外。为保障监狱干警的休息权以及监狱系统的正常运转，各地推行封闭执勤备勤的方式，将每个执行任务周期，切割为隔离备勤以及狱内执勤两个部分，如此反复。

二是以体温监测与防疫消毒为核心。严格实行每日体温测量制度以及登记报告制度，对干警、职工以及监狱罪犯进行每日体温监测，对干警、职工外出情况进行及时排查和行踪掌握，做到早发现、早反映、早治疗。对监狱办公区和监区均进行全面日常消毒和通风工作，保障卫生防疫工作不留死角。

三是根据不同的风险等级作出调适。以《技术指南》以及相关文件为指导，对处于不同风险层级、不同疫情形势地区的监狱，进行针对性的防控标准落实。同时，根据各地疫情形势的变化，及时调整监狱系统的风险等级、疫情防控级别，对防疫工作内容作出相应的调适。

在防疫工作全面深入开展的过程中，监狱系统摸索出许多实践经验的同时，也面临着一系列的挑战。首先是监狱干警的心理健康问题。新型冠状病毒肺炎疫情突然来袭，传染性强，病情发展迅速，病毒生命力强，并且尚未研制出相应的根治措施。发病初期与普通感冒症状相似，难以从表征上进行区别。加之监狱疫情发生后，引发了社会强烈关注，在"确保高墙之内无隐患"的任务压力下，监狱干警面对的心理负担过重，同时，防疫初期包括监狱系统在内的全国各地区、各单位还面临着防疫物资紧缺的问题，一些干警逐渐出现了紧张、担心、愧疚、无助等各种焦虑情绪，甚至出现身体问题。根据深圳监狱对封闭执勤的干警进行的焦虑情绪测评，警察焦虑指数远高于社会普通人群，其中有 25.6% 的警察存在不同程度的焦虑情绪（焦虑指数 ≥ 50）。[1]

其次是监狱干警的生活保障问题。自施行封闭管理之后，干警超长时间上班、隔离而不能回家，正常家庭生活秩序被打乱，患病家人照料、孕妻看护、子女教育等一系列问题成为监狱干警最大的困扰。尤其是那些夫妻双方均在监狱系统工作的家庭，未成年子女缺少有效看护，家庭情感支撑的缺失与家庭功能运转的停滞，让干警和家属都面临着巨大的压力。

再其次是复杂的疫情形势所带来的挑战。新型冠状病毒肺炎疫情暴发后，

---

〔1〕 参见"深圳市司法局：为'一监二所'执勤干警心理缓压"，载《广州日报》2020 年 3 月 7 日。

全国上下全力投入到疫情防控工作的同时，实践中也经历了治愈患者复阳、核酸检测结果欠准确、无症状感染者出现、个别地区新型冠状病毒肺炎疫情二度暴发等系列问题，复杂的疫情形势给监狱疫情防护带来了许多新的挑战。在病毒复杂多变的现实状况下，如何保障监狱高墙内部的安全稳定，就成为监狱面临的一项紧迫的任务。

最后是疫情期间监狱行刑工作的有序开展问题。新型冠状病毒肺炎疫情不仅给监狱干警带来了巨大的心理压力，对于监狱关押的服刑人员而言，也面临着心理负担。尤其是在部分地区监狱暴发疫情之后，如何对服刑人员进行心理调适，缓解其焦虑情绪，安心投入监狱改造工作，配合监狱各项内容安排，就成为疫情之下监狱系统遇到的新问题。

三、监狱突发疫情应急处遇机制完善路径思考

我国先后经历了非典型肺炎疫情以及新型冠状病毒肺炎疫情，两次疫情的发生给监狱工作带来了一定的冲击的同时，也促使理论界与实务界开始重视制度完善的相关问题，其中的核心问题在于，总结疫情期间监狱系统行之有效的管理经验和做法，建立常态化的疫情应急处遇机制，以提升监狱疫情预警与应对能力，保障监狱干警和罪犯的人身安全。完整的疫情应急处遇机制应对包括应急处遇规范体系、分级响应机制、应急处遇联动网络以及应急处遇下的舆情应对四个方面。

（一）疫情应急处遇规范体系建设的完善

2020年2月14日，习近平总书记在中央全面深化改革委员会第十二次会议上的讲话中就疫情防控工作明确指出，"既要立足当前，科学精准打赢疫情防控阻击战，更要放眼长远，总结经验、吸取教训，针对这次疫情暴露出来的短板和不足，抓紧补短板、堵漏洞、强弱项，该坚持的坚持，该完善的完善，该建立的建立，该落实的落实，完善重大疫情防控体制机制，健全国家公共卫生应急管理体系。"〔1〕其中，对于改革完善重大疫情防控救治体系方面，提出了完善突发重特大疫情防控规范和应急救治管理办法的明确要求。就监狱系统而言，疫情应急处遇规范体系建设的完善不仅是方针政策的需要，

---

〔1〕 习近平："全面提高依法防控依法治理能力　健全国家公共卫生应急管理体系"，载《求是》2020年第5期。

也是监狱行刑实践的需要。

如前所述，就目前疫情防控的现有规范而言，无论是法律、行政法规或是其他规范性文件，设定的基本场域均为日常生活范畴，防疫的场所以社区为主，防疫的对象以社区群众为核心，防疫的对策集中在政府部门应当如何帮助社会群众提升传染病防治方面的意识、传染病发现后如何控制疫情、如何治疗感染者，以及如何对防控疫情不力的有关人员进行追责等内容，未能全面考虑到不同场域范围、不同对象的防疫工作的个别化问题。对此，应当完善"疫情防控法律——监狱专门立法——行政法规——部门规章"的疫情应急处遇规范体系的顶层设计，与时俱进，更新内容，使得疫情应急处遇工作迈入法治化轨道。在立法完善方面，以《突发事件应对法》《传染病防治法》为抓手，之于前者，考虑在法典内容中增设关于监狱、看守所系统这类封闭环境下的疫情监测与预警、突发疫情应急处遇队伍建设、应急管理培训制度建设、应急设备设施资源保障、应急知识的宣传普及、必要的应急演练、疫情的社会发布等原则性的规定。之于后者，吸收中央最新政策方针，在法典中将新型冠状病毒肺炎纳入乙类传染病范畴，并与传染性非典型肺炎相并列，做到立法与政策的协调一致。在总则、传染病预防、疫情报告、通报和公布、疫情控制、医疗救治、监督管理、保障措施、法律责任等各章节中，加入监狱、看守所这类特殊的封闭场所下疫情防治的相应内容。

至于作为专门立法的《中华人民共和国监狱法》（以下简称《监狱法》），自1994年颁布实施之后对我国监狱法治建设而言具有极大的意义，正如学者所指出，《监狱法》取代了实施40年之久的《劳动改造条例》，改变了监狱行刑主要依赖政策和行政法规调整的局面，使我国监狱工作迈向规范化和法治化；同时，《监狱法》作为刑事执行法的主干法，其颁行标志着刑事法律体系"三位一体"的立法格局初步形成，使得我国的刑事立法结构更趋合理、完备。[1]但与此同时，《监狱法》出台后的二十余年间，其内容并未能根据实践的发展而进行相应的完善，仅在2012年进行了一次修正，变动内容限于与修正后的《刑法》、《中华人民共和国刑事诉讼法》（以下简称《刑事诉讼法》）相冲突的个别规定上。法典通篇78个条文，基本上是对监狱管理各方

---

〔1〕 参见冯卫国："中国监狱法治建设回望与前瞻——从《监狱法》的颁行到再修改"，载《上海政法学院学报（法治论丛）》2019年第4期。

面的原则性规定，不仅内容模糊，还存在大量的立法空白，难以指导行刑实践。对此，司法部于 2019 年将《监狱法》的修订工作列入立法工作重点任务，并深入全国监狱系统开展调研，积极召开专家研讨会，全面吸收各方面意见建议，形成修订草案，并列入国务院办公厅 2020 年 6 月 26 日印发的《国务院 2020 年度立法工作计划》内容之中。鉴于监狱系统于疫情期间遇到的新情况、新问题，以及监狱系统疫情防控常态化工作趋势，建议以此次《监狱法》修订为契机，在监狱生活、卫生管理部分，新增突发传染病应急处遇制度条款，包括有关责任人员、疫情筛查与上报、分级响应、心理危机干预、隔离与救治、物资保障、社会发布等问题的具体规定。

在法规完善层面，与前述的《突发事件应对法》《传染病防治法》相对应，需要及时更新《突发公共卫生事件应急条例》《传染病防治法实施办法》的内容，增设监狱、看守所等特殊封闭场所环境下的突发疫情应对条款。在相关部门出台的以《司法行政系统突发事件应急预案》《关于重大案（事）件处置工作的意见》为代表的专门规范中，应当突破现有规范对于突发事件分级和应急响应标准设置的局限性规定，在现有的犯人脱逃、自杀、人身伤害、劫狱、食物中毒、伤亡人数等分级标准考量范围之外，加入突发疫情的考量指标，即在全国性突发疫情期间，根据当地的疫情防控等级以及本监狱、本监狱场所周边疑似病例、确诊病例情况进行分级响应考察指标的量化设计。同时，重大突发疫情属于司法行政机关重大案（事）件范围中的"重大公共卫生事件"，而监狱、看守所等特殊封闭场所的重大疫情处置工作具有特殊性，因而在处置工作的相关规定上，应当就重大突发疫情的特殊处置措施作出专门性规范。

（二）疫情应急处遇分级响应机制完善

根据《国家突发公共事件总体应急预案（2006）》以及《突发公共卫生事件分级内涵的释义（试行）》的规定，各类突发公共事件按照其性质、严重程度、可控性和影响范围等因素，一般分为四级：Ⅰ级（特别重大）、Ⅱ级（重大）、Ⅲ级（较大）和Ⅳ级（一般）。其中，涉及多个省份的群体性不明原因疾病，并有扩散趋势的，亦即两周内在两个以上省份发生临床表现相同的群体性不明原因疾病，并出现死亡病例，病例数不断增加或疫区范围不断扩大。经国家卫生行政部门组织调查，仍然原因不明的突发公共卫生事件，被纳入Ⅰ级（特别重大）响应范畴；发生群体性不明原因疾病，扩散到县（市）以外的地区的，亦即在一个县（市）行政区域内发生群体性不明原因疾病，有死亡病例发生，并扩散到其他县（市），经省级以上卫生行政部门组织调查，仍然原因不明的突发公共卫生事件，被纳入Ⅱ级（重大）响应范畴；在一个县（市）行政区域内发现群体性不明原因疾病的，亦即在一个县（市）行政区域内发现群体性不明原因疾病，并出现死亡病例，经省级以上卫生行政部门组织调查，仍然原因不明的突发公共卫生事件，被纳入Ⅲ级（较大）响应范畴；县级以上人民政府卫生行政部门认定的其他一般突发公共卫生事件，亦即属于乙、丙类传染病事件，符合《国家突发公共卫生事件相关信息报告管理工作规范》报告标准，但未达到Ⅲ级标准的事件被认定为一般事件（Ⅳ级）。可见，在分级响应问题上，需要出现死亡病例才能被纳入Ⅲ级及以上应急响应范畴。但在监狱系统的疫情应急处遇分级响应机制完善上，鉴于前述监狱疫情防控的特殊性与复杂性，应当在国务院应急预案的基础上大幅度降低要求，构建起监狱系统内部个性化的分级机制，并相应地建构不同级别的监狱疫情分级机制下应急响应的具体措施。

（三）疫情应急处遇联动网络完善

完善监狱突发疫情应急处遇联动网络，防止疫情扩散。监狱疫情的应急处遇需要得到很多部门的联动协助，如此才能把各项措施落到实处。对此，首先就需要将监狱列入当地的联防联控体系，对接当地政法委、卫健委、疾控中心，从而保障疫情期间医用防疫物资的及时到位以及疫情出现后的消杀工作能够顺利进行。其次，需要建立好与当地医疗机构的联动机制，以保证监狱疫情出现时医疗救护人员迅速就位，保障病患得到及时隔离安置，防止由于救治以及隔离措施的延迟而造成疫情的进一步扩散。而对于其中的刑满释放人员，应当考虑执行场所与隔离场所的衔接，在刑期届满之前，协调当地卫健委、疾控中心，安置相应处所，将罪犯从监狱移交到隔离点进行隔离观察，隔离观察期与余刑等同，从而实现刑释人员安全重返社会。再其次，应当联动当地交通部门，当监狱疫情出现时能够及时协助参与服刑人员的转移工作。最后，还应当联动基层司法局，就疫情期间由于封闭管理而导致的罪犯会见难的问题，通过连线司法局进行远程视频会见的方式予以缓解。

完善监狱与其他部门外部疫情应急处遇联动网络建设的同时，还应当完善监狱内部疫情应急处遇联动网络建设，其中需要重点关注组织队伍建设的问题。对此，应当建立起成熟的监狱突发疫情应急处遇小组，下设总指挥——负责指挥协调；联络组——负责疫情信息的及时上报，以及狱外部门机构的协调对接；医疗救护组——负责病患的医疗救助并对接、协助当地医疗机构；调查组——负责疫情事件的深入分析研判，调查此次疫情出现的原因；消杀组——负责监狱各区域的消毒消杀工作，重点对于疫情发现场域部分进行消毒消杀；后勤保障组——负责突发疫情之下的物资协调、供应和分配。

（四）应急处遇下的舆情应对

在新型冠状病毒肺炎疫情暴发期间，部分监狱出现的罪犯感染新型冠状病毒肺炎后引发社会舆论的高度关注和热烈讨论。随后，武汉地区一名刑释人员被确诊后入京，经媒体报道后，迅速成为自监狱疫情出现后的另一重点舆情。根据法制网舆情中心资料显示，前后两起舆情事件形成共振，强烈震荡舆论场，出现了十余个超过亿级的微博话题，其中多个话题登上热搜榜，舆论对监狱管理和疫情防控产生质疑[1]。两次舆情的累积效应将监狱部门推向了风口浪尖，陷入被动局面。于是，突发疫情之下监狱部门的舆情应对问题，就成为完善监狱突发传染病疫情应急处遇机制的一个重要方面。对此，应当从以下方面入手：

一是掌握舆情动态，正确分析研判。提升信息敏感度，以各大门户网站、贴吧、论坛、微博、微信平台为抓手，通过关键词筛查等方式，及时搜集和掌握针对本监狱的舆情事件信息，做到早发现、早应对。进一步将所收集的舆情信息进行分类筛查，正确判断舆情信息的级别。对此，应当首先分析舆情是正向或是负向，如果是负向舆情信息，那么还应当进一步划定舆情等级，如有学者提出了如下的划定标准，即按照舆情的网络传播范围、影响以及引发舆情的事（案）件的性质、危害、后果等因素进行分类[2]，具有一定的可行性。舆情分级的意义在于对不同级别的舆情事件，监狱部门在回应对象、发布范围、反应时间等方面存在着不同的要求。舆情等级归类之后，还应当

---

〔1〕 参见法制网舆情中心：“司法行政篇：监狱疫情舆情叠加 律师舆情风险敏感度上升”，https://xw.qq.com/cmsid/20200728A0G4K800？pgv_ ref＝baidutw&ADTAG＝baidutw，最后访问时间：2020年7月28日。

〔2〕 参见朱志良等：“‘48 小时’涉狱舆情处置机制研究”，载《犯罪与改造研究》2012 年第 3 期。

对舆情产生的原因进行深入的分析，厘清此次舆情事件系监狱部门的直接责任还是服刑人员的个人原因，亦或是个别媒体的恶意抹黑、误导所致，以为采取针对性的措施奠定基础。

二是及时出面回应，进行正向疏导。要抓住舆论走向的主动权，防止媒体负面炒作而致监狱形象受损。经过舆情分析研判后，认定为监狱方面有直接责任或主要责任的，应当以积极的态度去回应舆论的质疑，启动责任追究机制，及时发布事件处理情况；对于监狱存在次要责任的，应当摆明态度，完善机制，堵住漏洞，积极补救；对于监狱不存在责任，舆情诱发系因群众误解、媒体误导所致的，应当在及时留存证据的基础上，迅速与媒体的上级监管部门沟通反映，配合媒体上级监管部门的追责工作，并及时主动召开发布会，向社会群众澄清事实、说明情况、联系相关平台删除不实内容，防止谣言的进一步扩散，及时挽回机构形象。舆情的及时回应非常关键，正如有学者所总结出的"第一时间"法则，即在"第一时间"发布信息，抢在各种质疑、猜测、推断和传言之前发布权威信息，及时满足当事人、媒体和公众的知情权，减少对事件的疑惑和猜测。第一时间主要是解决公众关注和知情权的问题，减少事件中的想象空间，减少各种猜想和质疑，便于让事件进入正常的处理程序[1]。

三是认真总结经验，反思应对过程。在当次舆情结束后，及时总结梳理此次舆情发展的脉络、应对的过程以及效果，总结经验，汲取教训。反思监狱内部在规范建构、制度设计、责任落实等方面存在的不足并不断完善，不断提升舆情应对的能力与效果。

余论：疫情防控下的干警权益保障

疫情之下监狱系统所采取的封闭管理措施，对于阻断疫情的外部输入确实产生了极为重要的作用，使得病毒被阻挡在"高墙之外"，但是与此同时，为了保障监狱行刑工作的顺利开展，干警的心理调适与生活保障工作也应当引起有关部门的重视。鉴于此，一方面，对于干警的心理调适问题，应当积极打造心理帮扶平台，邀请心理学、医学领域的专家学者，通过网络在线或

---

〔1〕 参见朱志良等："'48 小时' 涉狱舆情处置机制研究"，载《犯罪与改造研究》2012 年第 3 期。

入狱讲座等多种方式，开展授课和帮扶活动，帮助监狱干警走出对疾病的认识误区，讲授自我防护方法，引导干警疏解心理压力，增强抗疫工作取得最终胜利的信心，保持向上心态；另一方面，对于干警的生活保障问题，应当在监狱内部畅通反映渠道，认真听取干警的生活诉求并做出及时的应对。同时，应当积极联动基层司法行政机关，调动社会工作者以及志愿者队伍，为干警家属发送医用防疫物资以及生活物资。此外，还应当组建服务团队进驻干警家属小区，设置 24 小时专线电话以随时听取干警家属实际需求，从而提供相应帮助。通过各种积极有效的暖警助警措施，解决干警的后顾之忧，从而得以使得他们以积极健康的心态投入到监狱工作中。

作者简介：

王鹏飞，西北政法大学刑事法学院讲师，法学博士，研究方向为刑法学、刑事执行学

紧急状态下的监狱行刑与罪犯权利[1]

冯卫国

摘　要： 监狱的特殊构造决定了其在紧急状态下将承受更大的压力和挑战，同时还面临管理上的一些难题。紧急状态下监狱可以采取一些更为严格的管控措施，如暂停会见权等。一定范围内的权利克减是合理、正当的，但根据国际人权法要求，罪犯某些基本人权是不得克减的。对于刑期届满的罪犯，不应以任何理由延长其监禁期限，这是刑事法治的底线要求。针对风险社会背景下突发事件增多的趋势，应当在法治框架下，推进监狱应急管理体系与能力建设，提升危机应对的专业性、灵活性、实效性。

关键词： 紧急状态　突发事件　监狱行刑　罪犯　权利克减

一、紧急状态与监狱行刑面临的挑战

在我国，紧急状态一词实际上存在不同的理解。广义上的紧急状态，是指社会因面临突然发生的重大危险或威胁而处于不正常的状况，包括战争、政治骚乱、经济危机、严重自然灾害、重大事故灾难、严重公共卫生事件、重大刑事犯罪（如恐怖袭击、造成大量人员伤亡的个人极端暴力犯罪、监狱暴动等）等，其范围大致相当于《中华人民共和国突发事件应对法》（以下简称《突发事件应对法》）中所指的重大突发事件。狭义的紧急状态，则有着严格的法律程序限制，具体指《中华人民共和国宪法》（以下简称《宪法》）中所指的紧急状态，根据《宪法》第67条、第80条、第89条以及《突发事件应对法》第69条规定，只有全国人大常委会和国务院有权决定紧急状态，并由国家主席宣布。笔者在这里使用广义上的紧急状态的概念。2020年蔓延全国的新型冠状病毒肺炎疫情发生后，全国各省份均先后启动了

---

〔1〕　本研究受陕西省高校人文社科英才支持计划资助。

突发公共卫生事件一级响应机制，但这并非严格意义上的国家紧急状态，因为国家层面并未宣布全国或某一地区进入"紧急状态"。但是，鉴于新型冠状病毒肺炎疫情对国家、社会与公民各个层面的重大威胁与影响，各级政府均采取了最为严格和强有力的应对和管控措施，各地在一定时间内实际上处于紧急状态之中。

在紧急状态之下，社会的基本生存条件遭受破坏或者威胁，社会的运转模式也会发生重大变化。由于自由价值让位于安全价值，安全上升为整个社会追求的首要价值，政府首要的任务是应对危险，保护国家安全与国民安全，尤其是国民的生命健康安全，为此政府的行政权力会出现一定程度扩张，对社会的管控力度前所未有地增强，公民的权利空间必然受到限缩。当然，在现代法治社会，紧急状态下并不意味着对法治的放弃，对公共权力而言，所谓的"紧急时无法律"是没有依据也不被容许的，只是在紧急状态下，优先适用《突发事件应对法》及其他相关法律规定的应急处置措施，其他某些法律或法律的个别条款因为客观情势所限可以暂缓实施。

监狱作为负责刑罚执行的国家特殊机构，在紧急状态下往往面临更多的挑战，在管理上可能会遇到一些棘手难题。监狱关押的罪犯整体上是一个对社会安全具有高风险的群体，日常的管理任务艰巨复杂，而在紧急状态下，有可能同时面对来自外部的威胁，处于内外双重风险威胁之下，而外部风险可能会加剧内部风险，内部风险又可能出现社会外溢现象，管理难度和巨大压力可想而知。新型冠状病毒肺炎疫情在国外暴发后，意大利、巴西、阿根廷、哥伦比亚等国，因为罪犯对监狱取消某些待遇（如放风、会见、假释等）不满，都发生了监狱暴动或集体越狱等恶性事件。另外，监狱所具有的集中关押、人员密集、高度封闭、全控管理等特点，虽然在某些外部突发事件发生后（如社会上发生的事故灾难或暴恐事件等），监狱一般不受影响或受影响较小，相对比较安全，但面对诸如地震、洪水等自然灾害以及传染病疫情时，监狱的防范和处置难度更大。此次疫情发生之初，监狱曾被人们普遍视为"最安全的地方"，但后来个别监狱内发生的疫情表明，一旦管理失误、防线失守，监狱场所的特殊构造使其安全系数更低，而监狱的安全事件往往成为舆论关注的焦点。

另外，监狱作为刑事执法机构，承担着维护社会安全与保障罪犯人权的双重职责，在紧急状态下如何平衡两大职责（亦是监狱执法的基本价值目标）之间的关系，亦值得深思，而以往理论界和实务界对此显然关注不足。这次疫情中监狱遇到的一些问题，刚好为我们提供了思考和探讨的契机。监狱安全与社会安全息息相关，特别是在人类社会步入"风险社会"的今天，监狱在安全问题上并不是相对隔绝的"孤岛"，全面提升监狱的应急管理和抗击风险能力，建构监狱与社会共同应对风险与危机的协同机制，以有效应对紧急状态下面临的管理和执法挑战，这是我们必须面对的问题。

二、罪犯的权利克减及其限度

在进入紧急状态下，国家为应对非常情势之需而颁行某些特别法令，施行某些特别管制措施，对公民权利进行一定的限制，这在法理上被称为"权利克减"，是国际上通行的做法。从国际人权法的角度看，国家在遇到公共紧急状态、自然灾害或战争的条件下，不履行某些国际人权法的义务被认为是合理、正当的。

此次疫情发生后，我国在全国范围内采取了一系列的管控措施，如交通管制、限制居民出行、取消公众集会、关闭娱乐场所等，疫情最为严重的武汉市甚至采取了最为严格的"封城"做法。这些非常措施必然对民众的生活、工作等带来不便。但这些看似限制公民权利的措施，其目的正是为了有效保护公民的生命健康安全，是为维护公众的根本利益而不得不采取的必要手段。实践证明，疫情期间我国果断实施一些管控措施是十分明智的，取得了预期的较好效果。2020 年 3 月以来，随着新型冠状病毒肺炎疫情逐步在全球蔓延，不少国家相继宣布进入紧急状态，实际上采取了同我国类似的管控措施。

紧急状态下无疑需要采取一些非常规举措，但必须强调，紧急状态下的权利克减不是无限度的。一方面，涉及权利克减的特别措施须符合比例原则，对此，我国《突发事件应对法》第 11 条第 1 款规定，有关人民政府及其部门采取的应对突发事件的措施，应当与突发事件可能造成的社会危害的性质、程度和范围相适应；有多种措施可供选择的，应当选择有利于最大程度地保护公民、法人和其他组织权益的措施。另一方面，根据《公民权利和政治权利国际公约》的要求，公民的某些基本人权是不得克减的，如不受酷刑和不人道待遇的权利、不受奴役的权利、不受刑事溯及处罚的权利、法律人格权等。此次疫情防控的基层实践中，个别地方发生了一些过度执法、粗暴执法的现象，这些行为曝光后被当地政府予以制止和纠正；此外还存在一定的地域歧视现象，这也违背了法治的底线要求，受到主流舆论的批评。

相对于普通公民，监狱在押罪犯人身自由被剥夺，权利整体上处于缺损状态，因而紧急状态下针对普通公民的某些权利克减措施，如限制出行、交通管制等，并不适用于监狱罪犯。但这并不意味着监狱不存在紧急状态下的权利克减问题。一些国家的监狱法或刑事执行法对此有专门规定，如《俄罗斯联邦刑事执行法典》第85条规定，在发生自然灾害、劳动改造机构所在地区被宣布紧急状态、非正常状态和战争状态，发生聚众骚乱的情况下，以及发生被判刑人集体不服从改造的情势时，劳动改造机构可以实行特殊条件下的管束制度。在此期间，可以中止被判刑人的某些权利，实行加强看守和监管，实行接触某些客体的特别程序，变更作息时间，限制生产、生活、文化教育、医疗卫生和其他部门的活动。[1]但即使在紧急状态下，罪犯的某些权利同普通公民一样，也是不容克减的，如不受体罚、虐待的权利、人格不受侮辱的权利等。

从我国行刑实践看，紧急状态下对罪犯影响最大的是会见权的行使问题。《中华人民共和国监狱法》（以下简称《监狱法》）第48条规定了罪犯会见亲属、监护人的权利。此次疫情期间，我国多省的监狱系统暂停了亲属会见。从理论上讲，受到影响的还有离监探亲、特许离监等开放式处遇措施的适用，但由于这些制度平时就适用率极低，甚至处于休眠状态，故紧急状态下不会带来大的影响。另外，许多监狱的罪犯离监外出就医受到严格限制，在疫情严重地区，假释人员、暂予监外执行人员的交付接收工作被暂停。上述这些权利克减措施，虽然对罪犯会带来一些不利影响，但这是综合考虑社会安全、监狱安全以及罪犯本人安全后权衡的结果，是合理的也是必要的。与此同时，各地监狱及法院等通过寻求某些替代性的解决方案，减少了相关制度措施暂停执行对罪犯带来的不利影响。例如，在暂停罪犯窗口会见后，通过远程视频会见、增加亲情电话拨打频次等方式，加强罪犯与家人的沟通联系；在罪

---

〔1〕 参见《俄罗斯联邦刑事执行法典》，黄道秀、李国强译，中国政法大学出版社1999年版，第85页。

犯外出就医受限后，一些监狱利用远程会诊系统，为患病罪犯提供诊疗方案；一些法院通过远程视频开庭的方式，审理减刑、假释案件，不因疫情而影响减刑、假释的办理。

在紧急状态下，可否对刑期届满的罪犯采取限制离监措施？这是近来引发很大争议的一个问题。在疫情期间，出现了监狱有刑满人员因疫情不愿出狱的情况，原因是其觉得"待在里面更安全"。有学者建议，为有效应对紧急突发事件，法律可授权政府行使紧急行政权，其中包括延长被拘留和服刑人员的监禁期限。此次疫情期间，也有国家在宣布进入紧急状态后，采取了对刑满人员限制出狱的措施，如西班牙司法部下令，在封城期间的刑释人员继续留在监狱，暂不出狱。但政府强调，这种状况不属于服刑，待刑释人员将在监狱内有更多自由空间，伙食和监室也将由监狱进行适当调整，等疫情缓解后再释放出狱。此外，待刑释人员在监狱里多留一天，政府也将给予一定的经济补助。[1]

笔者认为，服刑人员刑期届满，罪犯身份就不复存在，继续执行刑罚不具有任何正当性根据，无论基于何种理由和方式，延长其监禁期限都是不妥当的，否则便背离了罪刑法定、罪责刑相适应等刑事法治的基石性原则，而这些原则是任何情况下都必须坚守的底线正义，即使在紧急状态下也不能有例外和突破。上述西班牙在疫情期间对刑满人员采取的限制出狱措施，属于紧急状态下的权宜之计，但应当注意，这一措施是在明确刑满人员不属于服刑的前提下采取的，而且政府给予其有别于服刑人员的待遇，以及相应的经济补偿，可以视为紧急状态下政府基于公共利益对公民权利进行的不得已的限制，其性质类似于疫情期间"居家隔离令"等自由限制措施，不应理解为延长服刑期限或者刑罚意义上的羁押，当然，刑满人员不能及时离监返家，遭受更大的自由受限的损失，所以才有经济补偿的问题。

我国《监狱法》第 35 条规定："罪犯服刑期满，监狱应当按期释放并发给释放证明书。"根据法律要求，对于刑满人员，监狱应当依法及时办理释放手续，并协助其亲属及有关安置帮教机构，妥善进行安置。即便在紧急状态下，如果不存在特别危险和急迫的情况，这一规定也应当得到遵守。对于家

---

〔1〕 参见西班牙司法部："封城期间刑满人员暂不出狱"，载《环球时报》2017 年 3 月 17 日。

在外地、因交通受阻等原因一时无法返家的，监狱应协调有关机构，落实临时安置措施，为刑满人员提供食宿帮助。在疫情期间，还要教育刑满人员做好出狱后的自我防护，配合政府的疫情防控工作，出狱后遵守居住地的管控与隔离措施；对于感染病毒或疑似感染的刑满人员，应当及时转送社会医疗机构隔离救治。新型冠状病毒肺炎疫情期间，我国监狱的刑满释放工作基本上是平稳有序的。根据司法部的要求，对隔离观察期间刑满的人员，监狱在办理释放手续后，应将其安置在监管区域外继续隔离观察。对所有罪犯在刑满释放前都进行 14 天隔离观察。对距刑满不足 14 天的，在依法办理刑满释放手续后，沟通协调有关部门将其安排在特定场所继续隔离观察，直至满 14 天为止。这体现了严格遵循法律、切实保障人权的要求。各监狱同有关司法行政机关密切合作，依法及时办理释放手续，克服各种困难，认真落实必接必送、无缝对接、妥善安置等要求。

疫情期间，也发生了极个别在刑满释放方面处理不当的问题，如某监狱刑释人员被亲属驾车违规接往北京的事件引发全国关注。在这一事件中，笔者认为监狱虽有一定责任，但过错不在于释放刑满人员本身，刑满释放是监狱必须履行的法定职责和义务，问题在于，相关部门在发生疫情的特殊期间，尤其是在该监狱内部出现疫情的情况下，对刑满人员释放后安置工作的对接、限期隔离以及对疫情现状与政府防疫要求的告知方面，没有严格落实有关要求，尽到应有责任。另外，也反映出监狱与有关机构在刑释人员安置及疫情防控方面，存在衔接不畅的问题。

突发事件的种类和紧急状态的具体危险程度是不尽相同的。如果面临特别严重和急迫的危险，如发生严重的洪水、地震等自然灾害，在灾害尚未完全结束、交通完全被阻断等情况下，为了刑释人员的安全考虑，允许其暂时留在监狱，待危险消除再出监返家，这是为了保障罪犯生命安全而采取的人道措施，并不构成对刑释人员权利的限制，是各方面都可以理解和接受的。当然，监狱应当对刑释人员宣告刑满的情况，并征得其同意，同时解除对其的羁押状态，另行安排食宿。

与上述问题相关的一个问题是，在紧急状态下，对于暂予监外执行到期的罪犯，可否暂不收监，适当延长监外执行的时间，在紧急状态结束后再收监执行？笔者以为这一做法是可行的，可由监外执行的原决定机关斟酌而定。

暂缓收监有利于分担紧急状态下监狱面临的压力，而且这一做法并不涉及对罪犯权利的克减问题，操作上是不存在法律障碍的。

三、加强监狱应急管理体系与能力建设

中共中央政治局常委会 2020 年 2 月 3 日召开的专门会议上指出，要针对这次疫情应对中暴露出来的短板和不足，健全国家应急管理体系，提高处理急难险重任务能力。监狱作为关押和改造罪犯的场所，本身是各种矛盾的汇聚地，潜藏着大量的突发事件的诱因，而来自监狱以外的自然灾害和其他安全风险交织叠加，使监狱安全面临更大考验。加强监狱应急管理体系与能力建设，应当成为新时代监狱工作的重要内容。我国监狱系统对这方面的工作一直是比较重视的，监狱应急管理体系初步形成，曾有诸多次成功的危机处置实践，如 2008 年 "5·12" 汶川大地震发生后，四川省多所监狱受损严重，并面临泥石流等地质灾害的威胁，在司法部及四川省政府的领导下，相关监狱临危不乱，组织有力，处置得当，成功进行了近 2000 名服刑人员的大转移，未发生一起脱逃、闹事、伤亡等安全事件，创造了紧急状态下监管改造工作的奇迹[1]。但现有的监狱应急管理尚存在诸多不足，例如：监狱应急管理的法治化水平不够高，针对突发事件与紧急状态的某些必要举措缺乏立法的授权与规制；对监管安全方面突发事件（如罪犯脱逃、暴动、袭警、劫持人质、群体斗殴、自杀等）的防控处置机制比较完备，但对来自监狱外部的风险因素普遍关注不足，应对机制较为薄弱；紧急状态下监狱同地方政府及社会的协同机制不够健全，如疫情期间暴露出监狱同驻地政府防疫体系未完全对接，疫情信息共享存在脱节等现象，这不利于社会整体的抗疫工作；此外，还存在监狱工作者整体的危机管理意识、能力和专业化水平薄弱的问题。这次疫情期间，个别监狱因防控不力而发生了疫情感染事件，表明监狱系统在应急管理的意识、能力与机制等方面，都存在一定的短板或漏洞，亟待加以改进与完善。

监狱应急管理体系与能力建设是一个系统工程，也是需要常抓不懈的持续过程。近年来，随着我国监狱管理的规范化、专业化、科学化水平不断提

---

〔1〕 参见张藤青："以生命的名义——关于四川监狱在抗震救灾中以人为本行刑理念的思考"，载《中国司法》2008 年第 7 期。

高，监狱内的脱逃、暴力行凶等安全事故大幅度下降，中国监狱成为世界上最为安全的监狱之一。但必须清醒地认识到，在风险社会背景下，监狱安全面临的风险与压力实际上在持续增大，风险源在不断扩大，社会上发生的一些事故灾难（如公共卫生事件、环境污染事件）都有可能波及监狱。监狱在继续做好监管安全这一基础工作同时，要密切关注自然灾害、传染病疫情等可能对监狱安全的影响，不能因为其发生概率低而忽视外部风险的威胁。此次疫情给了我们诸多警示，抗疫期间我国监狱管理中出现的一些新情况、新问题，应当认真加以检讨和分析；同时，疫情期间国外监狱的一些经验与教训也值得借鉴。在深入研究基础上，应进一步推进监狱突发事件应对机制的完善，包括防范机制、预警机制、协作机制、处置机制、善后机制、保障机制等。要完善监狱应急管理的决策与指挥机制，赋予紧急状态下监狱主管部门与监狱更多的灵活处置权限。要加强日常的教育、培训，提升监狱工作者危机管理意识与应急实战能力，还要注重对罪犯宣讲、普及防灾救灾方面的知识，进行疏散、逃生等模拟演练，提高其危机时刻的避险自救能力，一旦发生自然灾害或安全事故，能冷静对待，避免过度恐慌，并采取正确的反应措施，积极配合监狱的应急处置，尽可能减小灾害带来的损害后果。要注重灾后的心理救助工作，以平复罪犯的恐慌、焦虑等不良情绪，疏导与缓解干警的心理压力，尽快恢复正常监管改造秩序。此外，还要关注相关的信息公开与舆情应对问题，监狱与社会相对隔离的特点，使其在公众中有一定的神秘感，一旦发生事故，容易成为社会瞩目的热点事件，如果不主动披露应当公开的信息，甚至有意遮盖，不但不利于应急处突中争取社会的配合支持，还可能助长一些负面信息的扩散，损害监狱机关的形象。为此，监狱应当加强同主流媒体合作，及时回应公众关切，主动引导舆论。

监狱可能面临的风险和灾害是多样态的。要在梳理和分析各种风险源及其特点的基础上，类型化地制定监狱突发事件应急预案，促进危机应对的专业性、针对性和实效性。例如，当突发地震、洪水等自然灾害，监狱设施安全面临严重威胁时，如何及时有序地转移罪犯，确保罪犯生命安全，同时保证监管秩序稳定；当疫情发生后，如何落实最严格的全封闭管理，暂停狱内生产劳动、集中教育等一切聚集性活动，严禁外来人员与车辆进入，如何与防疫部门保持及时沟通，在第一时间筛查和发现疑似感染者并送医诊断治疗，将密切接触者隔离观察。

法治时代的监狱应急管理必须有法治思维。紧急状态下的监狱行刑工作在一定条件下需要打破常规，甚至突破某些法律的一般性规则，但须以法律的授权为前提。在此方面，我国现行法律体系存在缺失，《监狱法》《突发事件应对法》等相关法律，对此问题都缺乏相应规定，这制约着监狱应急管理工作的效能，亟待通过相关法律的修订予以回应。建议在《监狱法》的修订中，对监狱突发事件的防控与处置做出专门规定，明确监狱突发事件应对的组织指挥体系、相关主体的权限与责任，并列明监狱突发事件的类型、级别及响应机制等。应当指出，法律即使做出规定，也必然是原则性的规定，具体操作问题应在相应的实施细则及应急预案中予以明确。笔者以为，当务之急是在相关立法中明确赋予紧急状态下监狱机关的紧急行政权。紧急行政权是应对紧急状态的一种特别权力[1]。监狱的刑罚执行权在本质上是一种行政权，即刑事裁判的执行权，在紧急状态下可能会采取某些非常规的措施，如前述的临时限制或者取消罪犯的会见亲属权，这些措施当属于紧急行政权的范畴，但现在面临法律依据不足的问题，有待立法的确认和规范。《突发事件应对法》第12条规定了人民政府及其部门为应对突发事件，可以征用单位和个人的财产。这里的政府部门是否包括监狱，监狱面临突发事件时，在紧急情况下是否拥有征用有关社会上某些设施、物资的权力，应当在相关细则中加以明确。

另外，针对监狱面临的突发事件与紧急状态，还可以考虑设置一些特别的罪犯处遇措施。现行法律已有一些相关规定，如《监狱法》和《中华人民共和国刑法》（以下简称《刑法》）均规定，罪犯在抗御自然灾害或者排除重大事故中，有突出表现的，构成重大立功表现，应当减刑。在自然灾害等来临时，加大刑事奖励和行政奖励的力度，以调动罪犯的积极性，积极配合和参与抗灾应急工作，这在现行法律框架内是没有问题的。需要关注的是，在紧急状态下可否考虑根据紧急状态的具体情形及监狱管理工作之需要，赋予监狱管理机关在暂予监外执行的决定上更大的机动权，放宽刑事诉讼法等规定的适用条件？在一些其他国家和地区，一些主管机关或行政长官拥有这

---

〔1〕 参见江必新："紧急状态与行政法治"，载《法学研究》2004 年第 2 期。

样的紧急行政权。如此次疫情期间，意大利为政府为缓解监狱人员密集状况，计划释放超过 6000 名囚犯，使其到监狱外通过电子监控方式服刑[1]；美国一些州开始释放轻罪囚犯，部分地区的指令表示，在公共卫生紧急情况结束后，一些囚犯将被要求返回监狱，美国联邦政府亦有释放联邦监狱内的部分老年犯、非暴力犯的计划[2]；伊朗暂时释放了约 8.5 万名囚犯，这些囚犯只要检测呈阴性并交纳保释金后就可以出狱。不过，刑期 5 年以上的重犯不包括在内[3]。瑞典则为了缓解监狱人满为患问题，避免狱内发生聚集性感染，计划遣返更多在瑞典服刑的外国公民，回到他们各自的国家服刑，为此，瑞典政府已经提出了一项立法修改，以方便将罪犯转移到其他国家[4]。一些国家和地区在疫情期间的这一做法，顾及了监狱安全但不利于社会安全，显然在我国根本不具有现实可行性。但若是疫情之外的其他某些自然灾害发生后，监狱监管设施受损、各种资源极为紧张的情势下，放宽暂予监外执行的条件，甚至把一定范围的假释决定权交给监狱管理机关行使，在充分考虑社会安全的前提下，通过刑罚执行方式的变更使部分危险极小的罪犯提前出狱，以缓解监狱的巨大压力，这一问题是值得探讨的。还可以考虑紧急情况下的暂时释放制度。

在监狱应急管理方面，还应当考虑的一个问题是监狱工作者的责任追究与容错机制。一方面，监狱的工作性质决定了任何时候都必须坚持从严治警、严格管理的原则和要求，在突发事件和紧急状态下更要严明纪律、严格责任，纪律涣散、敷衍塞责，可能会贻误危险防控的战机，带来不可挽回的严重后果。但另一方面，法不强人所难，在紧急状态下，身处一线的监狱工作者面临诸多未知因素和不确定性，如果其尽到了应尽职责，没有故意和重大过失，即使客观上发生了一定的损害后果，也应当保持足够的宽容，起码不应轻启

---

〔1〕 参见 "意大利监狱 15 人确诊，考虑释放 6000 人在狱外服刑"，载海外网：http://news.haiwainet.cn/n/2020/0326/c3541093-31751809.html. 最后访问时间：2020 年 3 月 29 日。

〔2〕 参见 "美国政府释放数千名狱因应对监狱疫情传播风险"，载中新网：http://www.chinanews.com/gj/2020/03-29/9140889.shtml. 最后访问时间：2020 年 3 月 29 日。

〔3〕 参见 "疫情严重，伊朗暂释放约 8.5 万人，防病毒在监狱内大范围传播"，载网易新闻：http://mp.163.com/v2/article/detail/F7UESI6405313S8L.html，最后访问时间：2020 年 3 月 30 日。

〔4〕 参见 "向疫情'举手投降'后，瑞典决定遣返外国囚犯，减小防控压力"，载网易新闻：http://3g.163.com/3g/article_ cambrian/F82SMFGI051597DN.html. 2020 年 3 月 31 日。

刑事制裁手段，要避免那种不问具体情形和缘由、仅仅依据结果而问责的不合理做法。过于严苛的追责不仅有失公允，而且会打击士气，对危机应对产生负面影响。所以，建立合理的容错及将功补过机制是有必要的。

作者信息：

冯卫国，西北政法大学刑事法学院教授，刑事法律科学研究中心研究人员，法学博士，博士生导师。主要研究方向为刑事政策学、刑事执行法学

推进监狱治理体系和治理能力现代化

——论应对新型冠状病毒肺炎疫情的中国监狱之治

赵世伟

摘　要： 面对前所未有的新型冠状病毒肺炎疫情的重大考验，监狱系统主动担当、积极应对，充分发挥了有力的安全保障作用，同时也暴露出了一些问题与不足。面对新型冠状病毒肺炎疫情"大考"，首先，本文系统总结了中国监狱应对疫情的治理现状与经验，并进一步剖析出现的问题及其成因；其次，在全面把握疫情防控对监狱治理深远影响的基础上，提出了推进监狱治理体系和治理能力现代化面临的重大挑战；最后，提出了加快推进监狱治理体系和治理能力现代化的政策建议。

关键词： 治理体系　治理能力　监狱之治

引　言

现代化的监狱治理体系和治理能力既要能够应对常态化问题，同时也要能够经受得住"非常态"危机的考验。2019 年底至 2020 年初，新型冠状病毒肺炎疫情在中部特大城市武汉暴发，此后迅速席卷全国，成为新中国成立以来疫情传播速度最快、感染范围最广、防控难度最高的一次重大突发公共卫生事件。[1] 面对前所未有的严峻考验，监狱治理体系的既有短板与疫情防控中暴露出的新问题相互交织，在这样的情况下，提升监狱执法体系与执法能力显得十分紧迫而必要。诚如习近平总书记在针对疫情防控工作时所强调的，

---

[1] 参见卿菁："特大城市疫情防控机制：经验、困境与重构——以武汉市新冠肺炎疫情防控为例"，载《湖北大学学报（哲学社会科学版）》2020 年第 3 期。

这次疫情是对我国治理体系和能力的一次大考。[1]疫情防控历程及成效是对监狱治理能力的一次全面检验，如何进行科学化、精细化、规范化管理，不断探索提升监狱治理水平的路径，是推进监狱治理体系和治理能力现代化的重要内容。总体而言，如何以此次疫情防控为契机，通过总结评估现状、分析面临的挑战、反思改进方向，进一步推进监狱治理能力与治理体系建设，更好地应对诸如新型冠状病毒肺炎疫情等突发公共卫生事件，是值得研究的问题。

一、疫情发生后的监狱系统综合执法应对情况

新型冠状病毒肺炎疫情发生之后，监狱系统严格贯彻依法防控的要求，全面落实党中央疫情防控的部署安排，积极履行有关疫情防控的法定职责，加强对危害疫情防控行为的执法，强化执法保障，全力做好疫情防控工作。基于监狱的环境封闭性、人员流动性与聚集性特点，监狱在应对疫情防控工作中尚存在不少风险与难点。在监狱疫情防控工作中，某个环节的小疏漏，都有可能造成监狱疫情防控工作大纰漏，因此监狱系统必须以最严措施、最严作风、最严纪律坚决打赢疫情防控这场硬仗。[2]在这样的情况下，各省司法行政系统监狱民警全部进入战时状态，全面实行"隔离备勤——封监执勤——居家备勤"的封闭式管理。监狱的一线干警纷纷主动请战要求奔赴抗疫一线，参加封监执勤。秉持着"若有召，召必回，战必胜！"的信念，坚决打赢疫情阻击战。可以看到，疫情发生以来监狱系统的疫情防控工作有序开展，监狱一线执法人员发挥了重要保障作用。在抗击疫情第一线，各省司法行政系统无数迎着风险、无畏"逆行"的共产党员用坚强党性筑起抗击疫情的"中流砥柱"，用实际行动践行着自己的初心和使命。

（一）加强组织领导，有效发挥综合执勤队伍力量

为打赢疫情阻击战，各省市监狱认真贯彻落实司法行政系统的统一部署，落实各省市党委、政府的工作部署，加强与卫生疾控部门的协调与配合，全

---

[1] 参见习近平："在中央政治局常委会会议研究应对新型冠状病毒肺炎疫情工作时的讲话"，载 http://www.gov.cn/xinwen/2020-02/15/content_5479271.htm，最后访问时间：2020年1月9日。

[2] 参见秦飞："重大疫情背景下的公安监所应对机制研究"，载《上海公安学院学报》2020年第1期。

力做好监狱系统安全稳定保障工作，为打赢疫情防控阻击战发挥了重要作用。例如，司法部要求各省监狱认真查找监狱管理和队伍建设中存在的漏洞，坚决打赢疫情防控阻击战；江苏省监狱系统成立全省监狱系统疫情防控应急指挥部及办公室，建立医疗防护、监管安全、指挥调度等8个工作专班，各监狱均成立由"一把手"负总责的指挥部及工作专班，汇聚疫情防控强大合力；天津市监狱每天早晚两次召开疫情防控碰头会，及时掌握和研判疫情防控情况，构建全方位防控网络，实现人员、区域、环节全覆盖，做到防控无盲区、工作有重点；贵州省监狱局主动征求省疾控中心有关领导和专家意见，印发《关于做好新型冠状病毒感染的肺炎疫情防控工作的紧急通知》，对全省监狱疫情防控进行部署，并成立疫情防控青年突击队，出色完成各项执勤工作；广东省监狱局印发了《关于进一步做好新型冠状病毒感染的肺炎疫情防控的通知》，对全省监狱监管区实施全封闭管理，全力确保监狱安全。

（二）严格执法标准，全面落实各级主体责任和防控措施

监狱系统迅速成立组织机构，密切关注疫情，强化分析研判，根据监狱工作实际，牢牢抓住疫情防控的关键。

一是坚持主要领导亲自抓。省局成立疫情防控领导小组，负责全省监狱疫情防控工作的组织领导；各监狱戒毒场所对应成立领导机构和办事机构，负责本单位疫情防控工作；各级党委切实履行主体责任，各单位主要负责同志切实履行第一责任，坚守岗位，靠前指挥；全系统与疫情防控工作有关人员，全部放弃春节假期，提前返回工作岗位投入防控工作。

二是坚持围绕监狱管理精准抓。监狱实行封闭管理，采取封闭执勤模式；设立检测点，经体温检查、核酸检测、健康扫码等确认健康的干警方可入内；暂停亲情帮教，停止办理罪犯离监探亲，停止监狱开放日，暂停警示教育活动；暂停外协人员进入狱内，进狱车辆一律消毒，由干警佩戴防护设备驾驶；非急危重病犯一律停止外诊，危重病犯请专家入监诊治；加强食品安全管理，严格落实进货查验、采购记录等制度；落实每日化学消毒措施等。

三是坚持摸底排查严格抓。将2020年1月1日后往返、途经武汉和与武汉亲友有过接触的干警及外协，近期与武汉籍亲属进行过亲情会见的罪犯，列为重点严格摸排对象，对有接触史的罪犯医学隔离，有接触史的干警居家

隔离，所有有接触史人员全部建立名册，全部实行钉钉、微信等位置实时共享。

二、应对新型冠状病毒肺炎疫情监狱治理暴露的问题及成因

据中国新闻网报道："截至 2020 年 2 月 25 日 24 时，全国共有湖北、山东、浙江三省五所监狱发生罪犯感染新型冠状病毒肺炎疫情，共有确诊病例 555 例、疑似 19 例、重症 4 例。"[1]此次在监狱发生的疫情传播事故，反映了监狱管理和防控疫情中存在严重漏洞，同时是个系统性问题。监狱是人群密集的地方，但罪犯的行动受到严格控制，只有狱警等工作人员与社会有接触，只有严重的思想松懈和管理漏洞才会让监狱形成如此让人震动的疫情传播。以上提到的三省五所监狱的防控显然流于形式主义，工作人员的社会接触和监狱内部的防范这两道关口皆出现纰漏，这样的局面才有可能发生。山东、浙江和湖北都实施了严厉的追责，这几起重大事故向全社会敲响了警钟。但只有警钟是不够的，只有通过总结评估问题、分析深层次原因、反思改进的方向，才能杜绝此类事故再次发生。

总结此次出现的问题，从监狱治理视角深入剖析其深层次的原因，主要有以下几个方面：

（一）思想上的重视不够

思想上的不重视可谓安全上最大的隐患。湖北省武汉市女子监狱，距离武汉肺科医院不到 100 米，监狱干警上下班和肺科医院病人看病是在同一个公交站乘车，在全面实行封闭前，可能就出现了民警带"病"入监的问题。由于思想上的松懈，在疫情暴发的最初阶段没有立即采取相应的防范措施，导致了病毒输入，直到监狱中的罪犯也出现了疫情才引起重视。在人群密集而罪犯受到严格控制的监狱出现疫情事故，可见一开始该监狱在思想上对新型冠状病毒肺炎疫情的重视就远远不够。

（二）风险认知能力不足

未知的风险永远走在人类的前面。比如 2003 年"非典"的暴发，2014 年上海外滩踩踏事件，2015 年"8·12"天津港事故，再到 2019 年响水"3·

---

〔1〕 参见"综合消息疫情暴发趋势得到控制三省监狱连发聚集性疫情"，载中国新闻网：http://www.chinanews.com/gn/2020/02-21/9100277.shtml，最后访问时间：2020 年 12 月 15 日。

21"爆炸事故等,都存在着对风险认知不足的问题,导致了事故发生或升级。如同今年的新型冠状病毒肺炎疫情,我们想不到病毒在多重因素叠加耦合下会演变成巨大灾难,我们也想不到在封闭式管理、罪犯受到严格管控的监狱里竟会出现犯人感染疫情的事故。所以说,不知风险是最大的风险。

(三) 严格防控管理不到位

湖北省的汉津监狱、浙江省的十里丰监狱、山东省的任城监狱,这些监狱发生疫情,都是由于个别干警不如实报告接触过湖北疫区的人员。接触之后不如实报告,隔离不彻底,导致输入病例。疫情在监狱传播,充分暴露出部分领导干部思想认识不深刻,干警管理不严格,防控措施落实不力,工作中存在严重形式主义、官僚主义等问题。疫情防控的管理措施未进行严格实施,管理环节的缺失都有可能导致严重后果。

(四) 治理制度体系不完善

监狱治理法规制度的科学性、时效性和可操作性有待增强,相关政策存在碎片化、"打补丁"现象,依法防治能力还有待进一步增强;监狱治理应急管理相关法律法规和标准规范体系还不健全,政策制度的系统性、协同性还不够强,无法满足全系统、全领域、全方位、全流程覆盖的要求;特别是在重大疫情应对、公共卫生应急管理等机制存在明显短板,跨部门、跨机构协同联动机制及政学研用协同创新机制等还有待健全。

三、新型冠状病毒肺炎疫情对监狱治理现代化的挑战

面对新型冠状病毒肺炎疫情这样的突发公共卫生事件,监狱治理能力的不足与漏洞逐步显现,要高效完成艰巨的疫情防控任务,对监狱治理体系与治理能力建设来说是一次全新的挑战。

(一) 疫情防控对监狱治理应对能力提出了新要求

随着新冠肺炎疫情这一突发公共卫生事件的发生,全社会运行进入非常态,监狱系统执法面临新的任务和突发情况,依法科学有序防控至关重要。在疫情防控的特殊时期,行政执法权力行使要更加谨慎。先行处置执法权的行使范围扩大、社会公众的合理忍受义务加大、公共安全危机管理中的信息公开要求更高、权力运行的任意性程度加大,这些情况更需要防止执法带来

的消极作用，这对监狱执法队伍应急处置能力提出了更高的要求。[1]因此，如何确保突发公共卫生事件中行政应急权力的有效、正确行使，如何在积极采取各种行政应急措施的同时，及时和充分保障罪犯的权利，需要执法人员在执法过程中兼顾与统筹。各地在疫情防控过程中，罪犯不配合、情绪不稳定、罪犯家属忧虑现象时有发生，如何安抚罪犯情绪、如何与罪犯家属进行有效沟通、如何应对媒体对监狱的关注，在疫情期间如何让罪犯安心接受监狱改造，这些问题都对监狱治理带来了一些挑战，加大了执法难度。

（二）疫情防控对监狱专业预防机制提出了严要求

医疗专业化建设提升了监狱的整体医疗保障能力与水平，但监狱的医疗专业化建设侧重于对服刑人员提供基本医疗保障，以及对于常见基础疾病的救治，针对重大疫情发生时的整体专业预防与应对机制还有待强化。一方面，监狱应对疫情的发现机制有待完善。目前监狱对罪犯的日常健康检查主要是心肺、血压等常规检查项目，而在此次新型冠状病毒肺炎疫情中，轻症患者的症状往往并不明显，仅靠常规检查方案难以做到及时、有效发现，对疫情的发现能力也是监狱医疗专业预防机制中的短板之一。另一方面，监狱应对疫情的消毒与隔离机制需要专业指导。在疫情发生之前，罪犯的相应监室分布主要是根据罪犯年龄、案件性质、诉讼阶段等基本要素进行分配，而疫情发生后的消毒与隔离等措施离不开专业人员的指导。

（三）疫情防控对监狱体系高效运转提出了更高要求

疫情防控过程中，各省监狱系统要做好安全保障工作，而做好这项工作并不简单，它需要内外统筹兼顾。一方面，对外需配合好公安、卫生等部门开展疫情防控工作，在现有条件下必须统筹安排执法力量，进一步完善与相关部门的执法协调机制，高效完成各项任务；另一方面，对内需协调好狱政管理、教育改造、刑罚执行、狱内侦察、生活卫生、劳动改造、安全监管、公司生产科、警务督察等部门参与封监执勤，做到业务指导端口迁移，机关科室工作恢复常态，做好监内外协调统筹等工作。上述问题都对监狱的高效运转提出了更高的要求。

---

[1] 参见吕朝晖："推进基层监所应急管理体系和能力现代化建设探析"，载《中国司法》2020年第4期。

（四）疫情防控对监狱执法力量与装备带来挑战

抗击疫情期间，监狱应急执法任务增多，对执法能力形成新的挑战。在专业方面，由于日常突发卫生公共事件的应急演练或培训不足，监狱执法人员往往缺乏传染病防治专业知识，有可能导致自我防护能力不足，自身面临感染的风险。在人员力量配备上，疫情防控工作任务繁重，有的监狱人员配备有限，24小时三班倒，对执法干警身体健康构成巨大压力；特别是面对来自疫情较重地区的罪犯时，执法干警还承受着害怕感染的心理压力。执法装备能力上，防护经费不足、防护装备紧缺，一定程度上也会影响执法效率。执法信息化建设应用在疫情防控中的重要性也进一步凸显，特别是对执法信息共享提出了新要求。[1]

四、推进监狱治理现代化的政策建议

为做好重大疫情期间监狱防控工作，推进监狱治理体系与治理能力现代化，本文根据监狱疫情防控风险与工作要点，从观念改变、执法工作机制、专业处置能力、执法保障建设、执法作风建设、排查与责任追究机制、智能技术支撑七个方面提出建议。

（一）深入贯彻现代应急管理理念

一是认真学习、深入贯彻、全面落实习近平总书记关于全面依法治国、防范化解重大风险、防控新型冠状病毒肺炎疫情等方面一系列重要讲话、批示指示精神，将其全面贯穿、切实体现在监狱治理体系之中。[2]二是认真贯彻落实党中央、国务院关于加强应急管理工作的决策部署，贯彻"两个坚持、三个转变"的防灾减灾理念，坚持与时俱进，以现代应急管理和风险管理理念、理论为指导，对以往相关立法进行系统梳理、审视、评估、动态调整，在今后立法中充分贯彻落实，以不断适应新形势、新问题。

（二）完善疫情防控执法工作机制

一是各级监狱机构有必要设立应对突发公共卫生事件的综合性常设机构，

---

〔1〕 参见王滋海："基于危机生命周期理论的监狱突发事件处置研究"，载《法制博览》2018年第25期。

〔2〕 参见季丽春："监狱突发事件应急管理存在的问题及对策"，黑龙江大学2015年硕士学位论文。

提升快速应对能力。可以建立应对突发公共卫生事件应急处置法律顾问办公室，为制定疫情防控政策措施和处理特殊案件提供法律意见。二是完善联合执法机制。加大联合执法力度，完善与卫生、公安等部门协调、配合工作机制，有效整合执法资源，发挥各部门专业特长，提升应对能力。三是健全执法协助机制。开展疫情防控执法活动需要监狱各部门联合协作的，应建立快捷协作方式。

（三）提升疫情防控专业处置能力

一是加强应对突发公共卫生事件专业知识的培训学习。各监狱要开展疫情防控日常培训与疫情发生后防控的专题快捷培训，让监狱执法人员熟悉疫情防控执法相关法律法规，学习疫情防控应急处置措施。二是突出重点领域执法。集中执法力量加强与疫情防控有关的重点领域执法力度。加强执法检查，完善举报快速响应机制，及时发现疫情传染征兆。三是加强日常应急演练。各级监狱应进一步增强突发公共卫生事件应急预案的可操作性，建立应对突发公共卫生事件的应急演练制度，定期实施演练，不断提高应对能力。要制定应急演练实施方案、演练计划，对疫情防控各环节进行全方位模拟演练，确保演练效果。

（四）切实加强疫情防控执法保障

一是建立应对突发公共卫生事件执法专项经费制度，确保执法所需装备充足，采取有效措施，增强监狱干警的自我防护能力。二是建立应对突发公共卫生事件的执法干警的关爱制度。切实关心关爱一线干警，落实爱护干警的有效措施，强化安全防护，既要保持抗击疫情的旺盛战斗力，又要坚决防止发生因防护不到位导致的感染病毒和伤亡事件，对工作中表现突出的执法干警，要给予表彰和奖励。三是坚持和加强党的领导，切实发挥党员领导干部示范引领作用、基层党组织战斗堡垒作用、党员先锋模范作用，让党旗在疫情防控第一线高高飘扬。四是认真做好宣传和舆论引导工作，大力宣传基层一线的感人事迹，及时发布权威信息，引导整个监狱系统增强信心、坚定信心。

（五）强化应对疫情防控执法作风建设

一是依法履行疫情防控相关职责。执法干警应依法履职尽责，加大监督检查力度，对于没有依法履行职责的，滥用职权、玩忽职守、徇私舞弊的，要依法严肃处置。健全突发公共卫生事件监狱应急值班制度、应急报告制度和应急举报制度。二是合理合法实施应急行为，防止执法权力滥用，保障服刑人员的合法权益。突发公共卫生事件下行使行政应急性权力存在滥用的可能，监狱应按照法治的基本要求，规范自己的应急行为。三是保障服刑人员知情权与保护个人隐私。在应急处置阶段，应明确公开与保密之间的界限，建立起统一完整的执法信息公开系统，提高监狱公信力，增强危机应对处置能力。坚持必要性原则，应急措施与所要达到的目的相适应，保护依法临时接受隔离医学观察服刑人员的个人隐私并保障其不受歧视的权利。

（六）完善疫情防控排查与责任追究机制

在此次疫情中，由监狱干警引发的输入性传染案例来看，对监狱干警及工作人员开展疫情防控启动前排查是非常有必要的，所以应增加对干警及工作人员的疫情输入风险排查。同时，针对疫情防控责任落实情况，有必要进一步完善责任落实机制。在疫情防控工作中，干警履职情况直接关系到疫情防控工作的落实效果。对干警及工作人员责任追究的内容应当包括以下两个方面：一方面，是否如实上报个人及家庭近期轨迹及相关信息的情况，这对疫情的输入风险评估具有重要价值；另一方面，是否严格按照工作方案执行疫情防控措施的履职情况，即是否按规范执行消毒、人员隔离、风险排查等工作措施。制定与实施疫情防控启动前的排查与责任追究机制，既是加强疫情期间监狱干警与工作人员队伍管理的举措，也是确保疫情防控方案有效落实的重要保障。

（七）完善智能技术支撑下的管理机制

减少不必要的人员交叉流动，是降低疫情在监狱内传播的重要方式。疫情防控方案启动后，监狱会采取一些控制非必要的人员流动的措施，如停止亲情帮教、监狱开放日等日常工作。但随着疫情防控时间的延长，封闭式管理环境下的服刑人员也会因此出现一些焦躁、担忧等情绪波动的现象，对这些现象进行干预是有必要的。以智能技术手段为支撑，采用视频会见、视频社会开放、远程开庭、电子签名等方式，在有效节约时间与人员流动成本的同时，还能够在疫情期间降低人员交叉流动与外来疫情输入性风险。完善智能技术支撑下的管理保障机制，主要需要解决以下三个方面关键问题：一是在技术保障与支撑下，打破传统监狱管理模式，完善视频会见与视频会议保障设施，能够在疫情期间成为监狱服刑人员日常管理保障的有效替代机制；二是根据智能技术带来的管理机制变革，调整疫情期间内部管理与办公模式，要避免因在线办理不及时可能导致的工作效率低下的问题。三是完善智能技术支撑下的管理保障缓解机制，有助于推动疫情期间监狱管理工作正常化，保障监狱的安全稳定。

作者信息：

赵世伟，贵州省安顺市监狱政治处四级警长

通讯地址：贵州省安顺市西秀区轿子山镇大洞口村安顺监狱

邮　　编：561000

邮　　箱：870673862@ qq. com

联系电话：17385330263

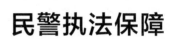

民警执法保障

对监狱民警担当作为的容错思考

许华忠

摘　要：容错是担当作为的前置规则。新时代中国特色社会主义建设的宏伟蓝图，必然需要从政治和法理的角度为发展扫除障碍。在监狱治理中倡导担当作为，引入容错操作，既是对大政方针的响应，也是依法治监的承载。本文围绕监狱担当作为的容错机制，从时代背景、当前现状、规划建构、实践操作进行较为系统的思考探讨，重在体系建构和操作运用，期以容错激发更多担当作为推动监狱现代治理。

关键词：监狱　治理　理念　研究

中国社会进入新时代，宽容改革失误、允许试错宽容失败、健全激励机制和容错纠错机制擘画渐起，中共中央办公厅印发的《关于进一步激励广大干部新时代新担当新作为的意见》将容错思维、容错倡导、容错实践推向新高度。2019 年以来，北京、福建、江苏等省市监狱管理部门先后针对性地制定了适用于本省市的容错举措，在实践探索上迈出实质性步伐。其他地方也相继在探索推进中。纵观系统内外，容错仍旧是一个需要直面的问题。

一、容错担当，治理监狱的现代需求

在党的十八届三中全会上，习近平总书记将"推进国家治理体系和治理能力现代化"作为全面深化改革的总目标。在庆祝改革开放四十周年纪念大会上，他再次对此作了强调。

监狱治理现代化，是紧跟中央战略部署，贯彻落实习近平总书记重要讲话精神，在政治上保持与中央高度一致的体现。新中国监狱治理，从最初的接管旧监狱到凭借"天险"重"人防"，从"收得下管得住跑不了"到"提高改造质量培养守法公民"，总在不断进步发展。但越往深处走，人民的呼声越高，治理难度越大。随着形势的发展，国家和人民对监狱治理的要求愈来愈高，如：让人们在每一个司法案件中感受公平正义，让监狱成为化解社会矛盾的主战场，确保党对监狱工作的绝对领导，确保政治上的绝对忠诚，推进监狱管理的标准化、规范化、智能化，推动监狱工作融入社会整体治理格局，等等。监狱治理需要向现代化迈进。

现代治理相对于传统治理，是在传承基础上的突破和创新。未知领域的探索必然存在风险。根据治理的实践和经验，在迈步现代的过程中，往往会出现一些预料之外的情况，会面临一些重大的挫折和考验，会有一些失败和失误的可能。意外的发生，既是谁都不希望的结果，同时也给涉事单位和民警个人带来心理压力，产生"止步"还是"迈步"的疑虑。叫停追责还是坚定不移支持鼓劲，对相关单位和人员后续工作的态度和行为，对最终结果影响重大。现代治理必然是监狱治理的时代担当和紧迫课题。监狱治理的现代化之路不会一马平川，更不可能毕其功于一役，尤其需要担当奉献、创新创造。

包容失误，从本质上讲就是推进监狱现代治理的尺蠖之屈。允许出错，才能让行进者从一开始就放下负重前行的沉重包袱。善待试错，方能解决开创中"一朝被蛇咬十年怕井绳"的可怕桎梏。

二、容错缺失，束缚担当作为

从现实情况看，尽管现代治理是人心所向、大势所趋，但民警的担当热情并不高。具体表现为"三多三不为"现象：

追责多，不愿为。多年来，针对监狱民警的制度规则，更多地表现为"从严治警一本书，从优待警一句话"。自上而下，研究从严管理，制定处罚举措，兑现处理规定的案例比比皆是。据有关统计，当前正在执行的与监狱民警相关的法令、条例、办法、纪律及追责规定已经超过 300 条[1]。由于害怕被追责，自然会出现民警担当热情不高的现象。

事务多，不得为。监狱工作涉及方方面面，就省局层面一般涉及近 30 个处室，就处内部看，以办公室为例，至少涉及文秘、研究、行政等 7 大事项。放在基层监狱普通民警，自然是"上面千条线，下面一针穿"。监管、改造、党建、学习，哪一项都不小，哪一项都不能少。事情多了，自然就可能应接

---

[1] 参见余剑平："监狱罪犯'抗改事件'执法困境与破解路径——对衡阳市监狱建立'抗改事件'执法容错纠错机制的调查与思考"，载《湖南警察学院学报》2019 年第 2 期。

不暇，长此以往，自然会出现怠性惰性。

缺失多，不能为。标准化管理、规范化操作、智慧化监狱，对监狱工作的要求越来越正规化、专业化、职业化，对监狱民警执法管理提出了更新更高的要求。一些民警未能做到与时俱进，未能及时更新思维意识、没有提高能力水平，出现了政治领悟不够、政策把握不准、法律法规执行不好，导致"老办法不能用，新办法不会用，自己的办法不管用"，加剧了自身的迟滞落后，难以有效作为。

造成上述现象的根本性原因在于容错制度性缺失，导致它没能在现实中挥发出应有功能作用，因而也就无法有效激发责任担当。制度性缺失主要表现在三个方面：一是制度的完全缺失，以监狱系统为例，仅少数省份有相应动作，大多数省份仍停留在理论探索阶段，仍是以政策表述为主。其政策的原则性和灵活性有余而制度的规范性和量化不足。二是制度的形式缺失，用指导性的意见代替规范性的制度，这实际是大多数单位实践中的常规做法。容错的政治考量大于法律规章上的规范。把意见以办法、规定、条款的形式先试行起来，并在实际工作中不断检验完善，才能使治理向法治不断靠近，推动容错展开的治理依据和法理支撑。三是制度的内容缺失，指虽然有制度，但相当于形同虚设，将容错仅停留在呼吁口号的层面，缺乏可操作性层面的保障，缺乏具体的客观指引使得容错仍属于主观判断而显得苍白无力，容错免责的预期目的根本就不可能科学实现。

凡此三种，缺乏明确的规范要件，或以文件代替规范，或有规定却太过于粗浅主观，严重忽视客观层面的评价标准和判断要素，有无制度都会因难于评价或过于主观化的评价，而丧失制度应有的功能。

三、建构容错，扫除干事创业阻碍

在监狱工作中，把容错正式提出来，积极应用于助推监狱事业发展各项事务中，结合监狱工作实际，不断探索规范容错的监狱特色和经验，以容错的硬核操作不断消减影响民警工作激情的不利观念、环境、机制及误区。可以预见，这是当前及今后一段时期内，系统内监狱党委和各级组织推动工作的常态。

第一，以法治思维为导向，树立正确容错理念。在传统的监狱治理中，犯了错误受处理是天经地义的。创新的探索在工作中也有，但总体上按部就班居多，上行下效居多，守成持旧居多。在推进现代监狱治理中，必须强化提升各类主体的法治思维，从法治的层面认识到容错是组织行为，更是法治行为，从单位和领导层面抓起是基础。一是统一容错思想认识。对干事创业的组织和个人给予容错，是党中央领导全国人民建设习近平新时代中国特色社会主义，呼唤干部担当作为的重大决定。作为党领导的监狱机关和听党指挥的监狱民警，与党中央在思想和行动上保持高度的一致性，不争论不迟疑不蛮横，把容错的各项要求领悟到位，贯彻到底，是讲政治维护中央权威的体现。二是培养容错思维意识。对世界的认识和改造，是一个从未知到已知的过程，在过程中存在曲折、挫折的可能。良好的意愿并不必然产生预期的结果。人的有限理性[1]决定了人不可能永远按照最优路径作出决策选择。人生不管在哪个阶段，不管是否在体制内，都可能犯错失败。失败是成功之母，善待错误并不会阻碍进步。要在容错纠错中树立非经法定程序、非因法定事由，民警不受责任追究的原则和理念，客观公正评价民警行为，正向激励民警敢于担当履职。三是正确理解容错内涵。容错之"容"是包容不是纵容。包容意味着"可以理解，能够容纳"，在主旨要义是经得起推敲考验的，是好心好意下的失误纰漏。纵容则是明知不对而出于疏忽或不可告人的目的，放任或期望一种后果的出现。出发点的不同，决定了错误的性质，决定了责任的有无和大小。"三个区分开来"无疑就是判断标准，也是容错的基石。任何时候任何情况下都不能变通更改。容错既指向个人，也指向受管理的下级单位和部门。

第二，建构法治方式，健全容错机制。2013年11月党的十八届三中全会就提出了容错的构想。党的十九大报告中明确提出，坚持严管和厚爱结合、激励和约束并重，完善干部考核评价机制，建立激励机制和容错纠错机制，旗帜鲜明为那些敢于担当、踏实做事、不谋利的干部撑腰鼓劲。截至2020年4月，资料显示全国监狱系统仅有四五个省出台了容错相关举措，仍没有统一

---

〔1〕 社会协作系统学派的创始人切斯特·巴纳德（Chester I. Barnard, 1886-1961）认为，人并非是"完全理性的经济人"，而是只具有有限的决策能力和选择能力。因此任何个人在一般条件下都只能拥有"有限理性"，人们在决策时不可能追求"最优"的结果，而只能追求"满意"的结果。他在1938年出版的《经理人员的职能》一书中详细阐述了自己的观点。

的全国性的指导意见或者是上位法规。可见，监狱系统的容错力度仍不够。在建构监狱系统容错纠错机制时，应立足监狱执法实际，注重问题导向及可操作性。一是构建监狱系统权威容错制度。笔者理解容错之行为是一个未违反法律法规的行为，从事物的一体两面来讲，尽可能完善法律法规，则是对监狱民警执法行为的法治保障。但观之我国监狱工作的法律规定仍较为单一，监狱法的修订也一直停留在草案阶段。目前的再次修订，是建立民警容错纠错机制的良好契机，立法层面的尽可能完善，是对民警依法执法的最强保障，可以促进民警依法履职。目前，中央和地方的容错机制在文本上已经明确，各省监狱在这方面落实情况参差不齐，即便已经出台的也不规范，其内容和指向虽各有侧重，但表述不够严谨规范的现象也存在，并且在措辞上也过于拘束。其他省市在行文中也把"依法履职保护"提出来了，但很难找到"容错"的字样。作为执法管理机构，究其原因，就在于没有全国统一的系统通行的规范文本。公安部制定的《公安机关维护民警执法权威工作规定》已于2018年12月19日发布并于2019年2月1日起施行。司法部可以在相关方面加快进度，并在统一规定的前提下，要求各地监狱系统据此制定实施办法。自下而上的探索最终要通过自上而下的规范推广。二是构建监狱与相关部门联合容错机制。监狱容错纠错机制并非单一的内部职能行使，涉及部门较多，作为刑罚执行的末端环节，我们与公检法司等机关都有法律上的关联，如在执法管理上，罪犯的抓捕把监狱与公安机关联系起来，罪犯的判决收押把监狱与法院联系起来，罪犯的狱内服刑改造把监狱与检察机关联系起来，罪犯刑满释放把监狱与地方民政部门联系起来。还有驻狱武警、合作企业、新闻媒体，等等。监狱要积极谋求与这些部门签订工作谅解备忘录，不苛求已经处理完毕的监狱管理事项的瑕疵。要形成国家行政管理部门、专政机关在维护政权稳定、维护国家形象方面的利益一致性和目标同向性，杜绝内耗。诸如在罪犯出狱后的索赔上，只要未触及法律的明确规定，就不宜为追求办案成绩而忽略其他。定期组织召开监狱与相关部门的执法管理联席会，及时通报相关情况，开展执法管理联席工作的交叉检查，为容错奠定坚实的信息和制度基础，建构友好环境氛围。三是规范容错内部通报制度。对于已经明确的失误，既要在一定范围内通报防止重蹈覆辙，又要注意一定的范围层次，还要强调相关的纪律规矩；防止出现片面的理解认知，造成不必要的恐慌怨言。把容错事件归类于内部管理和工作秘密，对于出现外传泄露的要追究相关人员责任。四是建立容错纠错的法律救济机制。监狱启动容错纠错是对行为的事后客观评价，这种评价应建立在客观事实的充分调查上，要以事实为依据，根据查明的事实客观公正评价，应充分听证，允许当事人进行陈述、申辩。充分利用监狱公职律师熟悉监狱法律事务的优势，引入监狱公职律师法律援助机制，为当事人委派公职律师提供法律帮助，充分保障当事人合法权益。

第三，净化法治环境，营造良好容错氛围。就调研判断，目前监狱系统总体上是缺乏容错环境氛围。由此造成一些单位、个人即便意识到了工作差错，也要想办法去遮掩失误，以侥幸之心最终让小错铸大错。容错，在某种意义上是对错误的阻止和纠正。监狱应该让容错成为今后助推事业发展的常规选项。一是宣传动员，强化试错主流认识。在全体民警中广泛宣传，深入学习《关于进一步激励广大干部新时代新担当新作为的意见》，组织民警围绕"大力教育引导干部担当作为、干事创业""鲜明树立重实干重实绩的用人导向""发挥干部考核评价的激励鞭策任用""切实为敢于担当的干部撑腰鼓劲""着力增强适应时代发展要求的本领能力""满怀热情关心关爱干部""凝聚形成创新创业的强大合力"七个方面进行大讨论。通过监狱论坛、专家讲座、政策宣讲，突出担当作为在新时代推进监狱工作实现新作为的紧迫性和必然性，从理论研究和实践发展的结合，预测和指导监狱工作中容错的表现和环节。援引、介绍和比较省外监狱系统在这方面的动作及相关规定操作，激发"比学赶帮超"的压力和动力，扩展视野启迪智慧思维。引导广大民警树立敢作敢为意识，发展创新意识，挫折意识、无畏意识。二是纠偏扶正，维护担当创新激情。借鉴近年来兴起的"执法管理回头看"活动，针对2013年11月以后对民警在监狱工作中出现的追责问责案例进行一次全面系统的复查复看。以中央的容错政策为依据和指导，再次核查，弄清事实、适用的内部规章制度是否准确，是否存在偏颇，是否存在理解和处理上的误区，是否体现了容错的精神要义。对于明显与政策相抵触、有重大疏漏的，要作修正，要为民警澄清事实。对正在处理的案例，更要慎重稳定，要把容错的筛查过滤放到重要位置。对于当事民警主动提出核查或提供新证据的，要按案件的处理期限，按期回应当事者。要让基层和民警看到上级党委、纪委在容错上的决心和诚意。三是聚焦主责主业，鲜明组织立场观点。重点围绕急难险重的监狱工作展开，在这些工作中适宜开宗明义表明容错态度，梳理具体容错情形，在创新探索的工作失误中看主流、看积极面，让干事者有进退腾挪空间，减轻瞻前顾后隐忧。在急的方面，事发突然要当机立断，能够站出来处理已经需要很大的勇气，能够有效地处理就不容易，不宜过多求全责备。在难的方面，既是众所周知的困难，当然不会那么一帆风顺，一时的挫折或迟滞并不至于影响全局，要能够忍耐和等待。在险的方面，危机挑战的特征明显，对此的牺牲勇毅和选择，要鼓劲赞誉，哪怕有瑕疵。时穷节乃现，危难见英雄。在重的方面，涵盖了重要和重大两个方面，基本属于点多面广线长的情势，在体力、耐力等方面要求较高，基本上都是事关全局、牵连系统的重要工作，在细枝末节上出现问题的几率大，要多理解多支持，尽力减少防止和减少干扰。

第四，厘清法治边界，防止容错出现误区。推进建立容错机制，属于广义的立法立制范畴，是对行为主体相关行为造成错误事实认定的基础上的责任豁免，需要从政策层面上升到法律法规层面，从制度层面正视监狱民警在执法过程中的责任风险，使之担起该当之职，负起该当之责，使权责相当，权责一致。因此需要强化对容错的正确认识，在执行过程中如果缺乏政治敏锐性或别有用心也会有违制度初衷。正确理解和推进容错才能使其达到预期目标，防止出现误区。一是坚守前提。保持与中央的高度一致性，按照"三区分四原则六要件"要求，具体结合监狱工作实际，在行为方面以十个"是，不是"来判断：（1）是合法行为，不是非法行为；（2）是工作行为，不是社会行为；（3）是担当行为，不是推诿行为；（4）是清醒理智行为，不是胡搅蛮干行为；（5）是探索行为，不是成熟行为；（6）是鼓励行为，不是禁止行为；（7）是利他行为，不是利己行为；（8）是民主行为，不是独断行为；（9）是可纠正行为，不是不可弥补行为；（10）是单次行为，不是重复行为。这些前提在具体细节中可能不是百分之百符合，但至少是绝大部分符合，不能逾越法律底线。此外，在民主方面，应急中可能就缺乏相应条件，因而不能生搬硬套。其他未曾涉及的要从实际中完善，并非一成不变。二是把握尺度。容错之错，还要从错误本身来衡量其可容不可容或能够在多大程度上来容。容错并非是完全不负责任，而是在条件许可时免除和减少部分责任。容错也不是恣意妄为而是有理有据地探索推进。比如，给党和国家事业造成了重大损失，应该就不在可容之列。容错不是为了犯错，而是为了不犯错少犯错。容错不是犯错的护身符。即便从主观上来讲并无恶意，从客观上却可能出现投入越大损失越多，当然需要及时叫停，一意孤行就需要追责。这其实与邓小平同志强调的"摸着石头过河"的精神是相通的。在改革创新的路上，要有备而为，以充分的调研论证思考、缜密的部署衔接、意外的防范补救为前提，循序渐进不作无谓之争不逞匹夫之勇。要坚决避免好心办坏事。三是厘清边界。主要从法律角度讲。监狱是执法部门，不论是惩罚改造罪犯还是监管防范，都有法律条文的规定。对公民讲，法无禁止即可为；对公权力讲，法无授权即禁止。民警以监狱为对象的行为，客观上应归于公权力的行使，要以法规衡量。理论界出现了容错不适用于法治的声音，认为可能成为徇私舞弊的保护伞。容错，就当下还是属于政策范畴。从社会发展脉络分析，法律是固定的政策，政策是灵活的法律。容错，当然要响应实践，也必然应遵从法律。实践中，法律禁止行为就是高压线，容错在法律许可行为未深化细化的方面，在法律尚未涉及的领域，秉持法治精神做探索。如对异地转监犯的管理教育，对新入狱即为老弱病残罪犯的管理等，尤其需要担当创新，将工作转入正轨，以容错划出边界线。

四、运用容错，释放担当作为活力

容错是一个前后相连的系统操作，是倡导担当、追究责任、容错归整的三位一体。在以容错释放监狱活力中，首先要突出担当作为"三个重"。第一，重奖。应当建立鼓励担当奖励推进机制。古人常说：重赏之下必有勇夫。需担当作为之事，除了要讲政治讲忠诚，还要讲能力讲奉献讲实干。干净担当，攻坚破难者，就要善于发现，善于拥树，优先奖励、专项奖励、授予荣誉称号，相关福利政策优先、倾斜。在实干中得到奖励，在奖励中实干，形成良性循环。第二，重用。应当建立人才发现推进机制。好钢要用在刀刃上才能更显钢的作用威力。通过急难险重的任务考验，通过关键重要岗位磨炼，通过组建专业人才库后备储蓄人才，进一步强化德才兼备实绩优先，让敢想能干者优先得到重用，体现"能力越大责任越大成长越快"。鉴于实职的名额有限，结合机构和职级并行改革，可在非领导任职上做考虑。让干事有用武之地、有用武之意。第三，重看。应当建立激励褒奖机制，关心支持一心在监狱事业上求突破做贡献的民警，在系统内民警中多褒扬实干者，通过现场办公、走访慰问、送温暖送祝福、心理咨询辅导等活动和形式，消除疑虑解除担忧，让感恩奋进的动力越来越强大。其次要分清追责的"三个先后"顺序。在监狱工作中出现失误时，在内部调查处理中转移思维角度，以正面为基本面负面为改进面。第一，执法在先，存疑置后。面对罪犯及其他妨碍监管执法者的行为，要维护法律权威，在把依法行政放在第一位，允许事后的质疑，不纵容当场无理对抗。第二，激励在先，问责在后。对于担当作为中发生的问题，组织首先要对该担当作为中可能出现的风险以及可承受的损失作预估，对敢做敢当的决定和行为作支持性评价，肯定闯关突破行为，对于经验证需要加大投入或时间证明的，不搞一刀切不做全盘否定，该支持的继续扶持，该纠正停运的及时止损再启动问责程序。第三，信任在先，调查在后。对监狱民警执法管理的素质能力，要有基本的信任，要从平时的考核检查、教育培训、政治引领、理想信念塑造中预先做基础判断，相信民警对是非善恶、价值选择、道德操守、利害关系的选择，相信民警担当作为的动机、目的和所作的努力。调查核实中重事实重实证，不偏听偏信偏执。再其次要凸显容错的"两个三"。一是容错处理的三个级差，即一级容错，事关监狱整体大局，担责的主要是监狱及监狱领导，由厅局党委（纪委）做出；二级容错，事关（科）监区工作整体，担责的主要是（科）监区及（科）监区领导，由监狱党委（纪委）做出；三级容错，事关分监区（班组）事务，担责的主要是普通民警，由监区党支部（监狱政工部门）作出。一般不作超级或调级容错追责处理。二是容错处理的三种结果：第一，不作负面评价，这适用于主动担当作为，但群众有反映或领导有指令，没有明显失误，工作仍在进展中不便立即做结论的情况，但要有回复有报告同时也要通知当事者阶段性处理结果；第二，降格负面处理，这适用于主动担当但确实存在问题的，从问题性质、损失大小、补救措施成效等方面综合研判，保护积极性主动性减少破坏性，在政策和规章的包容度内就轻不就重；第三，消除负面舆论，这适用于存在报复、诬陷并形成了一定影响的非正常案例，以纠处肇事者、单位澄清、补全和恢复相关名誉待遇为主要形式。

作者信息：

许华忠，四川省监狱管理局政治部

通讯地址：四川省成都市滨江中路 1 号

邮　　箱：myxuer96@163.com

联系电话：19983225738

试论建立监狱人民警察执法保障机制

孟雁泽

内容摘要： 监狱人民警察担负着维护监狱的安全稳定、执行刑罚、教育改造罪犯、预防再犯罪的职责。由于狱情复杂、执法环境变化等因素的影响，监狱人民警察在执法履职过程中，不可避免地承受着执法风险。为此，本文通过对监狱人民警察执法现状分析，提出建立监狱人民警察执法保障机制的必要性，以及建立监狱人民警察执法保障机制的对策和措施。

关键词： 监狱民警　执法风险　保障机制

监狱人民警察担负着维护监狱的安全稳定、执行刑罚、改造罪犯、防止重新犯罪的职责。由于狱情复杂、执法环境变化等因素的影响，监狱人民警察在执法履职过程中，不可避免地承受着执法风险。为了更大限度地降低执法风险，非常有必要建立起监狱人民警察执法保障机制，使之做到事前有预防、事中有支撑、事后有保障，以依法维护监狱人民警察的合法权益，切实保障监狱人民警察依法履行职责。

一、监狱人民警察执法现状简述

（一）执法的主要法律依据

监狱民警主要是以《中华人民共和国宪法》（以下简称《宪法》）为根本，以《中华人民共和国监狱法》（以下简称《监狱法》）为核心，以《中华人民共和国刑法》（以下简称《刑法》）、《中华人民共和国刑事诉讼法》（以下简称《刑事诉讼法》）等法律为协调，以行政规章、条例、命令为辅助。

《宪法》是我国的根本大法，是法治的核心，是国家法治建设总的依据。其中第 28 条更是明确规定要惩办和改造犯罪分子。

《监狱法》是一部全面、系统、专业调整监狱工作最基本的法律。它明确规定了监狱的性质是人民民主专政的工具。监狱是对判处死刑缓期 2 年执行、无期徒刑、有期徒刑的罪犯执行刑罚的场所。监狱的主要任务是惩罚和改造罪犯，实行惩罚和改造相结合、教育和劳动相结合的原则。还规定了监狱管理的基本制度，刑罚执行的基本原则与运行机制，罪犯的法律地位与权利义务，狱政管理，对罪犯的教育改造和劳动改造，对未成年犯的教育改造等规定。

《刑法》《刑诉法》中也有关于刑罚适用和监狱改造罪犯的条款。

此外，还有国务院及有关部门制定的用以调整监狱工作的行政法规和规章。

（二）执法的主要内容

监狱民警的执法活动，是依据《监狱法》的规定具体展开的：

第一，要维护监狱的安全稳定，维护狱内正常的改造秩序，依法严格科学文明管理罪犯。第二，教育和改造罪犯，使其认罪悔罪，自觉接受改造，将其改造成为守法公民。对罪犯的改造表现进行考核计分，罪犯所得的分数直接影响到对其的奖惩。第三，对符合条件的罪犯办理减刑、假释材料，呈报人民法院裁定，对符合监外执行的罪犯，办理相关材料，呈报省级监狱管理局审批。此外，还负责罪犯的物资采购、后勤供应、生活卫生、就医、会见、通信等法律法规予以规定的内容。

（三）执法中存在的主要风险

监狱民警执法风险主要是指监狱民警在对罪犯执行刑罚和改造过程中，遭遇执法错误、人身伤亡、财产受损和其他不测事件的可能性。

随着监狱布局调整的基本完成，监狱的设施和装备有了很大的改善和提高，民警的安全意识进一步增强，防范措施有力，执法导致的人身伤亡、财产受损的风险相对较低；监狱民警执法风险主要为因执法造成错误而承担法律或行政上的责任的概率越来越大。

第一，监狱民警执法风险造成的刑事责任，包括：失职致使在押人员脱逃罪；徇私舞弊减刑、假释、暂予监外执行罪；虐待监管人员罪；私放在押人员罪；刑讯逼供罪；故意伤害罪；受贿罪；徇私枉法罪；玩忽职守罪；敲诈勒索罪；侮辱罪；故意泄露国家机密罪；过失泄露国家机密罪；非法拘禁罪；非法搜查罪等15项。

第二，监狱民警执法风险造成的行政责任，包括：散布有损国家声誉的闹事言论；泄露国家秘密、警务工作秘密；弄虚作假，隐瞒案情，包庇、纵容违法犯罪；非法剥夺、限制他人人身自由，非法搜查他人身体、物品、住所或者场所；从事营利性的经营活动或者受雇于任何个人或组织；索要、收受、侵占罪犯及其亲属的财物；刑讯逼供或者体罚、虐待罪犯；侮辱罪犯人格；殴打或者纵容他人殴打罪犯；为谋取私利，利用罪犯提供劳务；违反规定，私自为罪犯传递信件或者物品；非法将监管罪犯的职权交给他人行使；人民警察违法使用警械、武器，造成不应有的人员伤亡、财产损失，尚不构成犯罪的；对符合收监条件的罪犯拒绝收监的；对在押罪犯在监狱内的违法犯罪行为，应当立案侦查而不予立案侦查或者侦查终结应当移送起诉而不移送起诉的；发现在押罪犯尚有余罪、漏罪，不及时转报或者为其隐瞒不报，阻碍有关案件查办工作的；弄虚作假或者未按法定条件提请批准在押罪犯暂予监外执行、减刑、假释的；其他违法行为等 17 项。

二、目前监狱人民警察执法风险有增加的趋势

当前，我国进入了全面依法治国的新的历史时期，对执法工作提出了更高的要求，要求公开公平公正执法，文明科学执法，这无疑是十分正确的。与此同时，监狱罪犯数量和结构也发生了很大变化，民警的执法风险有日益增加的趋势。即便是检察官，也有可能因为错误批捕造成重大过失而被追究法律责任，法官也有可能因为错误判案造成重大过失而被追究法律责任。而监狱人民警察，由于执法地位不对称，就更有可能因执法过错而被追究法律责任。现举例如下：

（1）最近媒体披露的某省某监狱，5 名执法民警，因殴打 1 名违规违纪罪犯致死，被法院以故意杀人罪分别判处 11 年、10 年、9 年不等的有期徒刑。

（2）最近媒体披露，某省某监狱，6 名监狱特警于 2017 年 1 月 20 日因用电警棍殴打 1 名打人、袭警的罪犯致死，被法院以故意伤害罪分别判处 4 年、3 年 6 个月不等的有期徒刑。

（3）广受关注的某省孙某某案，因违法违规办理孙某某在某监狱服刑期间减刑手续的几十名监狱系统警察，被追究法律责任，分别被判处几年至十几年不等的有期徒刑。

（4）某省某监狱的几名民警，因几年前曾违规办理一名罪犯劳动考核加分，致使该罪犯得以减刑（释放后重新犯罪），被追究法律责任。

（5）据媒体披露，近几年因违法违规办理罪犯保外就医、减刑、假释而被追究法律责任的监狱人民警察，全国不少地方都存在。

（6）监狱人民警察因玩忽职守造成罪犯脱逃，或致使发生狱内重大案件而被追究法律责任的案例也屡见不鲜。

以上案例充分说明，监狱人民警察执法风险客观存在，且近年来有日益增加的趋势，必须引起足够的重视，及时采取措施予以化解。

三、建立监狱人民警察执法保障机制的必要性

（一）增强队伍凝聚力和战斗力的需要

监狱人民警察担负着执行刑罚、改造罪犯和预防重新犯罪的任务。新中国成立后监狱工作开展七十年来，在党的领导下，监狱民警成功地改造了一千三百多万名罪犯，重新犯罪率低于5%，为国家和人民守住了防线，取得了举世瞩目的改造成就，为社会稳定、国家长治久安作出了重大贡献。实践证明，监狱人民警察是一支特别能吃苦、特别能战斗、特别能奉献、党和人民完全可以信赖的队伍。在新的历史时期，尽管要求更高、压力更大、风险也更大，但监狱人民警察仍义无反顾地积极投入为国家和人民执法履职之中。但如果不能及时地管控风险，发生比上述更严重的案件，势必影响到民警队伍的稳定，削弱队伍的战斗力，损害队伍的形象，给监狱工作带来更大的损害，也给国家带来损失。因此，非常有必要建立起人民警察执法保障机制，将执法风险降至最低限度，以保持队伍的稳定，提高队伍的战斗力。

（二）依法履行职责的需要

《监狱法》第5条规定："监狱的人民警察依法管理监狱、执行刑罚、对罪犯进行教育改造等活动，受法律保护。"该条规定过于原则、笼统，且无具体的"职业保障"规定，不利于民警在执法履职过程中排除后顾之忧，全力以赴完成职责任务。

（三）依法维护社会公平的需要

作为监狱工作主体的监狱人民警察和公安民警、法官、检察官一样，为国家的长治久安和法治建设作出了应有的贡献。同时，同为执法者，都面临

着特殊职业的挑战和压力，承担着法律风险。国家在法律层面上，较好地为公安民警、法官、检察官建立起执法保障机制，而监狱人民警察也理应得到同等待遇，以体现党和国家对监狱民警的关心爱护以及社会公平公正。

（四）保障监狱人民警察合法权益的需要

监狱人民警察长年累月地工作在执行刑罚、改造罪犯的一线，每天都要与罪犯打交道，工作强度较大，休息难以保障，因此人身安全、休息权、身体和身心健康权、家庭保护权、政治和经济待遇权（包括得到培训和晋升）等权利也应得到切实保障。

四、建立监狱人民警察执法保障机制的对策和措施

执法风险是客观存在的。监狱人民警察执法过错既有主观原因，也有客观原因。化解风险，降低过错几率，必须从教育预防入手，筑牢思想防线；建章立制，规范执法，筑牢法治防线；加强职业保障，给予有效救济，筑起保护防线，以努力消除执法风险。

（一）加强政策和法律的教育培训

第一，加强思想政治和廉洁执法教育。要加强思想政治教育、廉政自律教育，使监狱民警树立正确的"三观"，强化廉洁意识，算好政治账、经济账、家庭账，自觉抵制各种不良风气的干扰，做到公正执法、文明执法、廉洁从警。增强底线思维，不触动红线和高压线。使每名监狱民警真正做到堂堂正正做人，清清白白执法，踏踏实实做事，增强抵御风险的能力。

第二，加强政策和法治教育。要增强法治意识和执法风险意识，教育监狱民警端正执法指导思想，做到依法执法，牢固树立法律至上、法律面前人人平等的法治观念。通过教育，使民警知道哪些该做，哪些不该做，什么情况下是失职、渎职，什么情况下要负刑事、行政、经济责任，使之能做到严格依法办事，自觉地尊重法律，按制度、程序办事，减少执法风险发生几率。

第三，要加强业务培训。采取有力措施，确保监狱民警能及时得到学习、培训、充电的机会，以适应新时期的执法需要。特别是基层监狱民警，工作时间长、任务重，常年忙于具体事务，用以进行知识更新的时间和精力有限，更应该给予学习、培训、参观考察的机会。要针对业务要求，制定培训课程。通过学习培训，提高综合素质和业务能力，全面提高执法能力，提高对法律

的运用力、对制度的执行力、对犯情的判断力、对罪犯的管教力、对紧急情况的应变能力和处理能力，有效地降低执法风险。

（二）加强信息化建设，提高科技装备水平

加快监狱信息化建设，运用现代信息技术，促进狱务公开、执法公开，提高执法的透明度，提高执法水平，提高工作效率。建设智慧监狱，加大软硬件的投入，引进高科技和现代化装备，使用科技力量对狱内进行全方位的监控和信息处理，解放警力，使监狱执法活动更加阳光。

（三）完善制度建设，健全执法程序

通过制度建设进一步规范监狱民警的执法行为，将一切执法行为纳入法治化、规范化、科学化轨道。进一步明确职能权限，权力运行规则和程序，做到执法有理有据。特别是进一步完善执法风险较大的监狱危机管控制度，对罪犯考核计分制度，办理减刑、假释、监外执行（保外就医）制度，使用警械、武器装备制度等。健全执法程序，严格按照法律法规、制度、规定、程序执法办事，杜绝执法随意性。努力用完善的法律、法规、制度、程序为监狱民警筑起一道安全防线，使执法风险降至最低限度。

（四）制定相关执法保障法规政策

《监狱法》的颁布实施，标志着我国监狱法律体系的初步健全。但毋庸讳言，监狱立法还不够完善，不够配套。《监狱法》仅对监狱工作作了原则性规定，没有制定执行细则，对监狱民警执法保障更未作出规定。因此，相关部门应该补充制定"监狱法实施细则"，从法律层面上进一步完善监狱管理制度，规范监狱民警执法行为，使监狱民警执法过程中更加有法可依。比照《中华人民共和国法官法》（以下简称《法官法》）、《中华人民共和国检察官法》（以下简称《检察官法》）制定监狱民警职业保障的法律规定，从法律上建立起监狱民警执法保障制度。探索在司法部和省、自治区、直辖市设立监狱民警惩戒委员会，负责从专业角度审查认定监狱民警执法违犯有关法律规定的行为，提出有无违反职责的审查意见，供有关部门作出相应的处理。同时可在监狱部门设立监狱民警权益保护委员会，维护监狱民警合法权益，保障监狱民警依法履行职责。

（五）加强内部纠错和惩戒力度

其一，要充分发挥纪检监察和督察部门作用，加强执法监督，着力构建和完善监督体系。对领导干部的监督，特别是对"一把手"的监督，要着力贯彻落实《中国共产党党内监督条例（试行）》，严格监督民主集中制和"三重一大"集体决策机制的落实情况。要加强对刑罚执行、狱政管理、教育改造等风险较大的岗位监督，对减刑、假释和保外就医、计分考核、奖惩等执法工作的办理程序全程进行监督，防止徇私舞弊等违法行为的发生。要拓宽监督的领域和范围，对负责管理人、财、物的部门和人员，要多敲警钟，防止发生腐败和失职渎职等违法违纪行为。

其二，要加大对违纪违规民警的纠错惩戒力度，规范责任追究。发现民警有不按制度、不按程序办事的现象，要及时教育或进行诫勉谈话；对不听教育的要及时调离岗位；对违纪违规造成不良后果的，要及时给予党纪政纪处分；对情节恶劣、后果严重的，要依法依规严肃处理。

通过纠错惩戒，使监狱民警进一步明白哪些该做，哪些不该做；什么是违法违纪，什么是失职渎职；什么情况下要负刑事、行政、经济责任，使之权责清楚、职责分明，不致酿成严重后果。

（六）加强协调沟通，安排公职律师支持诉讼

在建立民警权益保障委员会基础上，加强与司法机关、行政部门及有关单位进行沟通、协调，妥善处理民警维权事项。对正当执法和执行公务时受到人身伤害或其他权益受到侵害的民警，切实做好维权工作。必要时应安排公职律师参与维权或诉讼。监狱民警代表国家行使刑罚执行权，在合法权益受到侵害时，不能完全由民警个人承担后果，以免影响民警执法的积极性。

（七）正确引导社会舆论导向

长期以来，由于制度和观念的束缚，监狱相对封闭，与社会形成隔阂，以及由于监狱宣传工作做得不够，社会对监狱内的执法情况了解不足，使得社会对监狱有一定的误解。近年来，随着经济、社会和文化多元化发展，社会公众和媒体更是特别关注监狱，有时甚至热衷于炒作监狱的负面信息。对监狱罪犯的权益保护关注较多，对民警的权益保护关注明显不够。为此，监狱机关要重视对外宣传，加强与新闻媒体的联系，争取建立良好的公共关系。要大力宣传监狱民警在维护国家安全、惩罚和改造罪犯方面取得的巨大成就，宣传民警在改造罪犯改造中任务的艰巨性，宣传民警中的先进人物和事迹，在社会上树立监狱人民警察良好的群体形象，以消除社会对监狱的误解和偏

见，营造良好的执法氛围，缓解监狱民警的工作压力，降低执法风险。

作者信息：

孟雁泽，司法部燕城监狱，第五监区副监区长（副处级）

通讯地址：北京东燕郊经济技术开发区汇福路司法部燕城监狱第五监区

邮　　编：101601

邮　　箱：mengyanze791225@163.com

联系电话：13833663885　18519675178

监狱人民警察执法保障机制研究

——以监狱治理能力现代化为视角

杨习梅等

摘　要：监狱作为国家的刑罚执行机关，全面推进监狱治理能力现代化，是实现依法治国与国家治理能力现代化的重要一环，新时代监狱工作机遇与挑战并存。本文以监狱治理能力现代化为视角，以监狱人民警察执法保障机制为主题，明确了监狱人民警察执法保障的内涵，阐述了执法保障对提升执法水平、实现权责平衡、推进监狱治理能力现代化均具有重要意义，分析了执法保障的缺失成因，即一线执法警力不足、现行法律保障缺陷与实务保障出现偏差、监狱民警维权途径不完善、监狱执法舆论宣传亟待改善以及思维观念滞后等，提出了完善执法保障机制的对策建议，即明确监狱本位职能、健全执法保障法律法规体系、完善队伍建设保障机制、扩充一线执法警力、加强对外宣传及舆论引导、转变思想观念等。期冀对新时代监狱工作发展有所助益。

关键词：监狱人民警察　执法保障　监狱治理能力现代化

党的十九届四中全会审议通过了《中共中央关于坚持和完善中国特色社会主义制度　推进国家治理体系和治理能力现代化若干重大问题的决定》，就推进国家治理体系和治理能力现代化"坚持和巩固什么、完善和发展什么"一系列重大问题作出了明确的规定。国家治理体系和治理能力现代化，就是国家现代化的"软实力"，其所达到的程度，直接决定着国家整体现代化的水平。因此，推进国家治理体系和治理能力现代化，不仅是实现社会主义现代化的应有之义，更是实现中华民族伟大复兴的关键所在。监狱作为国家的刑罚执行机关，深入开展依法治监工作，全面推进监狱治理能力现代化，是实现依法治国与国家治理能力现代化的重要一环。打铁还需自身硬，监狱人民警察作为监狱工作的主体，其履行岗位职责、执法水平的高低，直接影响着监狱工作法治化与规范化建设的进程，因此，监狱人民警察加强理论学习与制度学习是实现监狱治理能力现代化的重要途径。中共中央印发的《关于新形势下加强政法队伍建设的意见》中明确要求，新形势下政法队伍要加强思想政治建设、加强履职能力建设、加强纪律作风建设、加强领导班子和领导干部队伍建设、健全职业保障体系。然而，随着社会大环境的深刻变化和法治化进程的不断加快，监狱人民警察面临的执法环境日趋复杂和严峻。一方面，人民群众"知情""维权"意识日益提升，对监狱执法也愈加关注。近年来，凡是涉及监狱执法与管理的案件都能够成为舆论的焦点，甚至发酵成为重大社会热点事件。另一方面，国家对监狱人民警察执法保障的关注度仍然不够，相关研究和采取的措施远不及服刑人员权益保障方面取得的进步。执法机关、国家机器的"光环"已然无法对监狱人民警察提供足够的保护，严重影响了监狱人民警察工作的积极性。因此，加强与完善监狱人民警察执法保障已迫在眉睫，其不仅有利于规范执法行为、构建执法环境，预防监狱人民警察失职、渎职行为的出现，更有助于全面提升监狱治理能力现代化水平，以构建新时代社会主义现代化文明监狱。

一、监狱人民警察执法保障的内涵与意义

（一）监狱人民警察执法保障的内涵

对监狱人民警察执法保障进行研究，首先要明确监狱人民警察执法权益的概念及范围，在此基础上对监狱人民警察执法保障的内涵予以界定。所谓监狱人民警察执法权益，是指在监狱人民警察依法执行公务、行使执法权时，应当享有的不受侵犯的正当权利和利益，包括：警察的人格不受侮辱，人身不受伤害，名誉不受毁损，执法活动不受阻挠，正当执法行为不受诬告、陷害、侵扰、报复等。监狱人民警察除享有国家强制力所赋予的执法权外，还享有在执法过程中维护自身的相关利益的权利。[1]在此，监狱人民警察执法保障的内涵，则是指依照相关法律规定，确保监狱人民警察在执法过程中所应当具备的权利及其环境条件，以使其更好地管理监狱，执行刑罚，对服刑

---

[1] 参见李亮："论监狱人民警察执法权益保障机制的完善"，青岛大学 2016 年硕士学位论文。

人员进行改造。

(二) 监狱人民警察执法保障的意义

1. 是提升执法水平的重要举措

近些年来，随着押犯数量的增加，服刑人员构成渐趋复杂，各种突发性事件的频繁发生，服刑人员的教育改造难度不断加大，诸多情况的变化对监狱工作提出了新要求，如有关监狱安全的"四无"目标以及从"底线安全观"向"治本安全观"的转变等。一方面，新的目标与要求给监狱人民警察的工作带来了前所未有的压力与挑战；另一方面，"出事必追责"的传统思想与来自社会的负面舆论，共同造成了监狱人民警察在工作中"不敢作为，不敢执法"的现象，从而降低了监狱人民警察的执法水平，影响了监狱改造服刑人员职能的发挥，使监狱人民警察陷入职业困境。导致此种结果的重要原因之一，正是监狱人民警察执法保障机制的落后与不健全。监狱人民警察依法执行刑罚是对监狱社会职能的充分履行，因此其必须具备勇于担当、敢于奉献的职业精神。为了能够使监狱人民警察提高工作积极性，更好地恪守履职，把服刑人员改造成为守法公民，就必须加强其执法权保障，使其执法行为有法可依，具体操作有章可循。这不仅是规范执法程序的必要手段，更是提高监狱人民警察执法水平的有效途径。[1]

2. 是实现权责平衡的具体体现

法律的制定应当从规定公民的权利和义务两方面进行，权利与义务相互协调，从而实现法律的效用。两者之间是一种相互平衡的关系，在行使权利时应当有义务的限制，而在履行义务时更应该有权利的保障。但反观我国监狱人民警察，其执法保障和义务履行却并不对等，例如，《中华人民共和国监狱法》(以下简称《监狱法》)、《中华人民共和国公务员法》(以下简称《公务员法》) 及《中华人民共和国人民警察法》(以下简称《人民警察法》)都有监狱人民警察需要遵守的法律条文，此外各省监狱局、各监狱内部也严格制定了一系列规章制度以规范监狱人民警察的执法行为。但上述法律文件中，涉及监狱人民警察执法权保障的内容则少之又少，且在极少的法律保障条文中仍掺杂着法律义务。在此背景下，监狱人民警察所承担的责任和义务

---

〔1〕 参见李超："监狱警察权益保障问题研究"，山东大学 2019 年硕士学位论文。

远远大于其所享有的权利，造成了监狱民警权责的严重失衡。因此，为了增强监狱人民警察在工作中的主体地位，促使其在执法工作中"想管，敢管"，以实现权责平衡，就必须改善现状，加强对监狱人民警察执法权的保障。

3. 是推进监狱治理能力现代化的有效途径

党的十八届三中全会明确提出，全面深化改革的总目标是完善和发展中国特色社会主义制度，推进国家治理体系和治理能力现代化。监狱作为治理国家的重要机器，肩负着对服刑人员进行教育改造的使命，是维护国家政治安全和制度安全的重要保障，也是维护公平、法治的最后一环。随着社会的发展，执法要求越来越严格，执法程序越来越规范，逐步推动监狱治理体系和治理能力现代化是监狱机关顺应形势发展的必然选择。[1]全力推进监狱治理能力现代化，实质上是监狱工作在管理模式、警务模式、组织架构、体制机制和科技支撑上的一场升级再造与改革深化。监狱人民警察执法保障机制作为监狱工作体制机制中的一个重要因素，直接关系着监狱人民警察的执法效能和担负职责任务的实现，对确保监管安全、提高刑罚执行效能、提升监狱机关和警察队伍形象发挥着积极作用[2]，同时也对监狱治理能力现代化发挥着推动性的作用。要进一步破解制约监狱工作发展的深层次矛盾与因素，构建权责明晰、执法严明、守法诚信的法治监狱工作体系，就必须对监狱人民警察执法保障问题进行深入研究，完善不足之处，从而有序推动监狱治理能力现代化的进程。

二、监狱人民警察执法保障缺失成因分析

（一）一线执法警力不足

据司法部对 4 个省份监狱工作调研结果显示，监狱人民警察法定工作日人均每月超时工作 86.87 小时，法定工作日以外人均每月加班 43.92 小时[3]，而导致监狱民警承受如此高强度工作压力的重要原因，即一线执法警力不足，这是一直困扰监狱工作的"老大难"问题。根据司法部的规定，监狱人民警

---

〔1〕 参见冀贵明："浅议推进监狱治理体系和治理能力现代化建设"，载《中国司法》2016 年第 3 期。

〔2〕 参见李亮："论监狱人民警察执法权益保障机制的完善"，青岛大学 2016 年硕士学位论文。

〔3〕 参见冯卫国："中国监狱法治建设回望与前瞻——从《监狱法》的颁行到再修改"，载《上海政法学院学报（法治论丛）》2019 年第 4 期。

察和服刑人员的最低配置比例应为 18%。这里的监狱人民警察人数应当是在
监狱机关中从事辅助性事务或者非执法岗位的警察人数与监区一线执法警察
人数的总和。即便如此，多数省份和全国数据显示，许多监狱人民警察和服
刑人员的配置比例仍低于 18%，一线警力不足显而易见。监区一线执法警察
人数与服刑人员人数是否相应，对于监管改造和监狱平稳运行至关重要，倘
若一线警力不足，将引发一系列问题。

1. 难以全面监管

安全是监狱工作的底线要求，监狱人民警察日常工作中，须确保每一名
服刑人员不得以非法的方式离开监狱，并保证每一名服刑人员的生命健康不
得被非法侵害，诸如服刑人员的自残、自杀等。但是，一线执法警力的不足
势必导致对服刑人员难以进行全面的监管。裁判文书网显示：某监狱服刑人
员在劳动现场吃晚饭时，单独离开劳动现场，于监区浴室更衣室自缢身亡，
一审认定当班监狱民警犯玩忽职守罪，判处拘役 5 个月。二审中，辩护人提
出：该监狱没有认真贯彻《监狱人民警察直接管理服刑人员暂行规定》，劳动
现场带班、值班警察人数没有达到"不得低于服刑人员人数的 3%"这一标
准，上述管理漏洞，为服刑人员于某某有机会擅自离开劳动现场提供了条件，
请求对该民警免于刑事处罚。最终法院采纳了该辩护意见，但是该监狱民警
仍构成玩忽职守罪，不得不离开工作岗位。[1]自 2006 年以来，不断在全国监
狱系统强调的是"一个都不能跑"的底线要求。[2]多年来严守安全底线，多
个省市自治区已经保持"四无"近十年。2019 年，全国监狱戒毒系统更是创
纪录地提交上无一人脱逃的满分答卷，这项成绩是全体司法行政人默默奉献、
坚守岗位的成果，更是对其工作的充分肯定。

2018 年 1 月，习近平总书记对新时代政法工作提出了明确要求，即深化
监狱管理制度改革，把底线安全观转变为治本安全观，推动教育改造转型升
级，将罪犯改造成守法公民。"治本"在《现代汉语规范词典》中的释义为：
从根本上治理（与"治标"相对）。其实底线安全观就是"治标安全观"，虽
然这些年来恪守底线安全观取得了非常好的成绩，但是这也导致监狱工作长

---

〔1〕 辽宁省大连市中级人民法院（2017）辽 02 刑终 69 号。
〔2〕 参见张晶："治本安全观的意蕴与新时代监狱工作的进路"，载《河南司法警官职业学院学
报》2018 年第 1 期。

期处于一个较为有限的格局。[1]现行《监狱法》第 3 条进行了更加系统明确的阐述，监狱工作必须时刻围绕"改造"来开展。治本安全观强调的不仅仅是安全，更是服刑人员的改造质量。我们的目标应当是预防和减少犯罪，向社会"输出"守法公民。而由于一线执法警力不足，导致监狱人民警察长期超负荷工作，时刻精神紧绷，无暇过多顾及服刑人员的心理状态及改造进度，以致我国监狱工作始终无法实现从底线安全观向治本安全观进行跨越。

2. 引发监狱民警身心健康问题

据统计，十八大以来，法院系统牺牲 119 人，检察系统牺牲 65 人，公安系统牺牲 2061 人，司法行政系统牺牲 286 人……[2]通过这些数字可以看出，在维护人民安居乐业、保护人民群众生命财产安全的执法现场，时时有流血，天天有牺牲。据不完全统计，仅 2019 年一年，牺牲在工作岗位上的监狱人民警察就有 33 人之多[3]，虽然监狱人民警察的工作环境相对封闭，但面对的执法压力、工作担子却一点也不轻。有以学警身份进入监狱实习的学生说，实习时仅担任了分控平台岗位一职，但工作内容除了正常的视频监控与视频巡查，还需要进行信息的上传下达和值班警力的临时调整，并且因为需要频繁值"瞪眼班"，不分昼夜地进行执勤，以致常常失眠，生物钟紊乱，疲惫不堪。而一线监狱民警除了值班工作以外，还有很多常规工作要做，如新收服刑人员的新收训练、"三大现场"的巡查、零星流动的全程陪同，以及计分考评、刑罚执行、评估工作的开展等。由于一线警力明显不足，监狱民警长期处于高负荷工作状态，在精神压力和身体疲惫的双重负担下，必然引发身心健康问题。

（二）现行法律保障缺陷与实务保障偏差

法律是社会的产物，法律的性质和功能都取决于社会，这就意味着法律对于社会生活必然有着滞后性。法律不可能超前预测社会生活中将出现哪些

---

〔1〕 参见余剑平："监狱服刑人员'抗改事件'执法困境与破解路径——对衡阳市监狱建立'抗改事件'执法容错纠错机制的调查与思考"，载《湖南警察学院学报》2019 年第 4 期。

〔2〕 参见中共中央政法委员："十八大后政法系统牺牲人数首度公开！"，载中央政法委长安剑微信公众号 https://baijiahao.baidu.com/s? id = 1620626476274245147&wfr = spider&for = pc，最后访问时间：2018 年 12 月 23 日。

〔3〕 公众号阿 sir："2020 已来，这些监狱警察的生命却永远定格在了 2019 年！"，载新浪网 http://k.sina.com.cn/article_ 2699375012_ a0e531a401900ovi8.html，最后访问时间：2019 年 12 月 31 日。

问题，只能通过发现当下发生的问题，及时作出调整，进而不断完善自身。《监狱法》与《中华人民共和国刑法》（以下简称《刑法》）为我国刑事法律体系中两部重要法律，是我国监狱工作主要遵循的规范性文件，《监狱法》于1994年颁行，曾于2012年作过较少修改。现行《监狱法》条文较为滞后和笼统，与当下实务工作的万象丛生之间产生了矛盾。

1. 现行法律的保障缺陷

《监狱法》使中国监狱工作迈向了更高的台阶，加强了对服刑人员的权益保护，推动了监狱工作的文明与法治。但是，在对监狱执法主体的监狱人民警察执法权保护上，却存在一定缺失。如《监狱法》第5条，仅表明监狱民警依法履行职权受法律保护，因无实施细则，致使实践中难以执行。对于那些"二进宫""多进宫"熟知监狱生活及改造规则并多次抗拒改造的服刑人员如何进行管控，缺少规定。此处并不是要否定《监狱法》重视对服刑人员的权益保护，恰恰相反，细化监狱民警的执法边界，明确执法内容和手段，使执法人员了解"可为"与"不可为"的分界线，正是保障国家机器的规范运转，加强监狱民警权益保护的重要手段。

物质保障是警察从事警务工作的价值体现，也是警察实现个人发展的经济基础。此处不谈工资薪酬，仅就医疗和伤亡两点作公安人民警察和监狱人民警察的对比。公安部、民政部、财政部1995年印发了《关于发给公安机关做出特殊贡献的牺牲病故人民警察家属特别抚恤金的通知》，公安部、民政部1996年颁布了《公安机关人民警察抚恤办法》以及公安部、财政部2004年印发了《因公牺牲公安民警特别补助金和特别慰问金管理暂行规定》。在机构设置方面，2003年公安部人事训练局设有工资抚恤处，挂靠单位有民间社团——中国公安民警英烈基金会，抚慰公安英烈家属和困难民警，发放抚慰金，并开展了形式多样的优抚活动。2016年司法部政治部建议，为全国监狱戒毒人民警察建立人身意外伤害保险制度，并成立中国监狱戒毒人民警察英烈基金会，但此建议至今尚无结果。

2. 实务工作的保障偏差

监狱人民警察经常自称是守在"火山口，炸药库"的人。关押人员的特殊性导致了监狱环境极其敏感，一个小事件就可能引发服刑人员大规模的抗改风波。经对基层调研发现，《监狱法》第58条中规定的给予警告、记过或禁闭在实务中很少使用。以自伤、自残手段逃避劳动的，是第 58 条认定的破坏监管秩序的行为，监狱可以按此规定对服刑人员给予警告、记过或禁闭处理。但是，由于缺乏对监狱民警的执法保障并对其过度追责，自伤自残甚至演变成服刑人员要挟监狱民警的手段，进而导致监狱民警在监管工作中面对服刑人员的一些违规行为，产生"多一事不如少一事"的心理，认为如此服刑人员就不会在自己值班时做出抗改行为。根据《中华人民共和国刑法修正案（九）》规定，《刑法》第 277 条增加一款，即"暴力袭击正在依法执行职务的人民警察的，以妨害公务罪依照第一款的规定从重处罚"。在监狱一线工作时，不时会有服刑人员顶撞、谩骂甚至袭击监狱民警的事情发生。而司法实践中对于暴力抗改行为要以妨害公务罪定罪量刑，除了要求有暴力、威胁行为外，还必须要求"造成严重的后果"。这种以结果判断行为罪与非罪的标准，使大量本应以妨害公务罪定罪处罚的侵犯监狱民警执法权益的行为被作为一般的违法、违规行为对待。

（三）监狱民警维权途径不完善

对服刑人员来说，当权利受到侵犯时，除了监狱内部设置的维权渠道外，亦可通过向驻监检察室投诉或举报来维护自己的权益。而对于监狱民警来说，当自身的权益受到侵犯时，却投诉无门。[1]

1. 救济渠道单一狭窄

监狱民警执法权益受到侵害时，救济的主体方式为公力救济，其依据的是《中华人民共和国行政诉讼法》（以下简称《行政诉讼法》）与《公务员法》。《行政诉讼法》第 13 条规定："人民法院不受理公民、法人或者其他组织对下列事项提起的诉讼：……（三）行政机关对行政机关工作人员的奖惩、任免等决定……"理论界认为《行政诉讼法》第 13 条规定的"等"字意味着不穷尽列举，这里排除的是行政机关的内部人事管理行为，包括年度考评、工资的升降、福利待遇，等等。[2]据此可以看出，监狱民警的权利救济方式始终只能通过内部的行政救济渠道来解决，而我国已建立的行政救济制度，如行政诉讼、行政复议等，基本上针对的都是"外部的行政行为"，其完全将

---

〔1〕 参见刘毅："监狱警察执法权力与个体权益的平衡与规制"，载《河南司法警官职业学院学报》2015 年第 4 期。

〔2〕 参见姜明安主编：《行政法与行政诉讼法》，北京大学出版社 2005 年版，第 478 页。

对监狱民警的救济排斥在外，致使监狱民警权益受到侵害后得不到有效的司法保障。

2. 缺乏监狱民警维权机构

监狱部门内部目前还没有相应的、专门的监狱民警维权组织机构，维权问题的处理大部分由纪检监察、警务督察部门来负责，作为承担"教育、惩处、监督、保护"职能的部门，一直以来都被认为是"管警察的警察"[1]，管理、约束和处罚监狱民警成为其工作的主要内容，而在保护监狱民警执法权益方面却缺乏有效的措施，更缺乏思想认识。

（四）监狱执法舆论宣传亟待改善

就每一项职业而言，职业的归属感、使命感与荣誉感至关重要，新闻媒体的宣传则具有广泛而深远的影响。近年来公安机关加强与各类新闻媒体的合作，努力使主流媒体成为公安机关强化执法权威的主阵地，让人民群众及时了解公安机关正在做什么、做了什么。比如上海2018年、2019年连续两年由上海市公安局和上海广播电视台联合推出全景式警务纪实片——《巡逻现场实录》，真实记录了城市治安管理一线，将镜头对准身边的公安人民警察，通过一个个案例展现出公安民警的细心、耐心；2019年推出的全国首档警务纪实观察类真人秀——《守护解放西》，以湖南省长沙市坡子街派出所民警为人物核心，深度展示了警情复杂地带的法、理、情、事，并通过故事普及相关安全和法律常识，展现出了有担当、有理性、有人情的公安人民警察形象；2019年9月20日，大型纪录片《人民警察》举行开机仪式，宣布正式启动该片全国范围内的拍摄活动，旨在通过全景式纪实展现基层公安民警的战斗生活故事，弘扬人民警察核心价值观，宣传英雄警察形象……再如无论是在媒体的宣传中还是在广大群众的谈论中，中国人民解放军始终拥有着良好的正面评价，在这种氛围下，更容易创设出军民鱼水相融的氛围，这种氛围使得解放军战士对自己的身份有了更进一步的认识——不仅仅是职业军人，更是人民的子弟兵，是国家安全的守护者。

相比较而言，由于历史原因及部分影视剧对监狱生活的艺术加工而造成的刻板印象，导致一提到监狱，部分人心中便产生"黑暗""痛苦""无助"

---

〔1〕 参见刘蜜蜜："论监狱人民警察权益的法律保障"，内蒙古大学2010年硕士学位论文。

的想法。虽然监狱系统近年来在强调监狱向社会开放，可以让群众切身体会到院墙内的戒备和森严，以及失去自由的痛苦，这样才会对社会有警示作用，做到远离犯罪，但却极少见到主流新闻媒体对监狱民警的大篇幅报道。当监狱中发生一些重大事件时，大众往往会以自己对监狱的看法先入为主，将监狱人民警察置于对立面，并进行负面评价。诺依曼的"沉默的螺旋"理论是传播学的经典理论之一，他认为舆论的形成不是社会公众"理性讨论"的结果，而是"意见环境"的压力作用。[1]当持有某观点的人数众多时，该观点便成了强势观点，而持有相反观点的人因为害怕因此受到孤立而保持沉默，随后强势观点便"吞掉"弱势观点成了"正确的观点"。纵观全国监狱系统，只有很少的单位重视并主动进行对外宣传工作，在当下社交网络高度发达的年代，如果不掌握舆论宣传的主动权，那么在爆发大规模负面舆情时，将难以扭转被动的局面，给监狱工作会造成诸多阻碍。2020 年新型冠状病毒肺炎疫情暴发时，网络上曾流传一个说法，因为监狱人口流动较少，所以此时最安全的地方可能就是监狱了。但是在三省五监狱发生大面积疫情感染事件后，多年来未出现在大众视野中的监狱突然被推上了舆论的风口浪尖，铺天盖地的负面评价也随之而来。当然，我们必须正视，在应对疫情时，某些监狱可能存在着思想麻痹、执行力度不足的情况。但也必须肯定，在全国 681 所监狱中，99.3%的监狱无一人感染，全国 30 多万监狱民警在春节期间离开父母、离开爱人、离开孩子，投入到封闭执勤的任务中，有些地区的监狱封闭执勤甚至超过 70 天。正是由于缺乏及时主动有效的舆论引导，导致社会公众过多地关注了三省五监狱发生的疫情，而忽视了全国绝大多数地区监狱民警的默默坚守与付出。舆论宣传力量的不足导致了监狱民警的归属感、使命感与荣誉感保障尚未得到体现，若长此以往，势必严重影响监狱民警的工作积极性。

（五）思维理念滞后

不可回避的是，面对监狱工作，相当一部分人思维观念滞后。一是认为监狱民警作为人民的公仆，理所应当要承担所有的风险。从而过度强调无私奉献的理念，营造出了一种病态的氛围：似乎拼命加班，超负荷工作，才是

---

[1] 参见郭小安："舆论的寡头化铁律：'沉默的螺旋'理论适用边界的再思考"，载《国际新闻界》2015 年第 5 期。

一名合格的监狱民警。这样的理念与氛围，使监狱民警权益的保障很大程度上被大众所忽视。二是"出事必有人担责"。这也是监狱治理能力现代化进程中的一大阻碍。由于问责追责把握不当，一些干部在工作中不敢作为、不敢担当，甚至出现了"无过即是有功"的想法，只去遵循以往规章制度与工作办法，不敢改革创新。就监狱工作而言，当出现服刑人员自伤、自杀事件后，不论客观上监狱民警是否已依法履行了监管职责，大多会处理当日值班的民警。此种做法似乎是在表明监狱公平公开执法，敢于承担责任，并给服刑人员亲属一个交代，但却严重伤害了监狱一线执法者的工作热情，也给服刑人员提供了要挟民警的手段。如此，担心被追责而宽容一些服刑人员的行为，将会引发一系列不良反应，其他服刑人员便会产生效仿、无赖、纠缠等心理及行为，由此势必诱发监狱工作诸多问题。

三、监狱人民警察执法保障对策探寻

（一）明确监狱的本位职能

监狱职能错乱，是影响监狱民警执法保障的关键原因之一。在特殊的历史条件下，我国创造了具有中国特色的劳动改造制度，组织服刑人员从事监狱生产，慢慢形成了"监企合一"的模式，呼应了当时紧迫的现实需要。然而这种集监狱职能与企业职能于一身的特殊监狱形态，导致了监狱片面强调经济效益而忽略了其改造人的根本宗旨，这不但减弱了监狱改造服刑人员的功能，而且也影响了监狱民警执法权益的保障。因此只有明确监狱的发展方向，回归监狱改造服刑人员的本位职能，才能有利于监狱民警投入更多的时间与精力到教育改造的中心任务中去，以实现监狱的工作宗旨、法定职能与现实需要的完全统一，切实有效地规避监狱民警因从事与改造工作无关的事项而带来的风险，以确保对监狱民警的执法保障。[1]

明确监狱的本位职能，深化监狱体制改革是关键。近年来，根据党中央、国务院所作出的统一部署，监狱体制改革已取得了阶段性的成效，并积累了许多科学、有效的改革经验。2019年1月，司法部印发了《全面深化司法行政改革纲要（2018-2022年）的通知》，通知中强调要继续深化监狱体制和机

---

〔1〕 参见杜新强："监狱基层民警执法权益保障的现状与对策研究"，东南大学2018年硕士学位论文。

制改革，通过实行监企的彻底分离，全额保障监狱经费，调整监狱的利益格局，来确保监狱工作的全部精力集中到教育改造上来，使监狱回归执法主体、强化执法职能。

（二）健全监狱民警执法保障法律法规体系

1. 明确执法权力与合法权益的保障性规定

一是规范监狱民警执法边界，明确执法内容与手段，加强对监狱民警的执法权力保护；二是详细规定监狱民警个人权益受侵害的具体情况，写明侵害行为应负的法律责任，具体阐明执法过程中免责的情况；三是增加监狱民警生命健康权、接受继续教育权、休息权等方面的保障内容，提高监狱民警的福利待遇保障。

2. 完善司法救济制度

一是要拓展司法审查的范围。当监狱民警因行使执法权力而受到涉及重大人身权、财产权等权益的相关处理时，如开除公职、降低或免去职务、扣发停发工资福利待遇等，建议将其纳入司法审查范围，从而在司法保障的角度使监狱民警获得充分救济。在此可以参考《行政诉讼法》与《中华人民共和国行政复议法》（以下简称《行政复议法》）中规定的，对申诉控告的处理决定不服的，直接纳入行政诉讼和行政复议的案件受理范围。二是建立受理监狱民警申诉机构。应当在司法行政系统内部建立司法部和省两级专门受理监狱民警申诉的部门，由司法部监狱民警申诉办公室领导监督各省级监狱民警申诉办事机构，当监狱民警认为自己的权益受到侵害时，首先向所在地省级办事机构申诉，若不服决议可向部级办事机构申请复议。这样可以促使监狱管理机关在作出重大决定时进行自我审查，面对错误决定时能够自我纠正，既可以避免司法资源的浪费，又可以在一定程度上保障监狱民警的个人权益。三是要建立监狱民警权益保障机构。公安机关早在 2006 年时就已着手成立"公安民警执法权益委员会"，在维护公安民警执法权益和执法权威方面起到了很大的作用。监狱机关也可以像公安机关一样，在监狱系统内部设立"监狱警察权益维权委员会"，来负责制定维权的措施和标准；讨论关于改善执法环境、保障监狱民警执法权益的有关事项；专门查处监狱部门内或服刑人员对监狱民警执行职务进行阻碍的案件；为民警提供法律援助等，使确实对监狱民警执法产生阻碍的人得到应有的惩处，并给予执法权被损害的监狱民警心理上的宽慰以及物质上的补偿，以最大限度地激励监狱民警工作的积极性。

（三）完善监狱民警队伍建设保障机制

1. 完善招录和岗位设置

一是建立严格的监狱民警准入制度。要设定严格的监狱岗位任职资格，在选录时用更具前瞻性的眼光、参照更高标准，选取具备专业化知识和相关职业管理技能者，充实监狱民警队伍。我国司法行政类院校发展较迟缓，到目前为止，全国范围内仅有中央司法警官学院一所全日制本科院校，其余各省司法警官学校均为专科批次办学，因此应当加快专业人才院校的发展，进一步建立健全全国范围内的司法警校便捷入警机制，加大对于司法行政类专业毕业生的招录比例，提高监狱民警构成中相关专业的比例。二是设定适应监狱实际的系列岗位。建议根据监狱管理工作实际，设定管理型岗位、监管型岗位与技术型岗位，在监狱党委领导下，监狱民警各司其职，相互配合。

2. 完善教育培训体系

要构建起监狱民警的终身教育体系，定期进行理想信念、思想道德、执法环节、业务能力等方面培训。通过强化学习，及时更新知识，培育监狱民警职业道德素养，不断提升综合素质，准确把握狱情态势，强化职业风险意识、增强防范意识和忧患意识，从而适应监狱工作中不断变化的趋势，更好地履职尽责。

3. 强化执法监督

要加强对监狱民警执法的监督，杜绝违法违规行为。规范人权、物权、事权、财权管理，加强对监狱工作重点环节和部位的监督，切实强化监狱民警政治敏锐性，加强组织纪律性，真正解决监狱民警执法过程中存在的不严格、不公正、不文明以及不作为、乱作为等问题，以提高执法水平，提升执法效益。

（四）扩充一线执法警力

1. 增加一线警力

优化警力结构，提高警囚比例，秉承"开源节流"的思路解决一线警力紧张问题。一是要"开源"，加大招录力度。一方面通过增加监狱民警招录指标，扩大监狱民警队伍，吸纳更多新鲜血液；另一方面可参考公安机关招录警务辅助人员的办法经验，以立法的形式建立全国范围内的监狱辅警管理制度。由辅警从事监控值班岗等辅助管理事务，监狱民警则负责与罪犯谈话教育和刑罚执行等重要任务。同时明确辅警享受五险一金保障并拥有因公受伤或身亡受到抚恤的权利，规定统一的辅警制服与辅警警号警衔，并由各省统一招录，避免采用劳务派遣的方式，保证辅警的待遇与保障，提高辅警队伍专业素质，增强职业认同感；二是进一步盘活非监狱一线民警力量。通过监狱民警内部流动，运用科学管理方式，结合专长及业务特点，挖掘监狱民警潜力，腾出更多警力下沉至基层一线。可以通过挂职或多岗位多层次锻炼，将管理岗位人员轮换调向监管改造一线岗位，有效缓解一线警力紧张问题；三是要"节流"，即留住在职监狱民警并吸引更多优秀的人才进入监狱工作。可以从提升监狱民警的工作待遇入手，如解决监狱民警的住房问题、增加生活补贴、与专业学校合作，给监狱人才提供深造的机会，加强其精神文化方面的建设。除此之外，还可以改善监狱民警的执法环境、加强其人身权益的保障并建立健全监狱人才培养晋升机制，避免使"从优待警"仅仅成为一句口号，从根本上解决人才流失的问题。

2. 向科技要警

当下物联网技术发展迅猛，智能化管理正在普及，智慧监狱建设已然箭在弦上。构建智慧监狱体系，以监狱信息化创建为基础，通过人工智能、大数据、互联网等技术实现监狱管理与信息技术的结合，提高一线警力监管工作效率，实现监管过程的智能化、科技化、现代化，以此在一定程度上缓解监狱民警工作压力，使监狱民警身体健康与心理健康都能得以保障。

（五）加强监狱对外宣传及舆论引导

1. 建立新闻发言人制度

全国公安机关在 2003 年底开始实行的定期新闻发布制度，逐渐提高了舆论引导能力和公安工作社会影响力，司法行政系统可以借鉴此项制度。一是定期举行新闻发布活动。司法部及监狱机关可以每年度定期举行新闻发布活动，通报一年中监狱工作情况、监狱民警队伍建设情况、有关监狱管理规定与情况等；二是随时予以发布。对于监狱突发性事件，可以随时予以发布，做到及时澄清不实信息，消除负面影响。如 2018 年辽宁凌源监狱服刑人员脱逃案件，因舆情处理不到位，引发媒体和公众极大关注；2020 年山东任城监狱爆发新型冠状病毒肺炎疫情，因未及时应对网络舆论，导致引发舆论狂潮。而建立新闻发言人制度，监狱就可以积极主动、及时即时、有计划地进行新闻发布，媒体、网络可以及时跟进报道监狱相关情况，从而逐渐消除监狱的神秘感，树立起在公众心目中监狱民警的正面形象。

2. 建立舆论引导专门工作部门

司法部及监狱机关可以建立专门承担舆论引导工作的部门，负责研究拟定监狱宣传教育工作方针和措施，引航监狱民警队伍建设宣传，引领监狱报刊、新闻报道以及出版相关影视作品等工作。针对狱内突发事件，对造成重大影响或可能造成重大影响的案件，及时妥善处理并通过媒体进行通报，稳定舆情，获取支持，有效避免和及时消除不良影响。

3. 创新监狱舆论引导方式

与时俱进，依托现有资源，在宣传及舆论引导过程中创新搭建舆论平台，打造监狱特色宣传品牌，改善警民沟通方式。现在已进入 5G 时代，除传统媒体外，自媒体日渐成熟，小视频已走进公众的日常生活。一是建立网络宣传及舆论引导主阵地。可以充分利用微信公众号、微博、抖音等渠道，将对外宣传及舆论引导的主阵地建立在网络上。如四川省监狱局开通了抖音账号，在新型冠状病毒肺炎疫情期间，以视频回应无法进行亲情会见的原因以及服刑人员与亲属沟通的方式，拍摄监狱民警的日常和上下班的点点滴滴，展示监狱应对疫情时采取的措施及监狱大门处进行的全方位消毒等。二是打造"网红监狱"。可以创新性地打造"网红监狱"，通过走进群众、与民同乐的方式，扩大监狱的对外宣传力度，增强舆论引导能力，让公众了解监狱。这样可以逐渐纠正以往对监狱民警不客观、不公正的评价，营造社会大众对监狱信任、支持的氛围，增强监狱民警的自尊感、自豪感和职业认同感，切实改善监狱民警执法保障现状，不断促进监狱治理能力现代化水平的提升。三是与新闻媒体合作，加强对于监狱某些重点工作和突破性工作的舆论宣传。可以借助媒体的力量对监狱的重大工作如服刑人员的离监探亲活动进行宣传，一方面可以让社会公众看到新时代监狱执法工作法与情的融合，另一方面也是借助媒体的力量对该项工作进行监督，深化狱务公开，使离监探亲工作在阳光下运行，最大限度地减少和防止人为的不规范因素，以提高监狱的执法公信力。

（六）转变思想观念

党的十一届三中全会以来，监狱工作始终在"有法可依、有法必依、执法必严、违法必究"的基本方针指导下，有序进行。面对当今监狱民警执法中的诸多问题，转变"出事必有人担责"的观念，建立监狱执法过错责任追究机制，建立健全监狱民警工作容错纠错机制，迫在眉睫。我们建议：一要把监狱民警在推进监狱体制改革过程中因缺乏经验、先行先试出现的失误乃至错误，同明知故犯、知法犯法的违法违纪行为区分开来；二要将尚无明确限制的探索性监管试验中的失误乃至错误，同明令禁止后依然我行我素、拒不改正的违纪违法行为区分开来；三要把在维护监管秩序稳定中的无意过失，同谋取私利、徇私枉法的违纪违法行为区分开来；四要明确将监狱民警在为推动监狱事业进步和发展过程中出现的失误乃至错误，同玩忽职守、越权执法、滥用职权划清界限。如此，激励广大监狱民警敢作为、敢担当，勇于创新、勇于改革，鼓励、保护监狱民警的工作热情和执法权力，增强监狱民警的执法保障，进而加快实现监狱治理能力现代化提升的目标。

党的十九大以来，随着依法治国方略的贯彻落实，社会主义法治的全面推进，作为国家的刑罚执行机关，监狱执法的重要意义逐渐凸显。监狱民警作为内部管理的主体、权力的具体执行者，担负着惩罚与改造服刑人员的艰巨任务，对于遏制服刑人员重新犯罪和维护国家社会稳定起着不可替代的作用。因此，本课题组对监狱民警执法保障所存在的"失衡"现象进行研究探讨，希望引起监狱理论界及立法、司法部门的关注，期盼社会给予监狱民警更公正的认识与应有的关怀。当前，监狱理论界着眼于"从优待警"，对如何保障监狱民警权益，提升监狱民警待遇，进行了广泛的探索，也取得了一些成效。但是，从监狱民警执法保障的现状来看，其远落后于当前法治化建设的要求，仍有很长的一段路要走。当然，任何一项制度的构建和完善都不可能一蹴而就，对于监狱民警执法保障机制的建设更不能抱有急功近利的思想。唯有理论上达成科学统一的认识，实践中进行积极深入的探索，制度上构建完整清晰的体系，规范上形成明确可行的标准，才能逐步健全监狱民警执法保障机制，全面提升监狱治理能力现代化水平。

作者信息：

课题组人员：

组长：

杨习梅，中央司法警官学院教授、硕士生导师，图书馆馆长

成员：

康瑶、张润生，中央司法警官学院 2019 级研究生

戈志伟、庞文婕，中央司法警官学院 2018 级研究生

丁炎，上海市吴家洼监狱民警

通讯地址：河北省保定市莲池区七一中路 103 号中央司法警官学院

邮　　编：071000

联系电话：13754426785

监狱人民警察执法保障机制研究

李凤森　宋　宽

摘　要： 监狱民警执法过程中权益屡受侵害，建立监狱民警执法保障机制是非常必要的；在过错责任、无过无责，明晰职责、便于操作，有效保护、消除顾虑原则指导下，以规范监狱民警职责与标准为前提；以完善监狱民警执法容错机制为核心，建立健全受理容错保障机构设置和办理程序及执法受到侵犯的救济措施，无疑对保护民警合法权益、保证民警执法安全、激励民警依法履职、推动监狱工作发展都具有重要的作用。

关键词： 保障机制　　监狱民警执法

《中华人民共和国监狱法》（以下简称《监狱法》）第 5 条明文规定："监狱的人民警察依法管理监狱、执行刑罚、对罪犯进行教育改造等活动，受法律保护。"监狱人民警察在开展执法活动，特别是涉及惩罚和改造罪犯过程中，经常存在冲突，还可能发生对抗、甚至监狱人民警察还可能遭到辱骂或袭击。基层民警在执法中难以把控，出现问题往往不可避免，有问题必然面临被追究责任，那么如何合理科学地追责，又如何在保证追责的前提下确保监狱民警合法权益和执法安全，是保障监狱民警执法工作顺利进行的重大课题。为支持广大民警依法履行职责，展现新时代监狱民警的新作为、新贡献，充分调动民警队伍工作的积极性、主动性、创造性，消除或大大减少执法的被动性和不作为行为的发生，提升监狱民警队伍整体素质和战斗力，针对监狱民警的职业特点和职业风险，建立健全监狱民警执法保障机制就显得尤为重要，是当前或在短时期内必须解决的大问题。

一、建立监狱民警执法保障机制的必要性

在加强监狱法治建设的大前提下，建立监狱民警执法保障机制是监狱工

作的现实需要，也是监狱历史发展的必然。

一是基层民警面对面执法的需要。随着国家监狱系统的法治化不断加强，特别是对保护罪犯的合法权益方面越来越重视，驻监检察院检察工作不断加强并积极"作为"与监狱基层民警工作的消极"不作为"形成对峙。据对辽西七所监狱的不完全统计，近10年来，发生罪犯袭击案件30余起，其中2起动了凶器；当众顶撞、辱骂及以吐痰、往民警身上泼大便等方式侮辱民警400多起。这种高风险高责任的职业必须要有务实的执法保障机制，才能保证监狱民警敢于执法、勇于担当。

二是监狱民警队伍建设的需要。新时代监狱民警承担的责任越来越重，搞好监狱民警队伍建设，找准影响民警队伍建设的"难点、痛点、堵点"是解决症结的关键。就目前而言，影响监狱民警工作情绪，阻碍民警队伍建设的最大症结就是没有监狱民警执法保障机制，致使监狱民警，尤其是监管线民警的思想情绪波动大。据对辽西七所监狱民警的问卷调查，1034名监管线民警想继续在本岗工作的仅424人，占民警总数的41%；怕问责风险的有1011名，占总数的97.8%。新的时代呼唤新的气息，为保证民警队伍的革命性和战斗力，必须建立健全监狱民警执法保障机制，以解决民警依法履行职责的后顾之忧。

三是树立监狱权威的需要。监狱是国家的刑罚执行机关，其性质决定监狱就应该是威严公正的化身，是国家权威的象征。有的罪犯过度维权，致使在押罪犯抗拒改造，谩骂、侮辱、袭警等现象时有发生；罪犯家属偶有堵在监狱大门外拉横幅打标语讨说法，更有不明真相的媒体上门来炒作，令监狱形象再一次受到严重损伤。

四是国家形势发展的需要。无论是从法律层面，还是制度层面，我国监狱的法律法规制度体系过多地规范了监狱民警的责任、义务、工作程序、要求，责任的追查和追究，长期缺少监狱民警执法保障制度体系。正因如此，早在党的十八届四中全会通过的《中共中央关于全面推进依法治国若干重大问题的决定》中就提出了建立健全司法人员履行法定职责保护机制总目标；后来党的十九大以及2019年1月召开的中央政法工作会议上，明确提出了推进政法领域全面深化改革要求；司法部在《2016—2020年监狱戒毒人民警察队伍建设规划纲要》中也提出了完善监狱戒毒人民警察队伍职业保障制度。

在国家尚未出台相关法律法规的情况下，司法部监狱局理应尽早或按规划纲要最后时限完成"监狱民警执法保障机制"，来补充和完善监狱制度体系。这是历史赋予主管监狱最高行政部门的职责，是国家发展的需要，是基层监狱民警日夜所盼。

二、建立监狱民警执法保障机制的原则

机制是指系统内的结构关系和运行方式，建立监狱民警执法保障机制关乎新时代监狱机关的长足健康发展，应严肃对待并坚持以下基本原则：

一是过错责任，无过无责。在我国执法领域，归责侧重点有所不同，主要有过错责任、无过错责任和公平责任。监狱民警的执法履职行为必须以主观上的作为和不作为为具体体现，无论是严格执法还是执法过错，均在执法行为、执法态度、执法理念等主观活动中得以体现。这有别于其他的履职行为，对于监狱民警的追责，从其执法履职行为的主观性考虑，必须要以过错责任（包含过错推定）为唯一原则，必须明确民警执法履职存在过错，则承担责任、不存在过错，则不需承担责任。

二是明晰职责，便于操作。建立健全监狱民警执法保障机制，首先要明确监狱民警的岗位职责和执法标准，即明确什么情况下属于依法履职，什么情况属于未依法履职，这是依法追责的前提和基础。为此，监狱民警的岗位职责和执法标准不能是笼统的描述，也不能是模棱两可的表述，必须是可以用具体指标来衡量的量化指标，必须是便于操作的、明确的、具体的指标，达到了就可认定为规范执法，没有达到或者缺少相应的指标，则认定为未规范执法，以此作为追责的标准和尺度。

三是科学设计，区别对待。在建立监狱民警执法保障机制中，要根据监狱民警级别、岗位、工作内容、执法依据、执法环节等要素进行科学、合理、统一的设计，既要体现执法和岗位的重要程度，也要体现执法的风险程度。在调查处理过程中，要结合动机态度、客观条件、程序方法、性质程度、后果影响以及挽回损失等情况，正确认识和区别对待监狱民警规范执法和推进监狱改革发展过程中的工作失误与违法违纪行为的本质区别，对民警的失误、错误进行综合分析，该免责或减责的要坚决给予免责减责。

四是有效保护，消除顾虑。严格落实上级有关保护执法人员履行法定职

责相关规定，加强民警履行职务受到侵害保障救济和不实举报澄清保护，依法制止和惩处侮辱诽谤、诬告陷害、威胁伤害、打击报复民警及其家属的行为，及时有效维护民警人格尊严和合法权益，为民警依法履职、担当作为创造良好条件，消除后顾之忧。

三、规范监狱民警执法行为是前提

规范监狱民警执法行为是建立监狱民警执法保障机制的基石与前提，监狱民警对执法行为和工作职责认识不清、把握不准是突出问题。

第一，监狱民警执法标准和职责现状。监狱民警职责和标准无法可依，现行《监狱法》对监狱民警职责未予以明确。《中华人民共和国人民警察法》（以下简称《警察法》）第二章"职权"中，第6条规定了公安机关的人民警察依法履行职责共14项，其中第11项明确了"对被判处拘役、剥夺政治权利的罪犯执行刑罚"。有的人把这一项理解成是监狱民警的职责。其实，翻开《警察法》不难看出那里的人民警察前都加上了"公安机关"，几乎没涉及监狱民警。实际上，监狱民警的职责和标准大多是本监狱自己制定的，有的省监狱局只是进行了统编。全国监狱民警职责和标准只能说大致相同，就细节上看五花八门，没进入到法律层面；只能说是单位的制度，正是由于各监狱出台的是不具有国家法律效力的非规范制度，这些制度在监狱民警执法出现问题时才成了追责问责的"利刃"，使基层监狱民警执法受到限制。

第二，监狱民警法定职责初绽曙光。2019年司法部下发的《中华人民共和国监狱法（征求意见稿）》（以下简称《监狱法意见稿》）中规定了监狱民警职责：一是收押和释放罪犯；二是维护监狱秩序与安全稳定；三是对罪犯开展政治、监管、教育、文化、劳动改造；四是管理罪犯生活卫生；五是对罪犯改造表现进行考核、奖惩；六是提出减刑、假释建议，办理暂予监外执行；七是侦查罪犯在监狱内犯罪的案件；八是法律、法规规定的其他职责。上述八条对监狱民警职责进行了较为明确的规定，基本涵盖了监狱各项主要工作，使监狱民警在工作中有法可依、方向明确。除此外《监狱法》还应明确规定监狱民警执法权力保障措施，确保民警能够依法按程序处理罪犯中违规抗拒改造的行为，从源头上解决民警针对顽危犯的怕管或畏难情绪，给民警充分的法律保障和针对特殊情况行使特殊手段的合法权利；应明确规定监狱民警免除责任追究的情形，这样能在客观公正地推行问责机制的同时，更客观地保护监狱民警执法的积极性，保障民警执法权力依法、公正执行。

第三，明确规范民警执法标准和职责。《监狱法意见稿》中，对民警执法已进行了明确的规范和要求，民警按照《监狱法》《警察法》《中华人民共和国公务员法》（以下简称《公务员法》）等法律、法规严格履职，公正执法、勤勉尽责、不谋取私利，主动作为、依法作为，不应从事相关法律、法规中明确禁止的行为。

（1）对法律已非常明确的工作要求、标准、时限等方面，严格落实执行，不打折扣、不搞变通。

（2）对还没有明确的工作职责和执法标准，司法部监狱局应担负起这一责任，能统一的职责和执法标准就应该全国监狱统一；不能统一的应列出责成各省（自治区、直辖市、新疆生产建设兵团）自行组织确定，报司法部监狱局备案。

（3）对不能完全展开、细化的职责和执法标准，各监狱应以是否违背法律、司法部、省级相关政策、制度为考评依据，确定是否规范。国家法律和司法部监狱局（各省监狱局）制定的职责和执法标准总体属于从宏观层面进行规定和约束，不能精确到每个动作、每个环节，实际工作中每项工作需要基层在法律以及司法部、省级相关政策、制度的框架内继续深入、拓展才能做好，是否规范应以符合国家法律和司法部、省级相关政策、制度为准绳。

（4）对法律、上级政策、制度中未明确的新问题、新变化或比较笼统的要求，应在法律法规和上级相关政策制度的基础上，结合党内要求，从工作方向、出发点、工作措施、工作效果等方面综合考评。

（5）不属于执法保护的情形。①违反国家法律构成犯罪的情形；②违反党员干部管理条例应受到党纪处理的行为；③违反监狱管理相关规定应受到行政处理的行为。不属于依法履职保护的情形的界定，主要是看有没有构成违反国家法律、法规和党员干部管理相关规定的行为要件。不属于依法履职保护的情形应移交相关司法部门或纪检部门处理。

四、完善监狱民警执法容错机制是核心

第一，执法容错受理调查保障机构设置。建立监狱民警执法保障机制的

目的是确保对监狱民警的追责客观、公正、合理，真实地反映民警履职执法程度，准确地判断民警是否具有过错，是否需要承担责任，需要承担什么责任。如何能够确保这一目的的实现？必须要通过严格、细致的调查才能够对民警执法履职进行正确的判断。调查就得有人员和机构，因此成立调查机构及参加调查的人员就显得尤为重要。

（1）机构名称。监狱民警执法保障机构应统称为：维护监狱人民警察执法权威委员会（以下简称"维权委"）。维权委实行高、中、初三级管理：司法部监狱局、各省监狱局和监狱应分别成立相应的高级、中级、初级维权委。由政委任委员会主任、政治处主任任副主任，建立警务督察、组织、宣传以及监管安全等部门组成维护监狱人民警察权威的工作委员会。

（2）办公室设置。维权委办公室设置在警务督察部门，具体负责协调督办侵犯民警执法权威、处理涉及依法履职保护、受理民警因执法受到侵犯等案件，负责受理调查相关民警的申请申诉、为受到侵犯的民警提供法律援助、救济、恢复名誉、挽回损失。

（3）专家组构成。对于民警执法行为是否属于依法履行职责、行使职权行为，以及执法是否存在过错等问题存在较大争议的，维权委应当由相关专业人员成立专家组进行审查，出具书面论证意见，作为监狱系统内部责任认定的重要参考依据。纪检监察机关、检察机关介入调查的，监狱系统应及时提供论证意见，加强沟通。

（4）受理制度。对监狱民警执法保护事件受理原则上实行两次复议终结制，即初级和中级两级审议终结制。此期间，监狱机关可以通过聘请法律顾问、专职律师等形式，为民警执法、行使职权提供法律服务。司法部监狱局维权委主要负责监狱民警职责和标准的制定与修改，审议具有全国性或局部地区影响力的民警依法履职保护"案件"，负责及时发布维护民警执法权威相关信息、回应社会关切问题，负责典型"案例"的编写和组织召开全国监狱民警依法履职保护研讨活动。

（5）明确受侵情形。维权委要积极维护民警执法权威，明确因依法履职受到侵犯的情形：①在执法过程中受到暴力袭击的；②被他犯阻碍、哄闹的；③强制执行中受到撕咬、拉扯、推搡、谩骂等侵害的；④本人及其近亲属受到威胁、恐吓、侮辱、诽谤、骚扰的；⑤本人及其近亲属受到诬告陷害、打击报复的；⑥被恶意投诉、炒作的；⑦本人及其近亲属个人隐私被侵犯的；⑧被错误追究责任或者不公平处理的；⑨执法权威受到侵犯的其他情形。

（6）责任认定要求。监狱民警按照法定条件和程序执法时，对罪犯及其家属或者其他组织合法权益造成损害的，民警个人不承担法律责任，由其所属的单位按照国家相关规定对造成的损害给予补偿。监狱机关不得受舆论炒作、信访投诉等人为因素影响，不得不当或者变相追究民警责任，加重对民警的处理。同时，维权委应当根据行为事实、情节、后果，综合考虑主客观因素，客观评价民警执法行为的性质，区分执法过错、瑕疵、意外，依法依规做出责任认定。

（7）从轻减轻免责情形。维权委对于民警依法履职尽责，但受主观认知、客观条件、外来因素影响造成一定损失和负面影响的行为或者出现的失误，以及民警违法违规造成危害后果后，应及时发现并主动纠正错误，积极采取措施避免或者减轻危害后果与影响的，监狱机关应当从轻、减轻或免于追究民警责任，或向检察机关、纪检监察部门提出从轻、减轻或免于追究民警刑事责任建议。

第二，执法容错受理调查保障程序。在执法容错受理调查保护程序中，调查过程是确认民警是否需要承担责任的关键环节。在这个环节中，调查主体成为具体的执法者，调查部门和调查人员，是否严格按照规定程序、严格依法依规进行调查，是确保调查结果的真实性和准确性、责任追究的科学性和合法性的关键。因此，监狱民警执法保障机制中必须要对调查主体的履职情况进行规范，必须明确规定调查主体在调查过程中应对调查结果负责，调查结果不准确的，追责认定不正确的，或未按照法定程序和要求进行调查的，调查部门和调查人员要承担相应责任。这一规定，使监狱民警执法保障机制更加完整和科学，进一步地规范调查主体依法履行调查权限，有利于确保民警合法权益得到保障。

（1）主动申请。责任单位或当事民警，认为符合执法免责或减责条件的，可以主动向所在单位维权委办公室提出执法免责、减责书面申请，并提供相关证明材料（包括有关法律法规、规章制度、工作规范、法律文书、执法记录、音像、视频，及其他证据材料等）。

（2）调查核实。维权委办公室接到单位或民警申请后，应于7个工作日内指派具体受理部门组织开展调查核实，全面收集相关证据材料，充分听取有关单位或民警的解释说明，并形成书面调查报告提交维权委审议。调查核实工作原则上须在 1 个月内完成，特殊情况，经维权委批准可以适当延长，但最长不超过 2 个月。

（3）评审认定。维权委根据调查报告，经集体研究审议，按照干部管理权限，对符合执法免责情形的，依法依规作出免责、减责处理决定或提出建议；对不符合执法免责情形的，及时予以认定答复；对涉嫌违法违纪问题的，及时移交有关部门处置。

（4）回复反馈。维权委作出评审认定 10 个工作日内，受理部门应向提请单位或民警本人反馈书面答复，并在一定范围内公开。

（5）复议申诉。单位或民警对维权委评审认定结果存在异议的，可以在 10 个工作日内向本级或上级维权委书面申请复议。维权委经集体研究同意后指定受理部门核实，受理部门自受理之日起 15 个工作日内将书面核实报告提交维权委研究审定，并及时将审定结果向提请单位和民警本人反馈书面答复。

（6）备案。执法保护的相关材料，由维权委办公室存档备查。

第三，民警执法受到侵犯的救济措施。监狱民警执法权益就是指民警在依法执行公务时，应当享有的不容侵犯的正当权利，包括人格不容侮辱和侵犯、人身不容伤害、名誉不能损害、执法活动不容阻挠、事后不能诬告、陷害、侵扰、报复等各种权利和利益。监狱民警在执法尽责，权益受到侵犯、受到社会不公平的舆论时，我们应从以下几点来维护监狱民警的正当合法权益：

（1）完善法律、明确免责。检察机关要建立完善监狱民警执法权益保障办法、免责制度，围绕"免什么责、怎么免责、免责之后怎么办"等问题，对民警在执法履职过程中提供有力保护，消除后顾之忧，切实保护监狱人民警察执法权益，促进民警严格依法履职、大胆管理、文明执法、消除不作为、乱作为、情绪化作为等现象。

（2）侵警行为，敢于"亮剑"。监狱警察在执法时，罪犯不服从管理，以暴力、威胁方法阻碍民警执法的，或以非暴力手段侵犯民警依法履职的、对民警进行诽谤的行为要严厉打击，根据《中华人民共和国刑法》（以下简称《刑法》）第 315 条规定，依法被关押的罪犯，有下列破坏监管秩序行为之一，情节严重的，处三年以下有期徒刑：①殴打监管人员的；②组织其他被监管人员破坏监管秩序的；③聚众闹事，扰乱正常监管秩序的；④殴打、体罚或者指使他人殴打、体罚其他被监管人的。为促进民警严格执法，强化监狱惩罚职能，我们必须利剑高悬，始终保持对罪犯破坏监管秩序行为的严厉打击态势，坚持零容忍、强高压、长震慑。

（3）依法维权、撑腰打气。监狱各级领导干部要做民警的主心骨，主动承担压力，为敢于担当者担当、为敢于负责者负责。积极与公检法机关沟通协调，坚决制止和依法严惩暴力袭警抗法等妨碍民警执法履职行为，必要时聘请专业的律师团队帮忙解决纠纷问题。对威胁伤害打击报复民警及家属的行为，及时提请公安机关依法惩处，并提请司法救济。

（4）澄清事实、消除影响。对民警执法遭受不实举报、诬告陷害或利用信息网络等方式侮辱诽谤，致使名誉受到损害的，通过谈心谈话、召开会议和通报等适当的方式，及时澄清事实、消除不良影响；对有关单位的错误及时处理，及时恢复相关人员职务、名誉，必要时给予经济上的补偿。

（5）正面激励、鼓励实干。对执法严明、敢抓敢管、面对歪风邪气敢于较真碰硬、坚决斗争，在监狱改革创新发展中敢于触及矛盾、攻坚克难，在急难险重任务和重大突发事件面前敢于挺身而出、担当作为，在基层一线和艰苦危险岗位敢于无私奉献、实干苦干，尤其是在严明执法、依法履职时受到侵犯的民警，应及时表彰奖励，重点培养使用，广泛宣传引领，大力营造执法担当、干事创业的浓厚氛围。

五、解决监狱民警执法保障机制运行中应注重的问题

孟子云"徒善不足以为政，徒法不能以自行"，光有善法不能善行，法不足以成法。监狱民警执法保障机制的建立和健全，不仅体现在制定的环节，还体现在制度内容的设定，更要体现在制度的执行上。所以，笔者认为解决监狱民警执法保障机制运行中应注意以下问题：

第一，主要领导的责任追究问题。普通监狱民警的责任认定和追究，必须要以"过错责任"为基本原则。但是，对于监狱的主要党员领导干部来讲，其领导责任的承担，应属例外，亦应按国家法律法规处理。主要党员领导干部既不等同于普通监狱民警，也不等同于一般领导干部，应允许对主要党员

领导干部保留"无过错问责"，按照中共中央办公厅、国务院办公厅印发的《关于实行党政领导干部问责的暂行规定》，在较短时间内连续发生重大事故、事件、案件，造成重大损失或者恶劣影响的，要对主要党政领导干部实行问责。这里的问责，指的是"无过错问责"，允许对主要党员领导干部保留"无过错问责"，与国际上通行的业务类干部过错处分，政务类干部无过错处分的法律精神是一致的。因为，作为主要党员领导干部，承担的不仅仅是业务工作，更多的是对整体工作的社会责任和政治责任。

第二，避免从负面结果作有错推定问题。责任的认定，是否具有过错，必须以调查结果为依据，以事实为依据，以证据为依据。如果调查主体采取了以结果倒推责任的方式，从负面结果作有错推定必然导致监狱民警执法履职过程中背负极重的心理负担，会形成"多一事不如少一事，干得越多过错越多"的思想，从而严重影响监狱工作的正常开展。

第三，责任性质的认定问题。对此应当综合考虑问题发生的动机态度、客观条件、程序方法、性质程度、后果影响及挽回损失等要求，对民警的执法错误进行综合分析，科学认定责任性质：①看动机，是因为客观条件造成的还是主观故意；②看程序，是否经过科学民主决策，是否经过调研论证和风险评估；③看政策，是否符合国家改革方向，是否有党纪国法明令禁止、制度规定明确要求；④看后果，有无造成不可挽回的损失。

第四，免责情形。围绕监狱中心工作业务，从决策部署、监督管理、执法履职、生产经营及后勤管理等五个方面，对单位、民警在执法中出现的失误或偏差，梳理细化免责减责情形，特别是对探索性试验中的失误、先行先试中的错误、推动发展中的过失和严格按照制度规定执法履职、办理刑罚执行案件、使用警械具和武器、开展突发事件处置及罪犯疾病诊疗工作中出现失误等情形的，均应视情节予以容错免责或减责。

第五，免责结果。对经认定执法免责减责的单位和民警，在平时（绩效）考核、年度考评、评先评优、表彰奖励、提拔交流等方面不受影响或不作负面评价，并在一定场合公开说明。此应作为一项严肃制度予以确定下来。对确需追责的单位或个人，根据有关规定可以酌情从轻或减轻问责。

作者信息：

李凤森，辽宁监狱学会凌源分会秘书长、凌源分局教育处副处长。联系

电话：0421-7995049　15694210056

宋宽，辽宁省凌源监狱管理分局教育改造处三级警长。联系电话：0421-7995112　15504215955

通讯地址：辽宁省凌源市凌河大街 8 号

罪犯权益保障

新形势下老年犯合法权益保障问题研究

王　华

内容摘要：罪犯的合法权益保障问题历来是我国监狱治理体系、治理能力与监狱法治建设研究中的一个重要课题，因为只有努力拓宽罪犯权益保障渠道，全面保障罪犯的合法权益，才能使他们更有尊严地投入改造，更好地融入社会，重新成为自食其力的守法公民，实现监狱法治建设的终极目标。

　　而罪犯中的"老年犯"更是特殊群体，具有"老年人"+"罪犯"双重身份。本文就"推进监狱治理体系和治理能力现代化新形势下，如何进一步保障老年犯合法权益"的问题进行深入研究，针对当前监狱在老年犯刑罚执行、狱政管理、教育改造、就医护理等方面存在的差距与不足，进行了探寻路径完善及应对策略研究，希望在实践中不断提高老年犯的教育改造工作质量，切实保障老年犯的合法权益，体现司法人文关怀，最大限度地维护社会和谐稳定。

　　关键词：老年犯　治理体系　治理能力　有法可依

　　老年犯既是犯人，也是老人，而我国历来有"尊老敬老养老"的优良传统美德，《中华人民共和国老年人权益保障法》（以下简称《老年人权益保障法》）明文法律规定保障其基本权益，监狱系统如何既对老年犯实现有效的监管改造，又全面保障他们的合法权益显得尤为重要，也困难重重。

　　随着《中华人民共和国刑法修正案（八）》〔以下简称《刑法修正案（八）》〕的实施，监狱老年犯数量越来越多，年龄越来越大，服刑年限越来越长，监狱管理工作可谓"难中加难"。与此同时，党的十九届四中全会作出了《中共中央关于坚持和完善中国特色社会主义制度　推进国家治理体系和治理能力现代化若干重大问题的决定》，该决定对于深化监狱治理体系和治理能力现代化具有重要的指导意义和推动作用，也对监狱法治化建设提出了新的更高要求，其中罪犯的特殊群体——老年犯的合法权益保障问题这块难啃的"硬骨头"更是重点、难点工作之一。由于老年犯在生理、心理和刑罚执行上都有其自身特点，容易发生事故，给监狱管理带来安全隐患，所以对他们进行教育改造时必须充分考虑到这些差异性，措施要有针对性，才能确实保障老年犯的合法权益。

一、老年犯的含义和特点

（一）老年犯的含义

老年犯，顾名思义就是年纪达到一定程度的罪犯，至于年龄达到多少岁才能称为老年犯，世界各国没有统一的标准。瑞典、挪威等国将 75 周岁以上的罪犯称为老年犯，中国和大多数国家一样将 60 周岁作为界限。德国著名犯罪学家施奈德、凯泽、阿尔布莱希特等人对老年人犯罪所下的定义均是指年满 60 周岁及 60 周岁以上的老年人实施的犯罪行为的总和。[1]

而本文中的老年犯是特指我国浙江省被判处有期徒刑或者死刑缓期 2 年执行，男的年龄在 60 周岁以上，女的年龄在 55 周岁以上在监狱服刑的罪犯。[2]目前，在我国监狱系统内，老年犯主要有以下三种构成：一是中、壮年被判处死刑缓刑 2 年执行、无期徒刑或者长期有期徒刑的罪犯，随着年龄增长，进入老年期的罪犯；二是惯犯、累犯，因多次判刑入狱，进入老年期的罪犯；三是老年人犯罪被判刑入狱的罪犯。

（二）老年犯的新特点

随着我国《刑法修正案（八）》的实施，老年犯有了新的特点：

第一，刑期拉长，老年犯数量呈逐年上升趋势。

《刑法修正案（八）》的实施延长了部分罪犯的实际服刑时间，并限制了其减刑，增加了禁止假释的罪犯种类，还对假释的适用作了更详细的规定，这无疑是延长了重刑犯的刑期。随着时间的积累，重刑犯的年龄越来越大，部分进入了老年期，成为老年犯，从下面表一数据中可以直观看出。

---

〔1〕 参见［德］施温特：《犯罪学》，徐久生译，中国法制出版社 1999 年版。

〔2〕 《浙江省办理减刑、假释案件实施细则》第 54 条规定，老年罪犯是指男性年满 60 周岁，女性年满 55 周岁的罪犯。

表一　近三年浙江省 **X** 监狱老年犯人数及占在押犯总数百分比

类别 年份	老年罪犯人数（人）	押犯总数（人）	所占比例
2017 年	42	4012	1.05%
2018 年	50	4021	1.24%
2019 年	58	4118	1.41%

第二，老年犯减刑、假释适用难度增大。

《刑法修正案（八）》调整了减刑、假释后罪犯实际执行的刑期，尤其是被限制减刑的死缓犯的实际执行刑期被明显延长。被判处死刑缓期执行的累犯以及因故意杀人、强奸、抢劫、绑架、放火、爆炸、投放危险物质或者有组织的暴力性犯罪被判处死刑缓期执行的犯罪分子，他们的主观恶性大、反社会意志顽固、矫治难度大。《司法部关于贯彻中政委〔2014〕5 号文件精神严格规范减刑、假释、暂予监外执行工作的通知》对"三类罪犯"的减刑、假释等作出了相应规定，而当这类罪犯随着年龄的增长成为老年犯时，对他们的管理、考核、评估，应如何把握减刑条件，如何控制减刑期限都是值得我们深思的新问题。

二、老年犯合法权益保障"有法可依"

众所周知，老年犯的合法权益保障，我国政府历来是相当重视且"有法可依"的。

（一）日趋完善的《老年人权益保障法》

"矜老怜幼"的恤刑思想历来是我国传统的刑罚思想，是法律儒家化的重要标志之一，在历代法典中对老年犯从宽处罚，予以优待几乎都有规定，我国更是早在 1996 年就制定了《老年人权益保障法》，明确以法律的权威来保障老年人的合法权益。近些年来《老年人权益保障法》日趋完善，更是对老年人权益保障的方方面面作了更明确更详细的规定，真正作到了关爱老年人"有法可依"。

（二）最高人民检察院：依法保护老年病残罪犯合法权益

2015 年 11 月 2 日，时任最高人民检察院检察长曹建明在十二届全国人大常委会第十七次会议上作《最高人民检察院关于刑罚执行监督工作情况的报告》时表示，检察机关坚持惩罚犯罪与保障人权并重，尊重罪犯的人格尊严，依法保障罪犯的生活、学习、休息、劳动、教育、就医等合法权益，使罪犯既感受到法律的尊严权威，又感受到法治文明和司法人文关怀。

曹建明还重点指出，罪犯中的特殊群体，年老病残罪犯因其自身生理、心理状况的特殊性，是人权司法保障的重点，也是落实宽严相济刑事司法政策的重点工作之一。

三、老年犯的管理现状、难点及存在问题

尽管我国现在部分监狱对老年犯实施了分类关押，但现实中，当前老年犯的管理模式、管理现状已不能满足老年犯日益增长的需求，也远远不能适应当前监狱法治建设、治理体系及治理能力现代化的要求。可以说，老年犯管理现状堪忧、难点重重，主要体现在以下几个方面：

1. 对老年犯管理缺乏有效的激励机制

老年犯中由于文盲、法盲多，且体能差，容易产生生产劳动不突出、改造成绩不理想等现象，只能拿改造基本分，因而记分少、奖励少、减刑机会少，从而打击了他们改造的积极性。于是导致他们心理上认为自己异于常人，在狱内倚老卖老、装病等变相逃避改造，更有甚者通过不断实施违反监狱纪律的行为并由此获得一种畸形的满足。因而监狱需要营造一种适应老年犯改造的氛围，就此建立有效激励老年犯参与积极改造的机制显得尤为重要。

2. 老年犯压力过大，心理问题日趋严重

从表二中可以看出，2019年浙江省老年犯的刑期普遍比较长，绝大多数都在5年~10年以上，这就使很多老年犯产生了"出狱无望"的悲观心理，焦虑、郁闷、烦躁、偏执等不良心态盘踞心中，导致经常坐立不安，惶惶不可终日，甚至还引发了心悸、胸闷气短、高血压、胃肠功能紊乱等疾病。同时，他们常常担心自己年老体衰，病情恶化，出狱后亲人子女不接受自己及生活无出路，对改造前途缺乏信心，所以常常会不愿改造或逃避改造。当然老年犯内心又十分渴望关爱和认可，渴望获得减刑或假释，而实际过程中又记分低、奖励少，落差的产生使得他们对改造没有积极性，容易混日子。

表二　2019 年浙江省 X 监狱老年犯刑期统计表

刑　期	1 年～5 年	5 年～10 年	10 年～15 年	15 年以上
人 数（人）	11	30	14	10
占　比	16.92%	46.15%	21.54%	15.38%

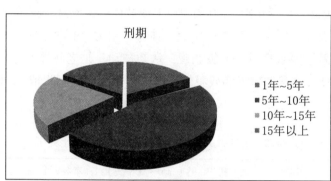

3. 监狱医院设施落后，医疗水平无法应对实际需求

从表三中可以明显看出我省老年犯患有重大疾病、一般疾病、传染病、慢性病的比例相当高。而当前大多数监狱医院的医疗设备相对落后、专业医护人员明显不足、医疗水平有限，导致遇到的大多数疾病还需要外出就诊。而外出就诊需要层层审批，且按照目前外出就诊"3X+1"的警力配备模式，监狱目前警力尚且配备不足。这样一来，可能就会延误老年犯的病情治疗，错过最佳治疗时间。

表三　2019 年浙江省 X 监狱 58 名老年犯体检结果统计表

类别	病例数（人）	所占比例
一般疾病	31	53.45%
传染病	19	32.76%
慢性病	18	31.03%
较大手术史	6	10.34%
精神疾病	15	25.86%
残疾	13	22.41%

类别	病例数（人）	所占比例
重大疾病	25	43.10%

4. "老病残犯"数量多且管教难度大

"老病残犯"是指年龄在60周岁以上或肢体残疾或身患较重疾病的罪犯。这些人主要表现为年迈，身体残疾引起体力、精力、智力、毅力的不足，行为不规则，思想偏激盲目，消极悲观，认知被动，是老年罪犯中的最弱势群体。以下为浙江省某监狱老病残犯的基本情况介绍（数据提取为2019年度中位数）：

表四 浙江省 X 监狱老病残犯知识结构统计表

文化程度	小学	初中	高中（中专）	本科及以上	文盲
人数（人）	25	24	5	1	6
占比	40.98%	39.34%	8.20%	1.64%	9.84%

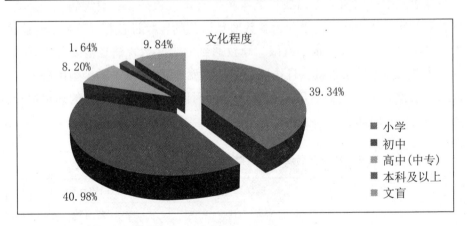

表五 浙江省 X 监狱老病残犯籍贯统计表

籍贯	本省	外省
人数（人）	33	32
占比	50.77%	49.23%

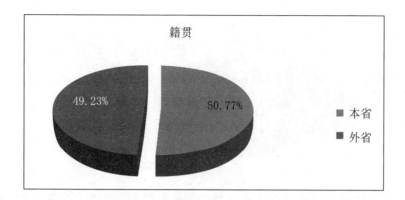

表六 浙江省 X 监狱老病残犯犯罪类型统计表

犯罪类型	杀人	诈骗	盗窃（抢劫）	强奸	其他
人数（人）	3	9	23	8	22
占比	4.62%	13.85%	35.38%	12.31%	33.85%

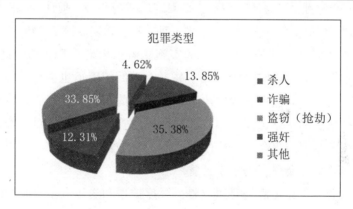

表七 浙江省 X 监狱老病残犯捕前职业类型统计表

职业类型	农民	无业	公务员（老师）	个休户
人数（人）	40	17	6	2
占比	61.54%	26.15%	9.23%	3.08%

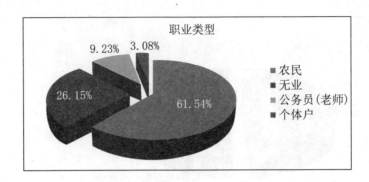

通过以上浙江省某监狱老病残犯人的知识结构、籍贯、犯罪类型、捕前职业类型等图表数据统计可以直观看出浙江省监狱老年犯中，老病残犯占了绝对多数，且多为低学历的农民，教育改造难度相当大。

近些年我国监狱系统比较盛行的是老病残犯疏导管理法，即监狱根据老病残犯的特点，在狱政管理、教育改造、生产劳动中实行集中关押、区别对待，同时根据其特殊性，考虑改造利益，平衡老病残犯心理，促使老病残犯服刑理念转变又切实保障老病残犯合法权益的一种方法，普遍取得了不错的效果。

但随着《刑法修正案（八）》的实施，监狱内老病残犯数量越来越多，年龄越来越大，监狱面临的管理成本高、效率低的困境也会日益突出，所以新形势下重新研究老病残犯集中改造中表现出的行为特征、心理特点、服刑表现等，提出更加科学、高效和有针对性的监管改造建议，对于确保监狱安全稳定及保障老病残犯合法权益有着非常重要的意义。

5. 老年犯因病致死后易引发严重纠纷

大多数老年犯除生活需要照顾外，医疗护理和送医救治也是大问题，尽管各地监狱监区的老年犯医疗费用都日益严重超支，但各监狱都不敢怠慢，因为老年犯在监狱的服刑处遇，往往太容易引发社会大众对监狱执法的误解误判，一旦发生老年犯因病致死事件，死者家属不仅不理解，反而会向监狱索赔，或者在媒体上大肆宣扬监狱工作不到位、不人性化，破坏监狱形象。究其原因，一方面是由于制度和观念的束缚，加之我国监狱长期以来相对封闭，导致社会上对监狱工作普遍存在偏见；另一方面我国监狱对于罪犯死亡的处理机制本身确实存在一定的问题，如监狱对罪犯死亡处理规定不统一、对罪犯死亡结论意见的鉴定主体不规范、罪犯死亡后的证据封存规定有缺失、对猝死的认定处理无特别规定等，容易引发死者家属、社会各界的异议，势必会造成监狱的形象危机，引发社会各界对监狱执法、司法公正的不信任情绪。因此，及时有效地处理老年犯正常死亡、完善罪犯死亡处理机制的重要性日益凸显。

通过以上五点的论述，我们可以看出目前监狱对老年犯的刑罚执行、狱政管理、教育改造、治病就医等方面的管理还存在着很多不足，还无法全面保证老年犯的合法权益，寻找和探索新方法、新措施是亟待解决的迫切问题。

四、老年犯合法权益保障问题的对策探索

近年来，老年犯已经成为各监狱内日益增长的特殊群体，各监狱监区也在实践中不断摸索、提高适应老年犯的管理教育方式、方法，但普遍面临着成本高、效率低、权益保障不到位等困境，为此笔者结合监狱的实际情况，并经过大量调查研究后认为应当从以下几方面进一步完善老年犯的刑罚执行、狱政管理、教育改造和治病就医，从而把保障老年犯合法权益工作做得更全、更细、更好：

（一）完善相关的法律法规

1. 建议加快制定全国统一的法律法规

目前比较遗憾的是我国刑事立法中对于老年犯的界定、考核办法、管理原则等方面没有全国统一的标准，相关标准均为各省根据本省情况自行制定，造成了老年犯在不同省份服刑受到不同的待遇，严重违背了刑事司法的平等、公平原则。笔者建议应当尽快制定全国统一的法律或者法规，比如明确全国统一的老年人刑事责任年龄及上限、制定老年罪犯监管改造特殊规定等。

2. 以人为本、宽严相济：老病残犯放宽假释条件

目前浙江省在老年犯减刑政策方面已经制定了幅度较大的优惠政策（《浙江省办理减刑、假释案件实施细则》第 31 条[1]），但在假释方面尚无有关规

---

〔1〕《浙江省办理减刑、假释案件实施细则》第 31 条规定，对确有悔改表现、符合减刑条件的年满 65 周岁以上或者基本丧失劳动能力、生活难以自理的老病残犯，与同等条件的成年犯或者其他罪犯相比，减刑幅度可以适当放宽一至六个月，间隔时间可以相应缩短一至六个月。至于一个月到六个月之间的具体判断，可以根据罪犯年龄、病残病情、原判罪行、服刑表现等情况综合裁量。实践中，年满 65 周岁以上或者基本丧失劳动能力、生活难以自理的老病残犯多次减刑，刑罚执行机关报请减刑时均放宽减刑幅度的，人民法院应当依法认真审查，对符合标准的，可以予以从宽，至于从宽的幅度根据案件实际情况及《实施细则》第 31 条第 2 款规定办理。

定。由于假释比例低，所以近年来老年犯羁押数量不断攀升。笔者认为，对老年犯，特别是其中生活完全不能自理、疾病缠身的老病残犯可以适当调整原有假释规定，更大幅度放宽假释条件，实施保外就医、监外执行、社区矫正等，这样不仅能够降低监狱的安全隐患、减少监狱的运行成本，实现人性化执法与管理，充分兑现宽严相济的刑事司法政策，而且也能更有效地保障老年犯安享晚年的权益。

3. 增加罪犯亲属赡养义务条款

在调研中，我们发现子女亲人的离弃不仅造成老年犯比较孤独的心态和心理障碍，而且也给监狱的管理带来了难度。虽然老年犯身份特殊，但仍是我国公民，是每个家庭的组成人员，且我国法律明确规定，禁止虐待、遗弃老年人，这说明这种法律关系不会因为老年犯深陷囹圄而中断，因而其配偶和子女依然应当承担起赡养的法定义务。

为了让中华民族"尊老"的传统美德更好地世代相传，笔者建议可以在《监狱法》中增加关于罪犯亲属赡养义务条款，明确规定对于老年犯的赡养义务及罪犯亲属不履行该义务需要承担的法律责任，使老年犯真正能够"老有所依、老有所养"，树立信心，积极参与改造。

（二）完善监管制度

1. 建立专门的老年犯监区（分监区）

随着社会老龄化程度的不断提高，政法机关研究解决老年犯合法权益的保障就显得更具现实意义，是社会文明进步的体现，也是构建社会主义和谐社会的要求。从监狱层面来看，根据老年犯的年龄、身体、心理状况等特点，我国监狱系统在实践中探索、提高，也在逐步摸索适应老年犯管理教育的方式、方法，多年实践表明目前老年犯人分押于各个监狱已然不是长久之计，提出更加科学、高效和有针对性的管教方式，对于确保监狱安全稳定、提高管理效率及有效保障老年犯人的合法权益有着非常重要的现实意义。所以，中国国内首家专门收押老病残罪犯的监狱——上海南汇监狱应运而生，自2007年7月开始收押罪犯起，就成立了专门关押老年罪犯的监区，对老年犯进行集中关押，以便于开展有针对性的教育改造。

截至2009年，该监狱已经正式运营13年了，走进监狱大门，中间耸立的是监狱总医院大楼，南汇监狱四座低层楼分列医院两侧。据了解，这样规划是为了保证老病残犯人能够得到及时救治，切实保证犯人的生命权和健康权；步入监区，宽敞明亮的走廊里，老年犯人们有的挥笔泼墨，有的成排演奏口琴，还有的列阵打太极……监区走廊的窗户上则悬挂了很多老年犯的书法作品，如果不是窗上的铁栅栏和旁边监舍的铁门，笔者很难分辨这里是监狱，还是养老院，这所监狱真正实现了让老年犯在改造中安度晚年，体现了司法的人文关怀。

总之，通过上海南汇监狱这个国内首个成功案例可以看出，老年犯集中改造，设立专门的老年犯监区（分监区）是绝对有益和有效的，值得大力推广，也是监狱系统加强和加快治理体系和治理能力现代化与监狱法治建设的迫切要求。

2. 完善监区监舍硬件配套设施

老年犯身体情况的特殊性决定着对监区监舍的场地、设施等有着特殊要求，因此应该根据每个监狱的实际情况和资金实力进一步完善和改善老年犯监区（分监区）的硬件配套设施。

例如，老年犯监区（分监区）的选址应当在阳光充足、空气流通充分的场地，这样有利于老年人的身心健康；老年犯监舍楼在整体设计上应充分考虑老年罪犯的特点，设有防撞护栏、无障碍设施等，为那些行动不便的老年犯提供便利；每个监房可以设有坐式马桶，每层楼面也可配备有热水器、消毒柜、洗衣机等设施，为老年犯的日常生活提供便利；伙食方面，不仅要干净卫生，而且应适当照顾老年人的身体情况，更加营养、丰富、全面一些。

3. 重视医疗护理和就医需求

大多数老年犯除生活需要照顾外，医疗护理和及时就医也是大问题。所以各个监狱监区首先应制定老年犯定期体检制度，如发现患有重大疾病的，应迅速将其送医救治，避免贻误病情；发现患有传染疾病的，在马上治疗的同时，更要做好隔离防护管理，避免交叉感染，并针对肺结核等消耗性疾病定期发放牛奶等营养品，提高康复保障；发现患有精神类疾病的，需要"禁锢"的，必须单独关押，以免发生误伤情况。当然，对"禁锢"型病犯，也应当予以电视、音乐、定期放风活动等舒缓紧张压抑情绪的辅助治疗手段，彰显医护关怀，以保障其合法权益；发现患有慢性疾病的，需要长期服药的，应安排专职医生进行跟踪随诊，避免发展成为急症；发现近期有过较大手术史的，尚未恢复的，应予以一定的照顾，如免去劳动改造，并在饮食上做好加餐工作，以确保营养供求，有利于病犯尽快恢复健康。

在日常监管中，则可以在监房内床位附近安装报警系统；同时完善夜间巡查制度，值班民警安排监控视频巡查，一旦发现老年犯夜间突发病情，保证能够在第一时间送诊就医治疗，挽救生命。如浙江省南湖监狱就开通了"生命绿色通道"，监狱与当地县人民医院、省监狱中心医院等医院签订协议，监地共享社会医疗资源，第一时间抢救生命，取得了较好的效果，基本杜绝了罪犯非正常死亡事故的发生，维护了监管安全和罪犯就医权、生命权、健康权等合法权益。目前，监狱正在开发研制智能远程会诊系统，届时罪犯及重症患者将享受到更加优质、快捷、安全的服务和治疗。

同时，老年犯集中关押后，监狱也可以从健康状况角度，将老年犯分为身体健康、年老体弱和身患重病三类，进一步加强针对性管控。对那些被家属遗弃和患有严重疾病导致悲观厌世的老年犯，监狱可以为他们进行指定护理，落实专人护理，并集中特定监房，定期开展重塑生活信心的教育，让老年犯对生活充满希望，积极参与改造，防止其在狱内非正常死亡，消除监狱的管理隐患。

最后，在有效落实老年犯生病及时就医权后，也千万不要忘了保障其本人及家属对病情的有效知情权，避免日后纠纷。在这方面，浙江省南湖监狱近年来针对老病残犯的"三化"管理工作就做得可圈可点，其中"一化"就是病情告知制度规范化，总结提炼为"三必谈"（即入院谈话、出院谈话、病情变化谈话），在此基础上，做好罪犯病情的告知工作。入院时做好病情诊断的告知，病情变化时及时谈话，做好病情发展的告知，出院时做好预后事项的告知，同时与罪犯所属分监区做好沟通和衔接，对病犯就医及病情变化情况及时与病犯家属做好告知工作，规避涉医纠纷。可以说，这种有益尝试效果显著，民警们工作更加细致主动了、老病残犯则不再担心病情了；家属们有了知情权，也更放心和安心了，可谓三赢！

4. 开展适当的劳动改造

由于老年犯生理、心理的特殊性，劳动改造不再仅仅是一种义务，更像是一种权利和义务的集合体。笔者建议在老年犯监区（分监区）中开展适当的劳动，劳动内容以简单的手工劳动为主，鼓励有一定劳动能力的老年犯参与其中，这样一方面可以帮助老年犯为出狱以后的生活提供谋生技能，另一方面也可以使他们获得一定的劳动报酬，改善服刑生活质量。

5. 开展针对性、特色改造教育

在对老年犯进行认罪悔罪教育的同时，监狱应注重开展有针对性、适应老年人需求的特色改造教育，有条件的可以在监区内设立老年活动中心，并成立各种兴趣小组，如开办老年书画爱好班，曲乐爱好班，太极拳、太极扇运动班，读书兴趣小组等，有了交流，在寓教于乐中改造起来会顺利得多，自然改造效果也会更好。也可让老年犯自发创办老年报，通过这一平台自警、自律，认罪悔罪，达到改造的目的。

6. 加强亲情关爱，注重心理健康

在重视和解决老年犯的生活和就医需求的同时，还需重视老年犯的亲情需要和心理健康。老年人具有较强依赖性，他们更需要亲情的关爱。但由于部分老年犯的罪行恶劣，严重伤害亲情，比如奸淫幼女、杀害老伴等，导致子女、家属不愿探监。对此监狱民警必须积极做好工作，努力让那些长年不来探监的家属来监探望，给予老年犯谅解和亲情抚慰，有效减轻老年犯心理压力和思想负担，使他们增加希望，减少自卑自厌情绪，避免绝望。

（三）优化警力配置

1. 配强警力

分监区警力是罪犯监管改造的直接实施者，而目前大多数分监区警力不足导致基层民警超负荷工作，大大降低了对罪犯的教育改造效果。笔者建议根据我国国情逐步增强老年犯监区（分监区）的警力，使警囚比达到国家规定的18%。这就需要国家政府给监狱系统设置更多的公务员，通过这种方式向社会招考更多的有志青年投入到对罪犯的教育改造事业中。同时，监狱系统内部加快推进二级管理，合理优化现有的警力结构，将更多的狱警安排到一线，参与到对罪犯的直接管理教育工作中。

2. 提高民警的综合素质

对服刑人员进行监管改造是监狱的基本职能，也是监狱民警的主要工作。而老年犯集犯人、老人角色于一身，本身是个监管改造难题，再者随着管理老年犯是落实宽严相济的刑事司法政策的重点工作之一，也是当前监狱法治建设、治理体系和治理能力现代化的内在要求，要确实保障罪犯的合法权益等方针政策的颁布，这块"硬骨头"就更难啃了。

因宽严尺度很难把握，而且老年犯的人生观、价值观基本固化，部分人有着生理或心理方面的疾病，想改造他们可谓需要下足功夫、动尽脑筋，如何让监管一线的民警真正适应自己的角色、做好监管改造工作显得尤为重要！因此对这些监管一线的民警要求就高得多了，不仅要具有较高的人格魅力、丰富的管教经验，而且要有一定的医疗卫生知识等综合专业知识。这样就需要我们在选拔老年犯监区（分监区）管理民警时，要适当多挑选一些具有心理学、医疗卫生等相关专业知识的民警，如此不仅能够让民警学以致用，而且能让监管工作事半功倍。另外，也要安排时间加强民警相关法律法规和身体素质等的培训，提高民警的综合素质。

3. 改善民警的待遇

第一，要提高政治待遇，即在提拔任用、入党评优等方面优先考虑老年犯监区（分监区）工作的民警。第二，是提高健康待遇，将单位组织的每年一次体检，增加为二次，为民警的身心健康提供保证，使得老年犯监区（分监区）的岗位更具有吸引力，吸引更多的人才加入其中。

作者信息：

王华，浙江省南湖监狱副调研员、分会秘书长
通讯地址：浙江省安吉县天子湖镇
邮　　编：313310
联系电话：0572-5100919

完善罪犯职业技术教育的立法思考

宋建伟　杨俊儒

内容摘要：罪犯职业技术教育工作是监狱教育改造罪犯工作的重要组成部分；党和政府历来十分重视罪犯职业技术教育工作，分别以法律、法规、政策性规定、规范性文件等形式予以明确并加以推进；在新的历史时期，结合工作实际，从推进治理体系和治理能力现代化的角度去审视罪犯职业技术教育立法中存在的差距与不足，并提出针对性的建议对策实属必要。

主题词：罪犯　职业教育　监狱法

一、党和政府十分重视罪犯职业技术教育工作

（一）将罪犯职业技术教育纳入当地教育统一规划

早在 1981 年 12 月，中共中央办公厅、国务院办公厅转发的《第八次全国劳改工作会议纪要》就首次提出：要加强对罪犯的教育改造工作，把劳改场所办成改造罪犯的学校。要设置教育机构，配备专职教员，增加教育的设备和经费，健全教学制度，进行系统的教育，犯人文化学习考试合格的，技术学习考试合格的，由劳改单位发给证书。[1]

1982 年 2 月，公安部下达了《关于对罪犯教育改造工作的三年规划》明确规定：要设立初级技术、中级技术、综合技术等三种类型的技术教育培训训练班，对犯人进行正规的培训训练。[2]

1985 年 6 月 11 日，司法部、教育部、劳动人事部联合发出《关于加强对劳改、劳教人员文化、技术教育的通知》，首次提出将劳改场所的办学工作纳

---

〔1〕　参见司法部劳改局编：《劳改工作手册》，法律出版社 1987 年版，第 125 页。
〔2〕　参见司法部劳改局编：《劳改工作手册》，法律出版社 1987 年版，第 320 页。

入当地教育、劳动部门的统一规划之中。[1]

上述文件、规定精神，使得罪犯职业技术教育工作初步走向正规化的轨道和良好的发展方向。

（二）以法定形式确立罪犯职业技术教育地位

1994 年 12 月 29 日，第八届全国人大常委会第十一次会议通过的《中华人民共和国监狱法》（以下简称《监狱法》）第 64 条规定："监狱应当根据监狱生产和罪犯释放后就业的需要，对罪犯进行职业技术教育……"；第 70 条规定："监狱根据罪犯的个人情况，合理组织劳动，使其矫正恶习，养成劳动习惯，学会生产技能，并为释放后就业创造条件。"[2]《监狱法》将罪犯职业技术教育，正式纳入法治化轨道，使得这项工作的开展具有了明确的法律依据。

1995 年 11 月 8 日，司法部、国家教委、劳动部联合发出《关于进一步加强对罪犯的文化职业教育和技能培训的通知》规定，对罪犯的文化、职业教育和技能培训，是一项对特殊对象的特殊教育，是一项系统的社会工程。根据《监狱法》关于罪犯的文化和职业技术教育，应当列入所在地区教育规划的规定，各地及有关部门和监狱系统的各级领导必须高度重视对罪犯的教育工作。监狱所在地的教育和劳动行政部门应当把罪犯的文化、职业教育和技能培训，作为一个组成部分列入本地区的教育和培训规划，在有关计划安排、参加有关会议、阅读文件、沟通信息、交流经验、教研活动、培训师资及教育设施建设投资等方面，为监狱教育与培训工作提供便利，解决困难。监狱的学校应当建立教学场所、设立教学机构、建立教师队伍，为教育与培训工作提供必要的条件。[3]该通知就罪犯实施职业技术教育的有关方面的内容进行了较为明确规定。

2003 年 6 月 13 日司法部第 79 号令颁布的《监狱教育改造工作规定》第 27 条第 1 款规定："监狱应当根据罪犯在狱内劳动的岗位技能要求和刑满释放后就业的需要，组织罪犯开展岗位技术培训和职业技能教育"；第 29 条规定："监狱应当积极与当地教育、劳动和社会保障行政部门以及就业培训机构联

---

〔1〕 参见司法部劳改局编：《劳改工作手册》，法律出版社 1987 年版，第 332 页。

〔2〕 参见司法部监狱管理局编：《监狱工作手册》，法律出版社 1999 年版，第 9 页。

〔3〕 参见司法部监狱管理局编：《监狱工作手册》，法律出版社 1999 年版，第 234 页。

系，在狱内文化、技术教育的专业设置、教学安排、师资培训、外聘教师、教研活动、考试（考核）和颁发学历、学位（资格）证书等方面取得支持和帮助"；第 30 条规定："监狱应当积极利用社会资源，开展罪犯文化、技术教育，根据罪犯刑满释放后的就业需要，开设不同内容、种类的培训班"。[1]

2007 年 7 月 4 日司法部印发的《教育改造罪犯纲要》第 12 条规定，要根据罪犯在狱内劳动的岗位技能要求和刑满释放后就业的需要，组织罪犯开展岗位技术培训和职业技能教育……对罪犯的岗位技术培训，要按照岗位要求进行"应知""应会"培训和必需的安全教育培训；对罪犯的职业技能教育应当按照劳动和社会保障部门的标准进行。罪犯刑满释放前，取得职业技能证书的应当逐步达到应参加培训人数的 90% 以上。[2]

2008 年 12 月 23 日司法部印发的《关于进一步加强监狱教育改造罪犯工作考核的通知》第 9 条规定，年度刑满释放人员中，取得职业技能证书的达到应参加培训人数的 90% 以上。[3]

总之，国家以法律、规范性文件等形式对罪犯职业技术教育作出明确规定，确定了罪犯职业技术教育的地位，要求监狱通过组织罪犯劳动、开展岗位技术培训和职业技术教育等形式，帮助罪犯掌握谋生所需的职业技能，并为其释放后就业创造条件。

（三）提出新时期罪犯职业技能培训新的运行机制

党的十八大以来，以习近平总书记为核心的党中央高度重视监狱工作，习近平总书记多次作出重要指示，为监狱工作提供了根本遵循，指明了前进方向。

2018 年印发的《国务院关于推行终身职业技能培训制度的意见》，明确了对服刑人员、强制戒毒人员，开展以顺利回归社会为目的的就业技能培训。[4]

2018 年 6 月 28 日召开的全国监狱工作会议提出，要坚守安全底线，完善安全治理体系，创造世界最安全的监狱。要践行改造宗旨，坚持以政治改造

---

〔1〕 参见司法部监狱管理局编：《监狱工作手册》，法律出版社 2007 年版，第 347 页。
〔2〕 参见司法部监狱管理局编：《监狱工作手册》，法律出版社 2011 年版，第 291 页。
〔3〕 参见司法部监狱管理局编：《监狱工作手册》，法律出版社 2011 版，第 299 页。
〔4〕 参见国务院《关于推行终身职业技能培训制度的意见》（国发【2018】11 号）。

为统领，统筹推进监管改造、教育改造、文化改造、劳动改造的五大改造新格局。此后，司法部相继印发了《关于坚持以政治改造为统领 统筹推进"五大改造"的意见》和《监狱"五大改造"考评要点》，分别就罪犯职业技术教育的开展及考核工作作出进一步明确的要求。

特别是 2019 年中共中央办公厅、国务院办公厅印发《关于加强和改进监狱工作的意见》，是党中央、国务院进一步重视监狱工作的最新体现，是党和国家对监狱工作的最大关心、最大肯定和最大支持。该意见规定，推进罪犯改造社会化，将罪犯文化教育和职业技能培训纳入当地规划，建立财政部门出资、人力资源社会保障和教育部门培训并监管发证、人力资源社会保障部门组织评价、司法行政部门管理的运行机制。从而进一步明确将罪犯职业技能培训纳入地方培训规划的要求，并提出了新的切实可行的运行机制，这是关于规范罪犯职业技能培训工作机制非常难能可贵的规定，为新时期加强罪犯职业技能培训工作指明了方向。

二、罪犯职业技术教育的实践探索

随着国家对职业技术教育重视程度的逐渐提高，全国监狱积极贯彻党中央、国务院、司法部关于监狱罪犯职业技术教育工作部署，监狱罪犯职业技术教育呈现出一派蓬勃发展的景象。各地积极探索罪犯职业技术教育模式，依托社会资源，积极与当地教育、人社、劳动部门沟通联系取得支持，积极与地方院校加强联合办学，开展分层次、分类别的教育培训，有的将罪犯职业技能培训纳入当地职业技能培训总体规划，有的联合地方办学，有的成立职业技术教育中心、技能鉴定所等机构，广泛开展对罪犯的职业技术教育和职业技能培训，进行了有益探索，积累了相当丰富的经验。

比如，2012 年山西省监狱局与监狱局下属山西省东华技校联合进行正规的罪犯职业技术教育、技能鉴定培训考评工作，明确将罪犯职业技术教育纳入东华技工学校教学范围。山西省监狱局先后在政策上、制度上、经费上给予东华技校及各教学点充分保障；东华技校在教学管理团队和师资配备方面给予大力支持，抽调了政治素质高、专业教学能力强的教师进行授课；各监狱教学点成立相应管理机构，确定专职人员，制定管理办法，开辟理论教学和实习实训场所，配足学习和实训设备，逐渐形成了一整套系统规范的教学机制，建立健全了一种行之有效、符合服刑人员学习生活特点的职业教育教学模式。截至 2020 年上半年，组织完成全省 21 所监狱服装制作工、计算机操作员等 20 个工种，13 884 人的职业技能鉴定培训、考评、取证工作，其中11 904 人通过鉴定，获证率为 85.7%。此项做法受到服刑罪犯的积极拥护和社会各界的普遍好评。

在 2013 年 5 月全国罪犯教育工作会上，这一做法得到司法部的肯定和赞同。在 2014 年 4 月"全国教育改造质量年"经验交流会上，将山西的上述做法作为典型经验在会上进行了交流。

2019 年 10 月，山西省司法厅、人社厅、财政厅、教育厅等四部门联合印发了《将罪犯文化教育和职业技能培训纳入政府教育（培训）规划的意见》，为进一步推进罪犯职业技能培训规范化、社会化创造了有利条件。

该意见根据相关法律法规，明确罪犯职业技能培训是根据罪犯个体情况，对年龄不满 50 周岁、没有一技之长、能够坚持正常学习的罪犯组织开展国家职业技能目录范围内的职业技能培训和鉴定工作，确保罪犯在出监时能够取得至少一项国家职业技能资格证书。同时，根据国家职业技能培训的相关法律法规，着眼于提高罪犯职业技能水平，建立政府部门组织开展培训的工作机制，帮助罪犯掌握至少一门实用技能，以提高其技能水平，增强其就业谋生能力，为预防重新犯罪奠定基础。

特别是建立将罪犯文化教育和职业技能培训工作纳入政府教育（培训）规划的经费保障机制，明确了罪犯教育培训经费由财政保障，奠定了将罪犯文化教育和职业技能培训工作纳入政府教育（培训）规划的基础。根据该省实际，将罪犯文化教育和职业技能培训纳入政府教育（培训）规划，统一由省级财政列入监狱教育改造费预算予以保障。各监狱每年根据押犯受教育情况，依法确定年度受教育培训人数，并与所在地的地市教育局、人社局（或指定的教学机构）协商确定教育培训费标准后，统一将教育培训费用支付给被指定的教学机构，用于罪犯的文化教育和职业技能培训。

同时明确罪犯职业技能培训分工负责机制：一是监狱所在地的地市人社局应当指定符合条件的培训机构，具体负责对罪犯开展职业技能培训；监狱所在地人社局对培训机构的培训工作实施监管，组织罪犯参加职业技能鉴定，对鉴定合格人员，由人社局发放相应等级的职业技能资格证书，并在罪犯刑释前就业指导、职业规划、就业招聘等方面提供便利条件。二是被指定的培训机构要按照相关规定，制定培训计划，明确授课师资，组织实施对监狱罪犯的职业技能培训。三是监狱根据押犯情况，确定接受职业技能培训的罪犯人数，并负责组织罪犯参加培训，提供必要场地设施，保障培训过程安全，配合培训机构制定培训计划和开展培训管理。

综上，各地对罪犯职业技术教育的有益的实践探索，为进一步完善罪犯职业技术教育立法，提供了可资借鉴的实践依据，起到了积极的推动作用。

三、罪犯职业技术教育的法律困境

当前，开展罪犯职业技术教育，虽然有一些比较明确的法律、法规、政策性规定、规范性文件等规定，但从推进治理体系和治理能力现代化的角度去审视罪犯职业技术教育立法，其中仍存在一些差距与不足。比如，有的规定因过于原则笼统不便执行，有的因缺乏应有的法律效力得不到强有力的推行，有的因政出多门缺乏统一的标准与尺度……所有这些都亟须从罪犯职业技术教育立法的层面上予以理顺明确。

（一）罪犯职业技术教育规划缺少细化条款

《监狱法》第66条规定，罪犯的文化和职业技术教育，应当列入所在地区教育规划。[1]然而，《监狱法》并未对于罪犯实施职业技术教育的责任部门、办学要求、课程设置和监督考核等实施环节进行明确规定，导致实施起来的软弱无力。

司法部、国家教委、劳动部于1995年11月8日联合发出了《关于进一步加强对罪犯的文化、职业教育和技能培训的通知》，强调监狱所在地的教育和劳动行政部门应当把罪犯的文化、职业教育和技能培训，作为一个组成部分列入本地区的教育和培训规划；2019年中共中央办公厅、国务院办公厅印发《关于加强和改进监狱工作的意见》，规定将罪犯文化教育和职业技能培训纳入当地规划，建立财政部门出资、人力资源社会保障和教育部门培训并监管发证、人力资源社会保障部门组织评价、司法行政部门管理的运行机制。

---

〔1〕 主要包括：服装制作工、计算机操作员、维修电工、车工、焊工、电子仪器仪表装配工、平版印刷工、装饰装修工、家政服务员、中式烹调师、中式面点师、养老护理员、保健按摩师、美容师、美发师、刮痧师、花卉园艺师、摄影师等。

然而，由于仅以"通知""意见"（密件）的形式提出要求，并未上升到法律的高度予以规范，导致各地在贯彻上述要求时，由于缺乏明确的法律规范和应有的国家强制措施的保障，推进工作较为迟缓。甚至于不少地区的罪犯职业技术教育工作普遍没能列入当地的教育、培训规划，难从当地教育部门、人社部门中获得应有的支持和帮助，难以形成一个较为系统、完整的职业技能培训体系，导致当今罪犯职业技术教育实际上仍然停滞在主要还是依靠监狱来组织实施的状况。

（二）罪犯职业技术教育经费缺少法律保障

《监狱法》第8条第1款规定："国家保障监狱改造罪犯所需经费。监狱的人民警察经费、罪犯改造经费、罪犯生活费、狱政设施经费及其他专项经费，列入国家预算。"但一是对罪犯职业技术教育经费的保障并没有明确作出规定；二是由于罪犯职业技术教育费用往往不比文化教育和思想教育费用低，加上部分地区由于各种财政原因，尚未达到"全额保障"的水平，最终导致经费缺乏成为制约监狱职业技术教育发展的重要原因之一。

拿山西省举例，虽然从2013年开始，山西省监狱局经多方协调从财政资金获得了支持，全省监狱每年获得200万元的职业技能培训补贴。但除去每年要给所有监狱装配实训设施、购买教材以及考核鉴定办证的费用之外，真正用于培训的费用分配给每个监狱的只有3万元左右。而根据省监狱局的计划要求，一所监狱每年应有6至8个标准培训班，每个中级专业的培训课时要达到300课时，按照100元/课时计算，每年实需经费达到20余万元。所以，各监狱的培训只能举办一些考前辅导，而要达到实训课时占培训课时的60%目标要求着实差距较大、难以满足。另外，各个办学点实训场所、教学设备短缺的现象也比较突出。譬如有的监狱计算机实训室电脑数量少，根本无法满足实践教学人手一台电脑的教学要求。

（三）罪犯职业技能鉴定缺少法律支持

《监狱法》第64条规定："监狱应当根据监狱生产和罪犯释放后就业的需要，对罪犯进行职业技术教育，经考核合格的，由劳动部门发给相应的技术等级证书。"

多数监狱在贯彻落实该规定中，普遍采取举办技能培训班的形式，组织罪犯参加培训，帮助罪犯获取相应的技能等级证书。然而，由于罪犯中的多数人是文盲、半文盲,文化水平较低,监狱举办的技能培训班多数对文化水平有一定要求,导致获得技术等级证书的罪犯只占少数。在缺乏法律支持的情形下,有的地区的劳动部门没能针对罪犯这一特殊人群进行劳动技能的考核鉴定,导致绝大多数罪犯在劳动改造中,虽然掌握了生产岗位技术,具备就业谋生的能力,却无法获得技术等级证书,给罪犯刑释后的就业和谋生造成极大困扰。

(四) 罪犯参加职业技能培训奖励缺少法律依据

罪犯积极主动参加职业技术教育这一行为本身也是积极改造的表现,但监狱相关这方面的奖励依据明显不足。

《监狱法》第57条规定:"罪犯有下列情形之一的,监狱可以给予表扬、物质奖励或者记功:(一)遵守监规纪律,努力学习,积极劳动,有认罪伏法表现的……"此条规定过于宽泛,不易操作;而司法部印发的《关于计分考核罪犯的规定》第6条规定,罪犯参加思想、文化、技术学习,考核成绩合格的按照监狱管理规定,当月给予教育改造基础分65分;第17条规定罪犯有检举严重违法违纪行为、提供有价值破案线索等特殊情形的,经监狱计分考核领导小组审批,可以给予专项加分,每年度专项加分分值不得超过600分。以上规定同样具体指向不太明确,也不易执行。

从全国各省看,执行标准也不尽统一。如《广东省监狱管理局计分考核罪犯实施细则》第53条第(六)项规定,参加职业资格培训获得初级证书的,加100分;获得中级证书的,加300分;获得高级证书的,加600分。《黑龙江省监狱计分考核罪犯实施细则》第20条第(四)项规定,参加职业技能培训,按照规定获得国家承认的特种作业操作证、初、中、高级职业技能资格证或者获得其他同等级别的技能等级证书的,分别加10分、20分、30分、40分。罪犯服刑期间获得各类证书的专项加分总分不得超过600分;罪犯在服刑期间参加学历教育培训,获得成人教育中专、大专、本科及以上学历证书,分别加20分、30分、40分等。

不同的奖励尺度,导致了不同的奖励效果,也直接影响到了罪犯职业技能培训的质量与效果,亟须在立法层面上进行统一的规范约束。

四、完善罪犯职业技术教育的几点立法建议

（一）完善罪犯职业技术教育规划的法律规定

监狱开展罪犯职业技术教育作为社会职业技能培训体系的一个有机组成部分，是现代教育发展和司法制度发展的一个趋势。结合我国监狱多年来行之有效的罪犯职业技术教育实际，建议法律法规应明确罪犯职业技术教育规划的责任部门，对监狱职业技能培训规划、培训实施和考核发证等各项工作环节进行细化规定；对办学单位、教育设施、师资配备、入学率和获证率等标准与要求作出明确规定，形成具有一定强制力、同时便于操作执行到位的法律规范。

（二）完善罪犯职业技能培训的法律规定

应尽快完善部门规章，建立完善罪犯职业技能培训分工负责机制，明确当地财政、劳动和社会保障部门以及就业培训机构的职能分工，将社会教学资源融入罪犯职业技术教育，在罪犯职业技术教育的专业设置、教学安排、师资配备、考试（考核）和颁发学历和职业技能等级证书、培训经费等方面增强法律保障。努力形成"财政部门出钱、司法行政部门培训、人保部门发证"的既有分工又有合作的良性循环培训机制。

此外，监狱的职业技术教育与社会的职业技术教育在目的及授课方式上存在着诸多一致性，而且监狱有着职业技术院校需求的生源，在管理及时间上具有强制性和执行性。职业技术院校有着监狱紧缺的师资、系统的课程及实训设备。对此，应通过立法明确，由政府统筹社会资源，推进监狱与社会职业院校进行联合办学，对罪犯进行系统的、多类别和层级丰富的职业技术教育，培养和提高其就业能力、操作能力和择业能力，使其职业技能水平最大限度地适应社会发展需要。

（三）完善罪犯职业技能鉴定与奖励的法律支持

根据《监狱法》的规定，监狱开展罪犯职业技术教育，目的在于帮助罪犯掌握谋生所需的职业技能，并为其释放后就业创造条件。法律法规应为罪犯职业技能鉴定提供支持，应在立法中明确，劳动和社会保障部门为罪犯设立职业技能鉴定"绿色通道"，以罪犯职业技能培训考核的情况为依据，制定技能鉴定标准，为罪犯获得技术等级证书拓宽渠道。同时，完善罪犯学习、

掌握职业技能的激励机制，健全规范罪犯考核计分、行政、刑事奖励机制，统一完善罪犯的职业技能考核结果与计分考核、行政、刑事奖励尺度的规范约束。如可以设想将罪犯获得技能等级证书情况列入罪犯减刑、假释的加分条件之一，此举无疑有利于进一步提高改造质量，实现改造罪犯、预防和减少犯罪的行刑目的。

（四）完善罪犯职业技术教育的经费保障

保障罪犯职业技能培训经费是推进罪犯职业技术教育的前提。应加强将罪犯职业技术教育的经费纳入国家统筹的法律、法规立法规划中。目前，全国绝大部分罪犯职业技术教育的经费是从监狱罪犯教育改造经费中支出的，使得原本就资金紧缺的罪犯教育改造经费更加捉襟见肘。为解决这一尴尬情况，国家层面要加强立法保障监狱取得当地政府部门的支持，尽快将罪犯职业技术教育的费用支出纳入各级地方政府技能培训的总体规划中，从而保障罪犯职业技术教育的经费的落实到位。

综上所述，现行法律法规、政策性规定、规范性文件等对罪犯职业技术教育的相关规定虽然比较明确，但对照推进治理体系和治理能力现代化的新的要求尚存在一些差距与不足。因此应以法律法规的立法形式对罪犯职业技术教育规划、教育内容、经费保障、技能鉴定、考核激励等方面的内容和机制进一步加以完善和补充，以便更好地指导监狱开展罪犯职业技术教育，推动罪犯职业技术教育社会化进程，达到实施罪犯职业技术教育的最终目的。

作者信息：

宋建伟，山西省监狱学会常务副会长，联系电话：15333411198
杨俊儒，山西省监狱局教改处主任科员，联系电话：15333416119
通讯地址：太原市东华门街 15 号
邮　　编：030013

未成年犯矫正立法问题研究

杨木高

摘 要：监狱法设立专章对未成年犯的改造做出规定，体现了对未成年犯的特殊关照。然而未成年犯矫正的立法仍然存在参照成年犯矫正的有关规定，有关司法解释和规章体现的未成年犯矫正特色不足，亟待从立法的角度完善未成年犯的矫正制度，努力构建中国特色未成年犯矫正工作体系，体现未成年犯矫正特色。

关键词：未成年犯 矫正制度 立法建议

一、目前未成年犯矫正立法存在的不足和问题

（一）未成年犯矫正的立法内容基本上参照成年罪犯

通过梳理刑事法律、未成年保护法律、司法解释以及规章等，我们可以看到仅仅是几个条文对未成年犯矫正有所涉及，内容主要涉及未成年人犯罪的"从宽处理""教育为主""分类关押""权利保护"，等等。一个仍然不得不面对的现实是，在当代中国少年罪错事件之处理仍然只能依据以理性的成年人为假设对象所制定的成人法律，主要是《中华人民共和国刑法》（以下简称《刑法》）、《中华人民共和国刑事诉讼法》（以下简称《刑事诉讼法》）、《中华人民共和国监狱法》（以下简称《监狱法》）、《中华人民共和国治安管理处罚法》（以下简称《治安管理处罚法》）等。常常被提及的两部以"未成年人"命名的法律——《中华人民共和国未成年人保护法》（以下简称《未成年人保护法》）、《中华人民共和国预防未成年人犯罪法》（以下简称《预防未成年人犯罪法》），并不具有"司法"特征，无法成为少年罪错事件处理的依据，实际上属于社会法而非少年法的范畴。目前，中国对少年罪错事件的处理，实际更依赖于大量由中央政法部门制定的司法解释、政策文件等，

一些地方省市也出台了大量地方性规定与文件，然而这些司法解释、政策文件与规定并无法突破已有的成人法律框架。[1]虽然《监狱法》中设立了专章规定对未成年犯的教育改造，但仅有4个条文，且没有可操作性，其中第77条明确规定："对未成年犯的管理和教育改造，本章未作规定的，适用本法的有关规定"，实际上还是套用成年犯矫正的一套模式，谈何"矫正特色"？

（二）《监狱法》对未成年犯矫正的规定逻辑混乱

《监狱法》第74条规定："对未成年犯应当在未成年犯管教所执行刑罚。"这条规定显得很突兀，《监狱法》前面的所有条文没有涉及"未成年犯"一词，这里突然出现一个"未成年犯管教所"，条文也没有规定未成年犯管教所的性质是什么？法律至少要交代什么是未成年犯，什么是未成年犯管教所（是监狱的一个特殊类型），之后才能规定未成年犯应当在未成年犯管教所执行刑罚。第75条第2款的规定也让人很难理解："监狱应当配合国家、社会、学校等教育机构，为未成年犯接受义务教育提供必要的条件。"这里为什么会出现个"监狱"一词？对未成年犯实施义务教育是监狱的事情？不是未成年犯管教所的事情吗？应当配合国家、社会、学校等教育机构？怎么配合呢？国家、社会、学校三者并列，似乎也不太通顺。国家和社会也成了教育机构？能否理解为未成年犯的义务教育由国家、社会、学校等教育机构负责，监狱（姑且理解为未成年犯管教所）配合就行，这似乎与未成年犯矫正实践不大符合。第76条规定："未成年犯年满十八周岁时，剩余刑期不超过二年的，仍可以留在未成年犯管教所执行剩余刑期"。根据这一规定，未成年犯年满十八周岁，转监还是不转监，实际上由省级监狱管理部门决定，因为法律规定的是"可以"，而不是"应当"。

（三）最高人民法院关于未成年犯减刑假释的司法解释违背少年司法理念

2005年12月通过的最高人民法院《关于审理未成年人刑事案件具体应用法律若干问题的解释》（法释〔2006〕1号）是最高人民法院发布的关于办理未成年人违法犯罪案件的一个司法解释，包括对未成年犯的减刑假释，比较符合少年司法的理念，即优待、宽缓、从轻的理念。2016年11月发布的最高人民法院《关于办理减刑、假释案件具体应用法律的规定》（法释〔2016

---

[1] 参见姚建龙："中国少年司法的历史、现状与未来"，载《法律适用》2017年第19期。

23 号）第 42 条规定："本规定自 2017 年 1 月 1 日起施行。以前发布的司法解释与本规定不一致的，以本规定为准"。该规定中对未成年犯减刑假释作了新的规定，且与法释〔2006〕1 号的规定不一致。很显然，对未成年犯的减刑假释应该适用法释〔2016〕23 号。在减刑的条件上，未成年犯减刑必须符合"在报请减刑前的服刑期间不满十八周岁""且所犯罪行不属于刑法第八十一条第二款规定情形"，也就是说呈报减刑时已满十八周岁，或者属于累犯以及因故意杀人、强奸、抢劫、绑架、放火、爆炸、投放危险物质或者有组织的暴力性犯罪被判处十年以上有期徒刑、无期徒刑的犯罪分子，减刑幅度就不能"适当放宽"。而在假释方面，法释〔2016〕23 号第 26 条只规定犯罪时未满十八周岁的"可以依法从宽掌握"，并没有要求"呈报时未满十八周岁"，假如该罪犯犯罪时不满十八周岁，呈报假释时已满十八周岁，且已经转送到成年犯监狱服刑，是否"可以依法从宽掌握"？关于未成年犯减刑假释的规定，应该相互协调，体现出少年司法的理念，落实"从宽"的相关措施。

（四）《未成年犯管教所管理规定》法规位阶较低

由于《监狱法》关于未成年犯的矫正仅作出原则性的规定，对未成年犯矫正的主要法规依据是司法部制定的《未成年犯管教所管理规定》。根据《中华人民共和国立法法》（以下简称《立法法》）第 71 条第 1 款规定："国务院各部、委员会、中国人民银行、审计署和具有行政管理职能的直属机构，可以根据法律和国务院的行政法规、决定、命令，在本部门的权限范围内，制定规章。"《未成年犯管教所管理规定》属于部门规章性质，在法律效力上低于行政法规。由于对未成年犯的矫正属于预防未成年人犯罪的一个组成部分，需要政府有关部门、司法机关、人民团体、有关社会团体、学校、家庭、城市居民委员会、农村村民委员会等各方面的共同参与，而对未成年犯矫正的主要法规依据仅仅是一部部门规章，这难以协调未成年犯管教所在未成年犯矫正方面与社会其他部门的关系。即使在监狱系统内部，由于缺少主管部门，未成年犯矫正工作一直参照成年罪犯的矫正模式，始终没有形成自身的特色，《未成年犯管教所管理规定》的许多内容并没有得到很好的执行，如民警编制管理、开展义务教育、离所探亲、劳动习艺等。

（五）不履行相关义务无法追究法律责任

未成年犯的矫正是一项严肃的执法工作，如果执法有瑕疵，或者侵犯未成年犯的合法权益，应该追究法律责任。未成年犯没有完成义务教育的，未成年犯管教所应该为未成年犯接受义务教育提供条件，《监狱法》《中华人民共和国义务教育法》（以下简称《义务教育法》）、《未成年人保护法》等法律都作出了规定，如果未成年犯管教所不组织未完成义务教育的未成年犯接受义务教育，就是对未成年犯受教育权的侵犯，那么由哪个部门承担法律责任？司法实践中，部分省份未成年犯管教所的义务教育没有纳入地方教育规划，义务教育开展的也不正常。还有很多省份未成年女犯由女子监狱收押，女子监狱根本不具备开展义务教育的条件，那么未成年女犯能否主张女子监狱侵犯了其受教育权？女子监狱对未成年女犯不实施义务教育，应该由谁承担法律责任？女子监狱？省级监狱管理局？省级教育厅？

二、未成年犯矫正立法应该坚持的原则

（一）坚持理论与实践相统一

未成年人犯罪是一个复杂的社会问题，未成年人犯罪需要综合治理。对未成年犯适用刑罚的目的是预防犯罪，基于未成年人犯罪的特殊性，应该将预防的重点放在特殊预防上，即对未成年犯进行教育、感化，使之改恶从善、重塑良好的人格。由于未成年人自身特殊的生理、心理特点，其主观心理上表现为法律意识淡薄，自控能力差，往往为一时的感情冲动所左右，丧失理智，不计后果，为满足一时之私欲而不惜以身试法，因而多表现为初犯、偶犯、胁从犯，具有可塑性、易改造等特点。[1]因而，对未成年犯的矫正应该采取有别于成年犯的矫正措施，这在理论上已经形成共识。这不仅是国内理论界的共识，也是世界范围内的共识。《曼德拉规则》《北京规则》《曼谷规则》等都有规定。在我国的未成年矫正立法方面，也以这样的理论为指导，《未成年人保护法》《预防未成年人犯罪法》《刑事诉讼法》等多部法律及少年犯罪历来的刑事政策均强调要对少年犯罪实行"教育、感化、挽救"方针、"教育为主，惩罚为辅"原则，但是在刑事司法的制度设计中，中国还停留在"以刑为教"阶段而不脱报应主义的窠臼。[2]然而，未成年犯矫正立法的实践仅贯彻了这样的理念，并没有把这种理念转化成可操作、可适用的法条，

---

[1] 参见赵志宏：《未成年人违法犯罪处置措施研究》，群众出版社2011年版，第43页。

[2] 参见姚建龙："中国少年司法的历史、现状与未来"，载《法律适用》2017年第19期。

《监狱法》虽然设立了专章规定"未成年犯的教育改造"，但是无法实施具体的操作，更多的还是"适用本法的有关规定"，即适用成年犯矫正的规定，立法理论与实践并没有很好地结合起来，所以在未成年犯矫正立法方面，首先要强调理论与实践相统一。

（二）坚持附属立法和单独立法相协调

我国目前的未成年犯矫正立法以附属立法为主，主要依附于《刑法》《刑事诉讼法》《监狱法》等刑事法律，在《刑事诉讼法》《监狱法》等法律中设立专章规定未成年犯罪的处置和矫正，独立立法除了《未成年犯管教所管理办法》这个部门规章以外，尚没有其他立法例。《未成年犯管教所管理办法》仅仅是一个部门规章，还不能算严格意义上的法律、法规。从长远来看，未成年犯的矫正应该单独立法，至少应该达到行政法规的层次。少年司法的特殊性决定了其应从刑事司法中分离出来，保持必要的独立性，而不应淹没于刑事司法或者依附于刑事司法之中。衡量少年司法独立性的标准有四条：即少年立法是否特殊、少年司法机构与人员是否特殊、少年处遇是否特殊、少年司法程序是否特殊，具有这四大特殊性才可以称为独立的少年司法。致力于建立独立的具有四大特殊性的少年司法制度，应成为中国少年司法改革的基本路径。[1]笔者赞成上述观点，并建议开展充分的调查研究，制定具有中国特色的少年法，将未成年犯矫正纳入其中。在立法条件尚不具备的当下，采取附属的立法模式也未尝不可，但不能像目前《监狱法》的立法模式一样，虽然设立了专章，但实际上"名不符实""徒有其名"。

（三）坚持惩罚与保护相融合

未成年犯管教所是监狱的一个类型，是刑罚执行机关，因而具有惩罚性。由于未成年犯的行为触犯了刑律，为了维护法律的尊严和保护被害人，为了社会公平正义，对犯罪的未成年人适用刑罚，本身就是一种预防其重新犯罪的措施，是惩罚性的具体体现。但是未成年犯走上犯罪道路的原因是复杂的，很多时候是家庭教育不当、社会管理失控、学习教育不力导致的，由于其尚未成年，其生理、心理与成年人有很大的差别，因而需要采取特殊的刑事政策，特殊的司法处遇，体现对未成年犯的"宽容""宽恕""宽缓"，体现保

---

[1] 参见姚建龙："中国少年司法的历史、现状与未来"，载《法律适用》2017年第19期。

护的精神。国家在对有犯罪行为的未成年人所进行的司法活动中，既要注重保护社会秩序、维护社会的稳定和社会公众的利益，对犯罪的未成年人依法惩处，又要注重犯罪未成年人的教育和挽救，从而在整个少年司法活动中将二者有机结合起来，以实现秩序和公正的目的，达到最佳的社会效果。[1]我国少年司法制度在"以事实为依据、以法律为准绳"的原则下，查实犯罪事实、危害轻重、分析原因、积极教育，包括必要的处置与惩罚，达到使犯罪者辨明是非、认罪改错、消除社会危害，从而实现了保护未成年人的利益与保护社会的利益统一。因此，未成年犯矫正的立法应该坚持惩罚与保护相融合的基本原则。

（四）坚持总结经验与学习借鉴相结合

新中国成立以来，我国在未成年犯矫正领域经过几十年的实践探索，积累了丰富的经验，形成了独具中国特色的矫正经验，很多做法可以上升为法律，成为规范未成年犯矫正工作的刚性要求。1986年司法部制定的《少年管教所管理暂行办法（试行）》是我国未成年犯矫正单独立法的最早尝试，总结了多年我国矫正未成年犯的经验。1999年通过的《未成年犯管教所管理规定》在调查研究的基础上，对未成年犯矫正工作经验进行了系统总结，并作为部门规章，供各地未成年犯管教所执行。进入新的世纪以后，未成年犯矫正工作在实践中也有很多创新，需要总结提炼，上升为法律。在立法过程中，我们还需要学习和借鉴域外立法经验。我们应该看到，未成年人犯罪问题是一个国际性问题，各国社会制度不同，治理少年犯罪的措施各有特色，但是通过立法来治理未成年人犯罪则是比较成熟的经验和做法，我们需要学习和借鉴。另外，联合国作为国际性组织，在刑事司法领域，通过了多个司法准则，倡导会员国通过立法治理未成年人犯罪问题。1955年第一届联合国预防犯罪和罪犯待遇大会通过的《囚犯待遇中最低限度标准规则》在运行60年以后，进行了大幅度的修订，定名为《曼德拉规则》，其中有多个规则涉及未成年犯矫正。依据《囚犯待遇中最低限度标准规则》制定的《北京规则》《联合国保护被剥夺自由少年规则》《利雅得准则》《曼谷规则》等文件中都有涉及未成年犯矫正的内容。我国作为联合国的常任理事国，有义务和责任将联合国确定的刑事司法准则，结合我国实际加以吸收，制定未成人犯罪预防与

---

[1] 参见周国强、鲁宽等：《犯罪人处遇研究》，中国检察出版社2013年版，第274页。

矫治的法律法规。因此，在未成年犯矫正立法过程中，要做到总结经验和学习借鉴相结合。

三、未成年犯矫正立法之构想

（一）关于立法的层次和模式

未成年犯矫正立法的层次主要包括法律、法规、司法解释和规章。立法的模式主要是选择附属立法或者单独立法的方式。结合目前未成年犯矫正立法的实际以及未来中国少年司法制度的发展趋势，作者认为在未成年犯矫正的立法层次上应该构建一个由法律、法规、司法解释和规章构成的一个法律法规体系，立法宜采取附属立法模式为主。

在立法层次上，要对现行的立法进行全面梳理，在法律层面适时对《刑法》《刑事诉讼法》《监狱法》等刑事法律进行修改完善，使未成年犯矫正做到有法可依。在行政法规层面，要制定未成年犯矫正条例，以国务院的名义发布。在司法解释层面，要完善和细化未成年犯刑罚执行相关问题的规定，使实践层面更具可操作性。在规章层面，以司法部令的形式发布未成年犯矫正工作的相关规定，从而构建由中国特色的未成年犯矫正的法律法规体系。

在立法的模式上，从长远来看，应当制定一部规范未成年犯司法处遇的完整的系统的少年法，将未成年犯矫正纳入其中。就当下我国的立法体制和立法的现实性出发，单独制定少年法的条件还不成熟，只能依托刑事法律的修改或者修订，采取设立专章的形式来对未成年犯的矫正进行规制。2012年第二次修订的《刑事诉讼法》增设了未成年人刑事案件特别程序专章共11条，这被认为是少年立法的重大进步。但这一立法进步开启的是中国少年司法法典化的"偏门"，循着《刑事诉讼法》的这一立法路径，推动在普通法律中设置未成年人专章以尽量兼顾未成年人的特殊性，客观上成为推动中国少年司法法典化的现实路径，但这一退而求其次的路径也是艰难的。学者和有关部门曾经试图在2014年《中华人民共和国刑法修正案（九）》［以下简称《刑法修正案（九）》］的论证中推动《刑法》设置未成年人专章，但很遗憾地失败了。[1]在2019年12月通过的《中华人民共和国社区矫正法》（以下简称《社

---

[1] 参见姚建龙："中国少年司法的历史、现状与未来"，载《法律适用》2017年第19期。

区矫正法》）中，我们欣喜地看到，在该法的第 7 章专门设立了"未成年人社区矫正特别规定"一章，用 7 个条文规范未成年犯的社区矫正。目前《监狱法》修改正在进行之中，未成年犯矫正立法比较理想的思路是完善《监狱法》中的相关规定，对《监狱法》中不宜规定太细的，可以通过《未成年犯矫正条例》等行政法规或者部颁规章加以细化。在《监狱法》修改过程中，笔者认为需要设立专章规定未成年犯的矫正，在内容上要更加全面、细致，充分体现出未成年犯矫正的特色，而不宜参照"成年犯"的矫正规定。从立法技术来看，如果采取"专章"与整部法律不协调，也可以分散在不同的章节作出规定。

在行政法规层面上，应该由国务院制定一部行政法规，来规范未成年犯的矫正。行政法规应该依据《刑法》《刑事诉讼法》《监狱法》《社区矫正法》来制定，对《监狱法》中不能详细规定的内容进行具体化、可操作化。对未成年犯的教育改造是需要社会各界力量共同参与的综合治理活动，需要用法规来协调未成年犯管教所与社会各界力量的关系。现有的《未成年犯管教所管规定》属于部门规章，其法律效力位阶较低，难以承担这种协调工作。需要制定一部国务院颁布实施的行政法规，即《未成年犯教育改造条例》来调整未成年犯改造中所涉及的各种社会关系。[1]

（二）关于未成年犯矫正立法的内容

未成年犯矫正的立法内容涉及未成年犯管理、教育、劳动、刑罚执行、社会协助以及管理人员配置等内容，这些内容必须通过立法来规范。结合现行《监狱法》的规定和未成年犯矫正实践，笔者认为未成年犯矫正立法应该完善的内容有：

（1）关于未成年犯管教所的性质和收押对象。现行《监狱法》没有规定未成年犯管教所的性质和收押对象。应该明确规定，未成年犯管教所是监狱的一个类型。依法收押已满 14 周岁不满 18 周岁、被人民法院判处有期徒刑和无期徒刑的未成年罪犯。未成年犯女犯由未成年犯管教所收押。未成年犯管教所不具备收押条件的，可以由女子监狱收押，但必须与成年女犯分开关押。

---

〔1〕 参见刘世恩："二十一世纪我国未成年犯改造工作发展的探索"，载《青少年犯罪问题》2002 年第 2 期。

（2）关于未成年犯管教所的设置和建设。未成年犯管教所的设置和建设目前法律没有具体规定，应该通过立法明确规定以下内容：未成年犯管教所由省、市、自治区根据需要设置，经省级人民政府审核同意后，由司法部批准。未成年犯管教所应该设置在省会城市或者交通发达的地级市，建设规模以 1000 人~1500 人为宜，建设项目依据《监狱建设标准》进行规划建设。未成年犯管教所教学设施建设参照初级中学的建设标准进行建设。

（3）关于未成年犯的管理。未成年犯的管理应该独具特色，不能套用成年犯的管理模式，目前《监狱法》对未成年犯的管理没有作出任何规定。应该明确规定，未成年犯管教所不设武装看押，由内看守员负责警戒工作。根据未成年犯的改造表现，可以采取普通会见、视频会见、特优会见等方式会见亲属或者监护人，其他人员的会见由所长批准。符合一定条件的未成年犯经批准可以回家探亲，每年一次，每次 3 天~5 天。近亲属或者监护人重病或者死亡的，经批准可以特许离所。未成年犯释放时，应该由亲属或者监护人接回，或者由未成年犯管教所民警送回。未成年犯原则上不接受媒体采访。未成年犯改造形成的档案材料除司法机关办案需要以外，不得对外界提供。

（4）关于未成年犯的教育改造。未成年犯的教育改造应该体现未成年犯的特点，教育应该具有针对性、实效性和可操作性。应该明确规定：未成年犯管教所应该设立专门机构从事教育改造工作，按照押犯数量配备必要的教育改造工作人员。省级教育行政部门应该将未成年犯义务教育纳入教育规划，指导未成年犯管教所开展义务教育。省级财政部门应该将未成年犯义务教育所需经费纳入年度财务预算。未成年犯管教所可以根据需要组织未成年犯外出参观工厂、学校或者新农村建设，组织未成年犯到社会上参加公益劳动。加强未成年犯教育教材建设，编写符合未成年犯教育改造规律的特色系列教材。未成年犯管教所应该对未成年犯开展青春期教育、生活常识教育和心理健康教育。未成年犯管教所可以聘请社会知名人士、教育专家、道德模范等作为所外辅导员，定期开展教育活动。未成年犯管教所应该根据未成年犯刑满释放后就业的需要，开设各类实用性强的职业技术教育，考核合格的，颁发相应的证书。

（5）关于未成年犯的劳动。未成年犯的劳动属于习艺性质，与成年犯的劳动改造有一定的区别。要通过立法明确未成年犯劳动的性质和要求：已满

14 周岁不满 16 周岁的未成年犯原则上不参加劳动。16 周岁以上的未成年犯的劳动项目，要符合未成年人的特点，不得组织以盈利为目的的劳动。未成年犯的劳动时间每天不得超过 4 小时，每周不得超过 20 小时。建立工间操制度，工间操每次 15 分钟。

（6）关于未成年犯的生活卫生。未成年犯处在长身体和发育的关键阶段，做好未成年犯的生活卫生工作十分重要，要通过立法明确规定：未成年犯的生活水平，应当确保满足生长发育的最低标准。未成年男犯可以留寸发，未成年女犯可以留不超过肩的长发。未成年犯在休息日、离所探亲、外出就医等可以穿着便服。未成年犯监舍居住人数不得超过 8 人，每天睡眠时间不得少于 8 小时。未成年犯管教所应该为未成年犯建立健康档案，每年体检 1 次，医院应该配备妇科医生。

（7）关于未成年犯的刑罚执行。准确执行刑罚对彰显司法文明、调动未成年犯改造积极性以及构建有中国特色少年司法制度具有十分重要的意义。在未成年犯矫正立法中，要明确规定：认罪悔罪，遵守法律法规及监规，积极参加学习、劳动，应当视为确有悔改表现。首次减刑时，原判 5 年以下有期徒刑的，执行 10 个月后可以减刑；原判 5 年以上不满 10 年的，执行 1 年以后可以减刑；原判 10 年以上有期徒刑和无期徒刑的，执行 1 年 6 个月后，可以减刑。减刑幅度比照成年罪犯增加 1 个月~2 个月。犯罪时未满 18 周岁的罪犯实际执行原判刑期二分之一的，可以假释。未成年犯属于初犯、偶犯、胁从犯的，实际执行原判刑期五分之二的，可以假释。未成年犯财产性判项执行情况不影响减刑假释的呈报和裁定。未成年犯经人民法院裁定假释的，未成年犯管教所应该与社区矫正部门做好交接，送达相关法律文书。

（8）关于未成年犯管教所内又犯罪问题。极少数未成年犯在服刑期间不思悔改，继续实施又犯罪活动，必须依法给予处理。在立法过程中，应该明确规定，未成年犯服刑期间故意又犯罪的，由所内侦查部门负责侦查，依法从重处罚，过失犯罪除外。未成年犯服刑期间又犯罪，不适用附条件不起诉的有关规定。对未成年犯服刑期间又犯罪的侦查、起诉和审判，适用《刑事诉讼法》的有关规定。未成年犯服刑期间的又犯罪情况，适用关于犯罪记录封存的有关规定。

（9）关于未成年犯刑满释放后的安置就业和回归保护。做好未成年犯刑满释放后的安置就业和回归保护，对于巩固改造成果，预防和减少刑释后的重新犯罪具有重要的意义。要通过立法确定释放后安置就业和回归保护的具体要求：未成年犯刑满释放前，未成年犯管教所应该对其改造情况进行科学评估，并对安置就业和回归保护提出建议。对无家可归、无业可就、无亲可投的未成年释放人员，户籍地人民政府应该负责其安置。未成年刑满释放人员的合法权益受法律保护。在就学、就业、入伍的时候，免除曾受刑事处罚的报告义务。未成年人保护组织对侵害未成年刑满释放人员合法利益的行为依法进行查处，有关部门应当配合。未成年犯管教所应该定期对未成年犯改造质量进行调查，总结未成年犯改造经验。

（10）关于未成年犯管教所民警队伍建设。未成年犯矫正质量的高低取决于民警队伍的素质，必须建设一支高素质的未成年犯管教所民警队伍，应该从立法的高度强化民警队伍建设，可以规定：未成年犯管教所民警编制应高于成年犯监狱10%，按照工作需要，配置各类工作人员，其中从事未成年犯矫正工作的民警应具有法学、社会学、心理学、教育学等专业本科以上学历。未成年犯管教所民警应该具有较高的政治素质、较强的业务素质，具有细心、耐心、爱心的品质，热爱未成年犯矫正事业。通过各种途径加强民警培训工作，完成规定的培训任务，能够胜任本岗位工作。其中从事矫正工作的民警每年接受继续教育的时间不少于10天。建立常态的民警表彰激励机制，对从事未成年犯矫正工作30年以上的，由司法部颁发特殊园丁金质奖章；从事未成年犯矫正工作20年以上，由省级司法厅颁发银质奖章。

上述10个方面的内容是有别于成年犯矫正的内容，是体现未成年犯矫正制度特色的内容，是维护未成年犯健康成长，提高改造质量的重要措施。要通过立法，在《监狱法》或者《未成年犯矫正条例》中有所体现。

（三）关于未成年矫正立法的几点建议

（1）组织立法调研小组。2019年司法部启动了《监狱法》修改工作，通过召开不同层次、不同类型的座谈调研会，对《监狱法》的修改提出意见和建议，已经形成了初步的修改方案，其中也涉及未成年犯的矫正问题，但涉及的内容不多。因此，无论是在《监狱法》中完善未成年犯矫正的立法，还是《监狱法》修改完成后，制定《未成年犯改造条例》或者修改《未成年犯管教所管理规定》，都需要组织立法调研小组，进行充分的调研。立法调研工作建议由司法部牵头，由司法部有关司局、省级监狱管理局、未成年犯管教所民警、监狱管理专业院校专家等组成。其中未成年犯管教所民警是十分重要的组成人员，尽管其理论水平可能达不到立法者的要求，但其对未成年犯的矫正实践有发言权，对未成年犯矫正工作存在的问题和民警的期待最有发言权。如果没有未管所民警的参与，即使法律颁布了，也只能成为难以执行的"纸上条文"。

（2）开展充分的调查研究。全部梳理新中国成立以来未成年犯矫正的立法进程和实践中的成功经验。要收集整理联合国以及外国在未成年犯矫正制度的做法和经验，了解未成年犯矫正的过去和现在。在此基础上，要深入未成年犯管教所做深入的调查研究。调查研究中，不能仅仅听听汇报，走马观花地看看现场，需要沉下去，通过与不同级别的民警、不同犯罪类型的未成年犯座谈、个别访谈等收集第一手资料。还要走访驻所检察部门、承担未成年犯减刑假释的中级人民法院，了解对未成年犯矫正的认识和看法。

（3）广泛征求意见。无论是《监狱法》中专章规定未成年犯的矫正，还是在各章分散规定，或者制定《未成年犯改造条例》，在调查研究基础上起草的草案，都需要广泛地征求意见。征求意见可以分三步走：一是在监狱系统征求意见，涉及部监狱管理局、省级监狱管理局以及基层监狱、司法警官学院（校），在内部征求意见过程中，要充分听取未成年犯管教所民警的意见，他们对法律条文的针对性、可操作性最有发言权。二是在国家机关和有关团体中征求意见。在监狱系统征求意见的基础上，再次进行修改，提交给公安、检察、法院、共青团、教育等部门征求意见，对其中合理的意见和建议，要吸收采纳。三是向社会公开征求意见。在前面两次征求意见和修改完善的基础上，按照立法程序，将立法草案通过互联网向社会公众征求意见，明确提出意见和建议的截止时间，经过修改和完善后提交立法机关审议或者提交国务院有关会议讨论。

作者信息：

杨木高，江苏省监狱管理局二级调研员、副研究员、国家二级心理咨询师

联系电话：13505189591

声　明　1. 版权所有，侵权必究。

　　　　2. 如有缺页、倒装问题，由出版社负责退换。

图书在版编目（ＣＩＰ）数据

监狱法学论丛/中国监狱工作协会监狱法学专业委员会编. —北京：中国政法大学出版社，2022.1

ISBN 978-7-5764-0299-5

Ⅰ.①监⋯　Ⅱ.①中⋯　Ⅲ.①监狱法－法的理论－中国－文集　Ⅳ.①D926.7-53

中国版本图书馆 CIP 数据核字(2022)第 006305 号

出　版　者	中国政法大学出版社
地　　　址	北京市海淀区西土城路 25 号
邮寄地址	北京 100088 信箱 8034 分箱　邮编 100088
网　　　址	http://www.cuplpress.com (网络实名：中国政法大学出版社)
电　　　话	010-58908285(总编室) 58908433（编辑部）58908334(邮购部)
承　　　印	固安华明印业有限公司
开　　　本	720mm×960mm　1/16
印　　　张	16.75
字　　　数	265 千字
版　　　次	2022 年 1 月第 1 版
印　　　次	2022 年 1 月第 1 次印刷
定　　　价	89.00 元